ИНФОРМАЦИОННО-ВНЕДРЕНЧЕСКИЙ ЦЕНТР
"МАРКЕТИНГ"

Л. П. Дашков
А. В. Брызгалин

КОММЕРЧЕСКИЙ ДОГОВОР:

ОТ ЗАКЛЮЧЕНИЯ ДО ИСПОЛНЕНИЯ

Юридическое оформление
Практические советы
Образцы договоров,
претензий, исков

Москва 1995

ББК 67.99(2)32
К 63

Коммерческий договор: от заключения до исполнения /
К 63 Сост. Л. П. Дашков, А. В. Брызгалин.— М.: ИВЦ "Маркетинг", 1995.— 324 с.

ISBN 5-86980-054-4

В книге раскрываются базовые правовые понятия контрактного права, даются рекомендации по юридическому оформлению текста договора, приводятся наиболее распространенные типовые формы договоров, претензий, исков.

Для юристов, хозяйственных руководителей, предпринимателей, коммерсантов, бизнесменов.

Составители:
Л. П. Дашков —
доктор экономических наук

А. В. Брызгалин —
кандидат юридических наук,
эксперт Ассоциации "Налоги России"
по юридическим вопросам

К $\frac{1203020400 - 054}{Б64(03) - 95}$ без объявл.

ISBN 5-86980-054-4

ББК 67.99(2)32

© Л. П. Дашков, 1995
© А. В. Брызгалин, 1995

СОДЕРЖАНИЕ

От авторов 7
Глава 1. Что такое договор? Общая методика заключения «надежного» договора 8
Глава 2. Структура договора и его основные условия . . 11
    Часть 1. Преамбула (вводная часть) договора 11
Методика проверки полномочий лица, подписывающего договор . 12
Методика проверки доверенности 14
    Часть 2. Предмет договора. Права и обязанности сторон . . 14
    Часть 3. Дополнительные условия договора 15
    Часть 4. Прочие условия договора 16
Глава 3. Порядок оформления текста договора 18
    Составление одного документа под названием «договор» . . 18
    Заключение договора в соответствии с протоколом о намерениях 19
    Обмен письмами, телетайпограммами, телеграммами, телефонограммами и т. п. 20
    Принятие заказа к исполнению 21
Глава 4. Порядок исполнения договора 24
    Часть 1. Материальная стадия исполнения договора 25
    Часть 2. Технико-юридическая стадия исполнения договора . 26
Глава 5. Порядок изменения и расторжения договора . . 29
    Изменение или дополнение условий договора 29
    Соглашение о замене договора (новация) 31
    Изменение сторон по договору 31
    Порядок расторжения договора 32
Глава 6. Способы обеспечения исполнения обязательств 33
    Неустойка 34
    Поручительство 36
    Залог 38
    Задаток 39
    Резервирование права собственности 40
    Аккредитив 41
    Валютная оговорка 42
    Страхование сделок 42
Глава 7. Ответственность за нарушение условий договора. Понятие убытков 43
ОБРАЗЦЫ ХОЗЯЙСТВЕННЫХ ДОГОВОРОВ (с комментариями) 46
Раздел 1. Преддоговорные документы 46
    Протокол разногласий 46
    Протокол согласования разногласий 47
    Сопроводительное письмо к проекту договора 48

Сопроводительное письмо к договору 49
Соглашение о сотрудничестве и организации взаимоотношений 49
Предварительный договор 51
Соглашение об уступке договора 52
Соглашение о переводе долга 54
Соглашение об уступке права требования 55
Соглашение об изменении и дополнении договора 56
Соглашение о замене договора 58
Соглашение об изменении порядка исполнения договора . . . 59
Соглашение о расторжении договора 60
Протокол о зачете взаимных требований 61

Раздел 2. Заем 63
Договор беспроцентного целевого займа 63
Контракт беспроцентного целевого займа в иностранной валюте 68

Раздел 3. Залог и иные способы обеспечения исполнения обязательств 73
Договор о залоге имущества (с оставлением имущества у залогодателя) 73
Договор о залоге здания, сооружения, дома (ипотека) 75
Договор о залоге депозитного вклада 78
Договор о залоге имущества с передачей имущества залогодержателю (заклад) 80
Договор о залоге прав на промышленную собственность . . . 82
Договор о залоге товаров в переработке 85
Договор о залоге товаров в обороте 87
Договор о закладе валютных средств 89
Договор о предоставлении гарантии (субсидиарной) 92
Договор поручительства 95
Соглашение о задатке 97

Раздел 4. Купля-продажа, поставка товаров 99
Договор купли-продажи (оптовой партии товаров) 100
Договор купли-продажи квартиры между предприятиями . . 108
Договор купли-продажи (уступки) долей участия в ТОО между предприятиями 110
Договор купли-продажи акций АООТ 113
Договор купли-продажи ноу-хау 116
Договор купли-продажи валюты 119
Договор поставки товара 121

Раздел 5. Бартер, мена 130
Договор на проведение товарообменной (бартерной) операции 130
Договор мены 138

Раздел 6. Комиссионные и иные посреднические операции, различные услуги 141
Договор комиссии на продажу продукции (договор о передаче продукции на реализацию) 142

Договор консигнации на продажу продукции 148
Договор поручения на продажу продукции 152
Договор на оказание брокерских услуг 156
Договор на оказание посреднических услуг 162
Договор на оказание информационных (консультационных) услуг 167
Договор на оказание маркетинговых услуг 170
Договор на оказание юридических услуг 174
Договор на оказание рекламных услуг 177
Договор на изготовление и установку наружной рекламы . . 180
Договор поручения на ведение дел в Арбитражном суде . . . 183
Договор на сопровождение кассира с деньгами и документами 185
Договор об охране производственных (хозяйственных) объектов. 188
Договор на техническое обслуживание и ремонт техники . . . 193

Раздел 7. Аренда, лизинг 196
Договор аренды здания, строения (иного объекта недвижимости) 197
Договор аренды комнаты для офиса малого предприятия . . 203
Договор аренды квартиры у частного лица 207
Договор аренды оборудования 212
Договор аренды легкового автомобиля у частного лица . . . 216
Договор аренды имущества с правом выкупа 220
Договор субаренды 223
Договор аренды оборудования (лизинга) 227

Раздел 8. Подряд 232
Договор подряда 233
Договор подряда на капитальное строительство 239
Договор подряда на производство работ по капитальному ремонту 242
Договор на проведение научно-исследовательских, опытно-конструкторских и технологических работ 243

Раздел 9. Прочие договорные отношения 247
Договор о совместной деятельности 247
Договор на участие в долевом строительстве 254
Договор между городской администрацией и предприятием на выполнение социального заказа 256
Договор о франшизинге 260
Договор о защите коммерческой информации (о конфиденциальности) 266
Договор на участие в коммерческой выставке 270
Договор страхования имущества 273
Договор подряда с временным трудовым (творческим) коллективом 275
Протокол распределения вознаграждения между членами временного трудового (творческого) коллектива 278

Трудовое соглашение ... 278
Договор о полной индивидуальной материальной ответственности ... 280
Договор о коллективной материальной ответственности ... 282

ОБРАЗЦЫ ДОКУМЕНТОВ ДЛЯ ОФОРМЛЕНИЯ ПРИЕМКИ ПРОДУКЦИИ (ТОВАРОВ) ПО КОЛИЧЕСТВУ И КАЧЕСТВУ — 286

Акт вскрытия вагона (контейнера, автофургона) ... 286
Акт приемки продукции (товаров) по количеству ... 287
Акт приемки продукции (товаров) по количеству и качеству ... 290
Акт приемки продукции (товаров) по качеству ... 294
Акт отбора образцов (проб) ... 297

ОБРАЗЦЫ ПРЕТЕНЗИЙ (с комментариями) — 299

Претензия об уплате неустойки за недопоставку (просрочку поставки) продукции ... 300
Претензия об уплате стоимости недостающей продукции (товаров) ... 301
Претензия о несвоевременной доставке груза по железной дороге ... 303
Претензия к Управлению железной дороги и поставщику в связи с недостачей (повреждением, порчей, утратой) груза ... 304
Претензия к автотранспортному предприятию о недостаче груза при централизованной доставке ... 305
Претензия о взыскании штрафа и убытков за поставку немаркированной продукции, а также продукции (товаров) без тары либо в ненадлежащей таре (упаковке) ... 306
Претензия об уплате штрафа за просрочку возврата (невозврат) тары ... 308
Претензия о взыскании штрафа за поставку некомплектной продукции, ее стоимости ... 309
Претензия об уплате стоимости забракованной продукции (товаров), штрафа и убытков ... 311

ОБРАЗЦЫ ИСКОВЫХ ЗАЯВЛЕНИЙ (с комментариями) — 313

Исковое заявление о взыскании неустойки за недопоставку (просрочку поставки) продукции (товаров) ... 313
Исковое заявление о взыскании стоимости недостающей продукции (товаров) ... 315
Исковое заявление о взыскании стоимости недостачи груза при перевозке грузов автотранспортом ... 317
Исковое заявление к грузоотправителю и Управлению железной дороги о взыскании стоимости недостающего груза ... 318
Исковое заявление о взыскании штрафа и убытков за поставку недоброкачественной продукции (товаров) ... 320
Исковое заявление о взыскании штрафа за просрочку возврата (невозврат) тары ... 322

ОТ АВТОРОВ

Работая с предпринимателями, оказывая им юридическую помощь по проведению и оформлению коммерческих и других сделок, наконец, участвуя в арбитражных процессах, приходишь к выводу, что большинство конфликтных ситуаций в бизнесе — это результат неквалифицированно составленных договоров. Для успешного ведения дел недостаточно быть предприимчивым, инициативным, рисковым — прежде всего необходимо знать правила и нормы, которые регулируют поведение людей в условиях рыночной экономики. А начинается все с договора. Именно в нем — защищенность бизнеса от недобросовестных партнеров, нормальные взаимоотношения с налоговыми и иными контролирующими органами.

Предлагаемая вашему вниманию книга сложилась в процессе подготовки лекций и семинаров, проводимых для предпринимателей. В нее вошли базовые правовые понятия контрактного права, разбор конкретных ситуаций, ответы на вопросы, рекомендации и наиболее распространенные типовые формы договоров. В этой работе нам хотелось осветить лишь азы, юридические основы обязательственного коммерческого права, в последующем авторы предполагают раскрыть эту тему более глубоко и обширно.

Аркадий Брызгалин

Леонид Дашков

Глава 1
ЧТО ТАКОЕ ДОГОВОР. ОБЩАЯ МЕТОДИКА ЗАКЛЮЧЕНИЯ «НАДЕЖНОГО» ДОГОВОРА

Реализация коммерческих планов любого предпринимателя невозможна без совершения сделок и заключения договоров, потому что договор — это та форма, в которой воплощаются замыслы и расчеты бизнесменов, их стремление получить прибыль. Заниматься предпринимательством и не совершать сделки, не заключать договоры просто невозможно.

Все деловые взаимоотношения между субъектами рынка регламентируются законодательством и теми условиями, которые они предусмотрели в своем соглашении, и успех всего коммерческого мероприятия или операции очень часто зависит от того, как такое соглашение составлено и оформлено. Это и неудивительно, поскольку именно в договоре определяются права и обязанности сторон, их ответственность, цена, сроки, порядок расчетов и т. д.

Итак: ЧТО ТАКОЕ ДОГОВОР ВООБЩЕ?

Это не только документ, который нужен для того, чтобы оприходовать денежные средства на ваш расчетный счет. Договор — в первую очередь соглашение сторон, акт, в котором выражено их взаимное согласие действовать совместно в интересах обоюдной выгоды. Если взаимное согласие сторон отсутствует, то нет и договора.

КАКИМ ДОЛЖЕН БЫТЬ «НАДЕЖНЫЙ» ДОГОВОР?

Это договор, который, во-первых, заключен в ваших интересах; во-вторых, он не нарушает действующее законодательство; в-третьих, ваши интересы юридически надежно защищены, а обязанности вашего контрагента по договору строго обеспечены его ответственностью и, в-четвертых, в нем не содержится каких-либо «подводных камней» или так называемых «юридических мин». Наличие в договоре последних создает серьезную угрозу всей сделке и может свести на нет любой прекрасный и хорошо проработанный с экономической точки зрения коммерческий проект.

Обычно любой сделке и соответственно — договору предшествует серьезная работа по поиску надлежащего партнера, по предварительному согласованию основных моментов предстоящей операции и т. д. И поэтому для начинающих непосредственную работу по согласованию всех конкретных условий будущего контракта нам хотелось бы предложить некоторые рекомендации, которые могут пригодиться.

ЧЕТЫРЕ ОСНОВНЫХ ПРАВИЛА заключения сделки любого вида.

1. *Необходимо четко представлять, что вы "затеяли", что вы хотите сделать и что желаете получить.*

К сожалению, истины «знай, чего ты хочешь» придерживаются не все. Никто и никогда вам не сможет помочь, если вы, собираясь подписывать договор, не до конца уяснили себе не только деталей сделки, но и самых важных ее моментов. Правда, данная рекомендация скорее из области психологии, чем права; тем не менее ее значение не уменьшается.

Постарайтесь создать идеальную модель предстоящей операции, что за чем последует, что должны сделать вы, что должен сделать ваш контрагент и т. д. Начертите примерную схему будущей операции, разбейте ее на этапы и сроки — от заключения договора до его исполнения, что и как должно быть сделано на каждом этапе, что для этого необходимо, просчитайте возможный риск. После этого вы будете четко представлять себе предстоящее мероприятие и будете владеть ситуацией.

Лишь затем можно приступать к составлению формулировок условий договора, обращаться за консультациями к специалистам, готовить все необходимые документы и т. д.

2. *Проект предстоящего договора лучше готовить самому, чем доверять это контрагенту.*

Когда говорят: «Лучше вам готовить договор», то не имеют в виду, что его готовить должны вы лично, а предполагается, что автором проекта договора будет ваша сторона. Конкретно составлять проект договора должны специалисты соответствующего профиля.

Можете не беспокоиться, ваш контрагент не будет особо заботиться о чужой прибыли и составит договор «под себя», а ваш интерес он будет просто, так сказать, учитывать. Данное положение естественно, его механизм раскроет вам любой психолог. Поэтому «чужой договор» вы будете просто подгонять под свои интересы, но инициатива с вашей стороны уже будет упущена.

Такую большую «фору» своему, даже очень хорошему и порядочному, партнеру давать все-таки не следует.

3. *Никогда не подписывайте договор, пока его не просмотрел и не завизировал ваш юрист.*

Это одно из самых главных правил, которым должен руководствоваться каждый предприниматель. По своей значимости это правило справедливо может быть отнесено к «золотой заповеди бизнесмена». Любой договор — это всегда юридический документ, и грош ему цена, если его составляли некомпетентные лица. Юрист предложит изменить формулировку, разъяснит вам правовые последствия того или иного условия, порекомендует вам свой вариант какой-либо статьи, пункта и т. д.

За рубежом ни один предприниматель и шага не сделает без своего адвоката, поскольку прекрасно понимает, что иногда совет юриста поможет избежать крупных убытков, а то и предотвратить банкротство.

Многие предприниматели широко применяют на практике различные формы типовых договоров, благо и соответствующей литературы по этому вопросу более чем достаточно. Да и данное пособие также содержит примерные формы. Их использование значительно упрощает процесс составления конкретного договора и позволяет людям, не имеющим специального образования, более-менее ориентироваться в сложных юридических отношениях. Но надо учитывать, что универсального договора, способного надежно обезопасить ваш бизнес, не существует. Договор — это акт индивидуальный, и типовая форма никогда не сможет заменить живого специалиста.

4. *Не допускайте двусмысленности и недомолвок.*

Формулируя условия договора, не допускайте двусмысленности, размытости фраз, нечеткости. В договоре имеет значение каждая буква, каждая запятая. Если вам что-либо непонятно — спросите у специалиста: что означает данный термин, какой смысл несет то или иное словосочетание, фраза и т. д. Помните, что ваш контрагент в случае спора будет любую "зыбкую" формулировку пытаться интерпретировать в свою пользу. Более того, ваш партнер может специально включить в договор труднопонимаемое для вас (но хорошо понятное ему самому) положение, в котором ваши интересы будут ущемлены с самой неожиданной для вас стороны.

Глава 2

СТРУКТУРА ДОГОВОРА И ЕГО ОСНОВНЫЕ УСЛОВИЯ

Представляется, что любой «надежный» договор должен состоять из четырех частей:
1. Преамбула (или вводная часть).
2. Предмет договора. Права и обязанности сторон.
3. Дополнительные условия договора.
4. Прочие условия договора.

Часть 1

ПРЕАМБУЛА (ВВОДНАЯ ЧАСТЬ) ДОГОВОРА

Эта часть содержит следующие основные положения:
1. *Наименование договора* (договор купли-продажи, поставки, комиссии, на оказание брокерских услуг, аренды, о совместной деятельности и пр.).

Точное название договора сразу же поясняет читающим, о каких правоотношениях идет речь. Если же названия нет, то прежде, чем понять о чем договор, его придется прочитать и лишь затем разбираться с ним по существу. Данное обстоятельство вызывает у любого читателя естественное чувство некоторого раздражения, а это будет крайне нежелательным, если предположить, что договор будет читать арбитр или налоговый инспектор.

2. *Дата подписания договора.*

Очень часто приходится сталкиваться с такой ситуацией, когда предприниматели, заключив договор, не проставляют число, месяц и год его подписания. Подобная практика просто недопустима. Дело в том, что с датой подписания договора связаны правильное определение момента его заключения и установление окончания срока действия, а значит, и тех юридических последствий, которые с этим связаны.

Если стороны подписывают договор в разное время, то он считается заключенным с момента подписания его последней стороной.

3. *Место подписания договора* (город или населенный пункт).
Место совершения сделки — это не простая формальность; это

условие имеет иногда очень большое юридическое значение. По законодательству местом совершения сделки определяются:

а) правоспособность и дееспособность лиц, совершающих сделку;

б) форма сделки;

в) обязательства, возникающие из сделки (хотя в этом случае стороны в договоре могут предусмотреть иное положение).

Это особенно важно при заключении внешнеторговых контрактов и договоров с фирмами государств — членов СНГ.

4. *Полное фирменное наименование контрагентов*, под которым они зарегистрированы в реестре государственной регистрации.

5. *Название стороны по договору* (например, «подрядчик», «поставщик», «арендатор» и т. д.). Это необходимо для того, чтобы в тексте договора каждый раз не повторять полностью фирменное название стороны.

6. *Подробное наименование должности, фамилии, имени, отчества лица, подписывающего договор*, а также наименование документа, из которого следуют его полномочия на подписание договора.

Вы должны четко представлять себе, кто перед вами, есть ли у этого человека право ставить свою подпись на подобный договор.

Как показывает практика, иногда недобросовестные контрагенты, не желая исполнять свои обязательства по договору и нести ответственность, объявляют о том, что лицо, которое подписывало договор таких полномочий не имело. Более того, это один из самых распространенных способов мошенничества. В этом случае можно рекомендовать вам следующую методику безопасности.

МЕТОДИКА ПРОВЕРКИ ПОЛНОМОЧИЙ ЛИЦА, ПОДПИСЫВАЮЩЕГО ДОГОВОР

1. Кто бы перед вами ни был, в первую очередь удостоверьтесь в его личности. Иными словами в том, что человек, который перед вами и который представился вам Ивановым, действительно Иванов. Спросите корректно у него паспорт или иной документ, удостоверяющий личность.

2. Если перед вами директор предприятия-контрагента, то он в соответствии с законодательством действует от имени пред-

приятия без доверенности. Поэтому вам необходимо убедиться только в том, что он действительно директор. Это можно узнать из приказа о назначении лица директором, из соответствующего удостоверения, посмотреть протокол Собрания собственников предприятия.

Дело в том, что в последнее время на некоторых предприятиях, особенно там, где директор работает по найму, собственники в той или иной степени ограничивают полномочия директора по распоряжению имуществом и предоставляют ему такие полномочия только с согласия правления или совета директоров, собрания собственников и т. д. Например, в уставе предприятия в разделе «Компетенция директора» может быть указано, что директор вправе совершать сделки на сумму свыше 100 млн. рублей только с согласия Административного совета предприятия. Для того, чтобы у вас не получилось неприятностей, можно посмотреть соответствующий раздел устава предприятия-контрагента и убедиться, что полномочия директора не ограничены.

В некоторых фирмах бывает несколько руководителей, например, наряду с директором может работать президент, председатель общего собрания и т. д. В этой ситуации иногда бывает трудно определить, кто же является действительным и полномочным руководителем предприятия. Здесь можно рекомендовать обратиться к уставу предприятия, в котором должны быть закреплены полномочия каждого должностного лица.

3. Заместитель руководителя хотя и является полномочным лицом предприятия, но в соответствии с действующим законодательством только одно лицо предприятия — руководитель — имеет право выступать от имени предприятия без доверенности. Поэтому у заместителя должна быть доверенность. Но уставом предприятия могут быть предусмотрены конкретные и широкие полномочия заместитетелей по конкретным вопросам, в этом случае какой-либо особой доверенности от заместителя не требуется.

4. Если перед вами человек, который действует по доверенности, то после того, как вы удостоверитесь в его личности (это просто обязательно!), обратите особое внимание на саму доверенность.

МЕТОДИКА ПРОВЕРКИ ДОВЕРЕННОСТИ

Проверьте следующее:

а) есть ли на доверенности подпись руководителя (только руководителя и никого больше) организации и ее печать;

б) дату, когда доверенность выдана (если таковой не указано, то доверенность недействительна!);

в) срок, на который выдана доверенность;

г) объем полномочий, из которых ясно и однозначно должно вытекать, что тот, кто перед вами, действительно имеет право заключать именно такие сделки, о которых идет речь, а не просто вести переговоры от имени организации или представлять ее интересы. Необходимо помнить, что сделка, совершенная от имени другого лица с превышением полномочий, не влечет никаких правовых последствий для лица, от имени которого она совершена.

Очень часто приходится сталкиваться с проблемой о соотношении полномочий лица подписывать договор и полномочий лица, имеющего право подписывать банковские документы (право первой и второй подписи). В этой связи необходимо сказать следующее: полномочие лица подписывать банковские документы абсолютно не означает, что это же самое лицо имеет право заключать сделки от имени предприятия. А значит, и главный бухгалтер предприятия имеет право заключить договор только при наличии доверенности, выданной в соответствующем порядке.

Часть 2

ПРЕДМЕТ ДОГОВОРА.
ПРАВА И ОБЯЗАННОСТИ СТОРОН

Данная часть договора содержит существенные условия договора:

1. *Обязанности и права первой стороны по договору.*
2. *Обязанности и права второй стороны по договору.*
3. *Срок выполнения своих обязательств сторонами.*
4. *Место исполнения обязательств каждой из сторон.*
5. *Способ исполнения обязательств каждой из сторон* (порядок действий, их последовательность и сроки).

Конкретное содержание этих условий зависит от вида договора

и от конкретной ситуации его заключения. Этой части договора посвящены те разделы книги, в которых рассматриваются отдельные виды договоров.

Часть 3

ДОПОЛНИТЕЛЬНЫЕ УСЛОВИЯ ДОГОВОРА

Настоящий раздел любого договора включает в себя такие условия, которые в принципе не обязательно предусматривать в договоре, но, тем не менее, их наличие существенно влияет на права и обязанности сторон, а также на порядок их исполнения.

1. *Срок действия договора.*

Срок действия договора необходимо указать даже тогда, когда указаны сроки выполнения обязательств сторонами. Это обусловлено тем, что вы должны знать, когда договор прекращается и можно будет предъявлять соответствующие требования и претензии к контрагенту за отказ от его исполнения.

2. *Ответственность сторон.*

Данное условие любого договора обеспечивает исполнение обязанностей сторонами на случай нарушения одной из них условий договора. Обычно оно содержит определение различного рода санкций в виде неустойки (пени, штрафа), уплачиваемых одной стороной, не выполнившей своих обязательств в отношении одного из согласованных условий.

При составлении договора можно предложить следующую методику определения ответственности — против каждой обязанности контрагента должна быть предусмотрена соответствующая ответственность, в основном, конечно, штрафная неустойка.

3. *Способы обеспечения обязательств.*

Для успешного проведения коммерческой операции мало найти выгодного партнера, заключить с ним выгодный договор, очень важно, чтобы этот договор был исполнен надлежащим образом. Эффективными в этом случае являются способы обеспечения обязательств, которые представляют собой дополнительные меры имущественного воздействия на виновную сторону.

Российское законодательство знает четыре основных способа обеспечения обязательств, каковыми являются: неустойка, залог, поручительство (гарантия), задаток, каждый из которых рассмотрен в данной книге.

4. Основания досрочного расторжения договора в одностороннем порядке и порядок действий сторон при одностороннем расторжении договора.

Как показывает арбитражная практика, споры предприятий по вопросам одностороннего расторжения довольно распространены. В частности, возникает много проблем по возврату авансовых платежей и предоплаты.

В этом условии договора можно предусмотреть, что в случае одностороннего расторжения договора все авансовые платежи должны быть возвращены в течение определенного времени.

5. Условия о конфиденциальности информации по договору.

В данном пункте договора предусматривается, какие условия договора считаются конфиденциальными и не подлежат разглашению сторонами.

6. Порядок разрешения споров между сторонами по договору.

Как правило, все споры между сторонами разрешаются в соответствии с законодательством Российской Федерации в арбитражном порядке, независимо от того, предусмотрено данное условие в договоре или нет. Но стороны могут установить и иное положение, например, рассмотрение споров не в арбитражном, а третейском суде, создаваемом самими сторонами или в соответствии с регламентом какого-либо постоянно действующего третейского суда.

Часть 4
ПРОЧИЕ УСЛОВИЯ ДОГОВОРА

1. Чем еще, кроме договора, регулируются отношения сторон?

Естественно, что стороны определяют в договоре свои конкретные обязательства и нет смысла переписывать к тому же нормы законодательства, которыми регулируются все отношения сторон по договору. Поэтому возможна следующая формулировка: «В случаях, не предусмотренных настоящим договором, стороны руководствуются действующим гражданским законодательством».

2. Условия о согласовании связи между сторонами.

В данном пункте для каждой стороны указываются:

а) лица, полномочные давать информацию и решать вопросы, относящиеся к исполнению договора. Это может формулироваться двумя способами: с персональным указанием полномочного лица (лиц) или с указанием должностей;

б) *способы связи*. Это может быть телефон, факс, телекс, телеграф, телетайп с указанием их номеров и иных данных.

3. *Преддоговорная работа и ее результаты после подписания договора.*

Данный пункт договора содержит положение, в соответствии с которым стороны устанавливают, что после подписания настоящего договора все предварительные переговоры по нему, переписка, предварительные соглашения и протоколы о намерениях теряют силу.

4. *Реквизиты сторон.*

В данном пункте для каждой стороны указываются:

а) почтовые реквизиты;

б) местонахождение (адрес предприятия);

в) банковские реквизиты сторон (номер расчетного счета, учреждение банка, код банка, МФО, данные расчетно-кассового центра, корреспондентский счет банка);

г) отгрузочные реквизиты (для железнодорожных отправок, для контейнеров, для мелких отправок).

ОСОБОЕ ВНИМАНИЕ УДЕЛИТЕ НАЛИЧИЮ И ПРАВИЛЬНОСТИ СВЕДЕНИЙ, касающихся банковских реквизитов вашего контрагента, так как без них вам будет очень трудно взыскивать убытки.

Кроме того, стороны должны принять на себя обязательства немедленно извещать друг друга в случае изменения своих реквизитов.

5. *Количество экземпляров договора.*

Обычно данный пункт содержит следующую формулировку: «Настоящий договор составлен в __ подлинных экземплярах по одному для каждой из сторон».

6. *Порядок исправлений по тексту договора.*

Среди предпринимателей очень распространено, когда готовый проект договора подписывается одной из сторон и полностью передается другой стороне для последующего подписания. В этой ситуации иногда случается, что недобросовестный партнер в одностороннем порядке исправляет какие-то условия договора в своем и чужом экземпляре, что ставит партнера в щекотливое положение. Дело в том, что наличие подписи на документе практически означает: подписавший с этими односторонними исправлениями «якобы согласен», что иногда действительности не соответствует. В связи с этим, если вы практикуете вышеуказанный способ подписания договора, можно рекомендовать следующее: включите в договор условие: «Все исправления по тексту настоящего договора имеют юридическую силу только в том случае, если они удостоверены подписями сторон в каждом отдельном случае».

7. *Подписи представителей сторон.*

Каждый договор, поскольку в нем выражена воля определенного лица, должен быть подписан этим лицом или его полномочным представителем собственноручно.

Глава 3
ПОРЯДОК ОФОРМЛЕНИЯ ТЕКСТА ДОГОВОРА

В соответствии с действующим законодательством, договор считается заключенным, когда между сторонами достигнуто соглашение по всем существенным его условиям. Момент заключения договора определяется моментом придания соглашению установленной формы.

Договор заключается несколькими способами, основные из которых представлены и проанализированы ниже. Но в любом случае конкретный выбор способа заключения договора представлен на усмотрение сторон и зависит от особенностей и специфики конкретного договора.

Составление одного документа под названием «договор».

Данный способ является самым оптимальным вариантом в выборе конкретного способа заключения договора. Именно в едином документе под заголовком «договор», «контракт», «соглашение» стороны определяют все существенные условия и аспекты предстоящей коммерческой операции. Большим достоинством данного способа можно назвать и тот момент, что при его наличии спора о самом факте заключения договора практически не возникает. Таким способом могут заключаться любые хозяйственные договоры.

Иногда на практике встает вопрос: можно ли считать договорные отношения по коммерческой купле-продаже (поставке) оформленными при наличии не самого договора, а лишь согласованной спецификации? Спецификация, подписанная сторонами, не содержит всех существенных условий для признания договорных отношений установленными и не может заменить договор поставки, заключаемый в установленном порядке.

Заключение договора в соответствии с протоколом о намерениях.

Вообще, договор и есть договор, и никакой протокол о намерениях его заменить не может. Тем не менее такой протокол может в некоторых случаях накладывать на лиц, его подписавших, определенные обязательства, о чем здесь необходимо особо сказать.

В соответствии с российским законодательством, ведение переговоров по поводу предстоящего договора не предоставляет участникам этих переговоров каких-либо прав и обязанностей.

Однако в последнее время широкое распространение получил такой вид коммерческой документации, как протокол о намерениях. Необходимо помнить, что некоторые протоколы о намерениях представляют собой не просто документ, в котором фиксируются результаты переговоров между сторонами, но и документ, который имеет в ряде случаев важное юридическое значение.

Дело в том, что действующим законодательством предусмотрена такая форма, как предварительный договор. В соответствии с предварительным договором стороны обязуются заключить в будущем договор на передачу товаров, выполнение работ и т. д. на условиях, предусмотренных предварительным договором. В целом ряде случаев предприниматели, подписывая протокол о намерениях, и не подозревают, что на самом деле заключают своего рода договор, по которому принимают на себя определенные права и обязанности. Если сторона предварительного договора уклоняется от заключения предусмотренного им договора, другая сторона вправе обратиться в суд с иском о понуждении заключить соответствующий договор, а также с требованием о взыскании со стороны, которая уклоняется от заключения договора, возникших в связи с этим убытков.

Таким образом, к протоколам о намерениях необходимо относиться более чем ответственно, и в случае, если вы не намерены связывать себя правами и обязанностями, в протоколе необходимо сделать соответствующую запись.

Обмен письмами, телетайпограммами, телеграммами, телефонограммами и т. п., подписанными стороной, которая их посылает.

Как показывает практика, данный способ таит в себе много опасностей, и главная из них в том, что не каждое и любое письмо или телеграмма могут свидетельствовать о заключении договора между сторонами.

Основные вопросы, которые возникают в этой связи, следующие:

а) можно ли заключить договор согласно гарантийному письму?

б) можно ли заключить договор по факсу?

Гарантийные письма должны отвечать требованиям предложения о заключении договора (оферта), а именно:

во-первых, гарантийное письмо должно содержать в себе всю необходимую информацию относительно существенных условий договора (предмет договора, необходимые сроки, цена и т. д.);

во-вторых, гарантийное письмо должно быть достаточно определенным, т. е. оно должно быть обращено к конкретному лицу;

в-третьих, предложение о заключении договора должно исходить от полномочного лица предприятия;

в-четвертых, гарантийное письмо должно выражать намерение лица, которое его посылает, считать себя связанным правами и обязанностями в случае принятия предложения.

Таким образом, из текста гарантийного письма должно ясно и однозначно исходить предложение заключить договор. Не может расцениваться как оферта некое заявление о некоторых обстоятельствах, или некое мнение, или сообщение, или рассказ о предприятии и его товарах (услугах).

Если выше перечисленные условия в гарантийном письме отсутствуют, то его можно рассматривать в качестве рекламы или как приглашение к переговорам по поводу будущего договора. Никаких юридических последствий такое гарантийное письмо не влечет.

Но даже если гарантийное письмо отвечает всем предъявляемым юридическим требованиям, одного его для заключения договора недостаточно. Необходимо, чтобы предложение было принято (акцептовано), поскольку договорные отношения между сторонами возникают не из самого гарантийного письма, а из одобрения его сторонами. Принятие предложения о заключении договора (акцепт), как и оферта, тоже должно отвечать определенным требованиям.

Во-первых, акцепт должен исходить только от того лица, которому сделана оферта, а во-вторых, акцепт должен быть безоговорочным. В случае же несогласия стороны с хотя бы некоторыми и незначительными условиями оферты такой акцепт рассматривается новым предложением заключить договор. В данном случае большое значение будут иметь сроки, в течение которых предложение должно быть принято.

Когда оферта сделана с указанием срока для ответа, договор считается заключенным, если ответ о принятии (акцепте) предложения получен в течение этого срока. Когда срок в оферте не указан, то принятие имеет юридическое значение, если ответ получен в течение нормального необходимого времени, установленного действующим законодательством.

Пример. Волгоградский театр обратился с письмом к московскому предприятию с предложением изготовить реквизит по предложенным эскизам (бутафорское оружие, фонари и т. д.) и перечислил предприятию аванс.

Предприятие на предложение театра не ответило, а через некоторое время пригласило представителей театра принять выполненный заказ. Представитель театра забраковал выполненные работы и потребовал возврата аванса.

Спор был рассмотрен в арбитраже, и тот, согласно решению, взыскал с предприятия аванс и госпошлину по следующим основаниям:

письмо театра не содержало всех необходимых условий будущего договора — согласия на предложение заключить договор театром получено не было, а перечисленный аванс в счет будущего договора не свидетельствует о том, что договор был заключен.

Принятие заказа к исполнению.

Договор может быть заключен путем принятия к исполнению заказа. Данный способ особенно широко применялся в плановой экономике в отношении договоров по поставке товаров народного потребления и продукции производственно-технического назначения. Необходимо отметить, что в условиях свободного предпринимательства возможности данного способа крайне ограниченны.

В настоящее время, этот способ широко применяется в отношениях между брокерскими конторами и их клиентами при заключении договора на брокерское обслуживание. В частности, если в срок, определенный вышеуказанным договором, брокер не заявит своих возражений по полученному от клиента заказу, договор в части, касающейся этого заказа, можно считать заключенным. Однако договором на брокерское обслуживание могут предусматриваться и иные варианты.

У современных предпринимателей очень часто возникает вопрос: а можно ли заключить договор по телефону и какую силу имеет так называемое «джентльменское соглашение»?

По общему правилу сделка, для которой законодательством не установлена письменная или иная определенная форма, может быть совершена устно. Такая сделка считается совершенной и в том случае, когда из поведения лица явствует его воля совершить сделку. Однако при несоблюдении простой письменной формы стороны лишаются права в случае спора ссылаться в подтверждение сделки на свидетельские показания, а в случаях, прямо указанных в законе, отсутствие письменной формы влечет за собой недействительность сделки.

Иными словами, при отсутствии договора, как единого документа или совокупности нескольких взаимосвязанных документов, заинтересованное лицо вправе доказывать факт совершения сделки иными способами (кроме свидетельских показаний), например, письмами от организаций, документами об оплате или отгрузке товаров и т. д.

Как видно по общему правилу, «телефонная» сделка и «джентльменское соглашение» юридического значения не имеют, если обратное не будет доказано в суде в случае спора.

В последнее время многие, ссылаясь на зарубежный опыт, утверждают, что якобы «у них» миллионные сделки заключаются по телефону или устно за ужином, в клубе и т. д. Действительно, в нравственном смысле, в смысле поддержки репутации и имиджа, такие сделки совершаются, но для правовых отношений «купеческое слово» значения не имеет. Да и вообще, простота западных способов заключения контрактов несколько преувеличена. Обычно после телефонной сделки западные бизнесмены дают задание своим адвокатам оформить и урегулировать все необходимые формальности будущего договора. А размер этих «формальностей» иногда составляет десятки страниц текста конкретного коммерческого контракта.

О заключении договора свидетельствует его подписание. Как правило, оно включает в себя собственноручную подпись полномочного представителя предприятия, а также оттиск печати этой организации. Печать предприятия на договоре как бы подтверждает полномочия лица, подписавшего договор, но отсутствие печати предприятия на договоре не делает договор автоматически недействительным. Вообще, значение печати предприятия на договоре нельзя переоценивать. В соответствии с действующим законодательством наличие или отсутствие печати на договоре никак не связано с его действительностью или недействительностью. Решающее значение закон придает полномочиям «рукоприкладчика». Поэтому наличие печати на договоре, подписанном неполномочным лицом, не делает договор действительным, в то время как отсутствие печати на подписи полномочного лица однозначно свидетельствует о заключении договора.

Подписание договора свидетельствет о волеизъявлении сторон на его заключение, в соответствии с которым у этих сторон возникают соответствующие права, обязанности, ответственность.

Договор-документ является важнейшим доказательством в арбитражном суде в случае возникновения спора, и иногда виновная сторона, понимая, что от ответственности не уйти, выбирает весьма «оригинальный» прием защиты — она оспаривает сам факт заключения договора или наличие в нем тех или иных условий на момент подписания.

В этой связи особое значение приобретает правильное оформление текста договора, на основании чего можно рекомендовать следующее:

а) подписи сторон должны быть сделаны полно и разборчиво. «Крестики» и «закорючки» на договоре в случае, если ваш контрагент оспорит свою подпись, могут повлечь за собой то, что судебная экспертиза не сможет дать однозначного ответа об авторстве подписи, и это может существенно вам помешать;

б) никогда не подписывайте чистых бланков, поскольку такими «чистыми» бумагами могут воспользоваться нечестные люди в случае, если эти документы будут случайно потеряны;

в) после подписания договора ни при каких обстоятельствах не отдавайте ваш подлинный экземпляр договора вашему контрагенту или иным посторонним лицам. Лучше всего снимите на ксероксе копию подлинного договора и в текущей работе пользуйтесь только ею. Подлинный экземпляр договора, во избежание возможной потери или хищения, лучше положить в сейф и использовать этот документ только в действительно необходимых случаях;

г) если текст договора составляет несколько страниц, необходимо их прошить, заклеить и удостоверить подписями и печатями сторон.

Некоторые предприниматели используют и другой, также эффективный способ — они подписывают каждую страницу договора. Данное обстоятельство в случае спора может оградить вас от заявлений недобросовестного партнера, что «этот лист договора он и в глаза не видел»;

д) может случиться так, что ваш контрагент вдруг заявит, что при подписании договора его обманули, ввели в заблуждение, «подсунули» для подписания не тот экземпляр договора и т. д. Поэтому можно рекомендовать вам сохранять проекты договора с собственноручными исправлениями, замечаниями и вставками другой стороны. Такой документ в Арбитражном суде может служить доказательством того, что ваш контрагент при заключении сделки вовсе ни в чем не заблуждался, а действовал разумно и обдуманно.

Особо недопустимы в договоре «размытые» фразы и разночтения. В отношении последних необходимо сказать, что в случае, если в тексте договора присутствуют разные положения по одному и тому же условию, то при прочих равных условиях считается, что между сторонами не было достигнуто соглашения по этому условию договора.

Глава 4
ПОРЯДОК ИСПОЛНЕНИЯ ДОГОВОРА

Порядок исполнения обязательств каждой стороной по договору подчиняется определенным нормативным правилам.

Как показывает практика делового оборота, исполнение договора не всегда сводится к совершению одного (разового) действия, как это проидсходит, например, при купле-продаже товаров в магазине. В большинстве случаев исполнение представляет собой процесс, т. е. определенную систему последовательно совершаемых действий. В рассматриваемом процессе можно выделить две основные части.

Часть 1
МАТЕРИАЛЬНАЯ СТАДИЯ ИСПОЛНЕНИЯ ДОГОВОРА

Данная стадия включает два взаимных действия: предоставление исполненного одной стороной и принятие предмета исполнения другой стороной.

Порядок исполнения обязательств строго подчинен требованиям, которые содержатся в действующем законодательстве.

1. Срок исполнения договора.

Если договор предусматривает или позволяет определить день его исполнения, то обязательство подлежит исполнению в этот день. Если договор предусматривает или позволяет определить период времени, в течение которого обязательство подлежит исполнению, то обязательство должно быть исполнено в любой момент данного периода. По общему правилу сторона не может исполнить обязательство досрочно. Однако досрочное исполнение обязательств допускается, если такое право предусмотрено для сторон договором, когда есть согласие другой стороны, либо оно вытекает из сущности обязательства, обычаев делового оборота. В противном случае другая сторона может отказаться от принятия к исполнению обязательства или принять к исполнению и взыскать с другой стороны убытки, которые были вызваны несвоевременным исполнением.

Очень часто в договоре стороны не устанавливают сроков исполнения обязательств или формулируют это важнейшее условие так нечетко, что определить его просто невозможно. В этом случае обязанность стороны должна быть исполнена в разумный срок. «Разумность» или «неразумность» срока в случае спора будет определять суд.

2. Место исполнения договора.

Если место исполнения договора не определено договором, то по общему правилу обязательство должно быть исполнено по месту нахождения той стороны, которая принимает исполнение обязательства.

Но из этого правила есть некоторые исключения:
— объект недвижимости передается по своему месту нахождения;
— обязательство передать товар, предусматривающее его перевозку, исполняется в месте сдачи товара первому перевозчику;
— обязательство предпринимателя передать товар в месте изготовления или хранения товара исполняется, если это место было известно стороне, приобретающей товар.

3. Цена договора.

Возмездный договор оплачивается по цене, установленной соглашением сторон. Изменение цены договора после его заключения допускается лишь в случаях и на условиях, предусмотренных договором.

4. Способ исполнения договора.

Способ исполнения — это предусмотренный договором порядок действия сторон в процессе исполнения. По общему правилу обязательство должно быть исполнено целиком один раз, если соглашением сторон не предусмотрено исполнение обязательства по частям. Взаимные обязанности сторон по договору должны исполняться одновременно, если опять же иное не вытекает из соглашения. Поэтому сторонам при заключении договора необходимо строго и точно предусмотреть, как будут исполняться их обязательства.

Часть 2
ТЕХНИКО-ЮРИДИЧЕСКАЯ СТАДИЯ ИСПОЛНЕНИЯ ДОГОВОРА

Суть данной стадии заключается в проверке исполненного по количеству и качеству, а также в документальном подтверждении факта исполнения.

Лицо, принимающее исполнение, обязано предоставить другой стороне соответствующий документ. Необходимо помнить, что только исполнение обязательства прекращает его действие для обязанной стороны, а кроме того, пока у обязанной стороны нет подтверждения о том, что ее обязательства исполнены, она в юридическом смысле продолжает оставаться должником, даже если фактически свои обязательства и выполнила.

Иными словами, любое ваше исполнение обязательства должно быть документально оформлено, в противном случае считается, что своих обязательств вы не исполнили. Документальным подтверждением исполнения обязательств могут быть:

а) акт сдачи-приемки товаров (работ, услуг);

б) платежное поручение, заверенное учреждением банка, о произведенной оплате товаров (работ, услуг);

в) квитанция от транспортной организации об отгрузке товара в адрес грузополучателя;

г) квитанция о сдаче-приемке товара на склад продавца;

д) расписка получателя;

е) иные документы и свидетельства.

В этой связи необходимо сказать, что составление и оформление документов о приемке-сдаче товаров (работ, услуг) имеют большое юридическое значение.

Приемка продукции, товаров по количеству производится по таким сопроводительным документам, как счет-фактура, спецификация, опись, упаковочные ярлыки, накладные и т. д. При приемке продукции (товаров) от предприятий получатель обязан проверить обеспеченность сохранности груза при перевозке (исправность пломб и тары, наличие маркировки и т. д.).

При обнаружении недостачи продукции (товара) получатель обязан приостановить дальнейшую приемку и вызвать для участия в продолжении приемки и составлении акта представителя одногороднего отправителя. Представитель иногороднего поставщика вызывается в случаях, предусмотренных специальными правилами либо договором.

Составление акта о недостаче, при неявке представителя отправителя либо когда вызов представителя является необязательным, производится с участием незаинтересованного предприятия или представителя общественности предприятия-получателя. В одностороннем порядке акт составляется предприятием-получателем в том случае, если отправитель согласен на одностороннюю приемку продукции (товара).

Приемка продукции, товаров по качеству производится по сопроводительным документам, удостоверяющим качество поставленной продукции (товаров) — технический паспорт, сертификат, удостоверение о качестве и т. д. Акт о скрытых недостатках должен быть составлен в течение 5 дней после обнаружения недостатков, но не позднее 4 месяцев со дня поступления продукции (товаров) на склад покупателя.

Участие представителя поставщика в составлении акта о качественных недостатках регламентируется аналогично его участия в составлении акта недостачи по количеству с некоторыми дополнениями.

Акт приемки продукции (товаров) по количеству и качеству является основанием для предъявления поставщику соответствующей претензии. Нарушение правил приемки влечет отказ в возмещении стоимости недостающей продукции.

Пример. ПО «Курский завод тракторных запчастей» обратился в арбитраж с иском о взыскании стоимости недостающих деталей, полученных от Чебоксарского агрегатного завода. При рассмотрении дела в первой и кассационной инстанции было выяснено, что в акте приемки состояние пломб на контейнере в момент вскрытия не описано. Не было в нем и указаний об исправности тары и маркировки отдельных мест. В связи с этим Арбитражный суд в иске ПО «Курский завод тракторных запчастей» отказал.

Акты сдачи-приемки выполненных работ по договору подряда должны также оформляться очень тщательно, с указанием количества и качества выполненных работ, замечаний и претензий со стороны заказчика и т. д.

Пример. Высший арбитражный суд РФ, рассмотрев кассационную жалобу по иску фирмы «Информсервис» к Волгодонскому химическому заводу, установил, что между сторонами был заключен договор, в соответствии с которым фирма обязана была внедрить на заводе программу «Учет материальных ценностей». Представитель фирмы утверждал, что передал пакет непосредственно заводу, но акт сдачи-приемки или иных документов, подтверждающий выполнение своих обязательств перед заводом, не представил. В деле имелся только акт сдачи-приемки работ, подписанный фирмой и адресованный заводу. На этом основании суд в иске фирмы отказал, указав, что отсутствие документальных подтверждений выполнения работ в объемах и сроках, предусмотренных договором, не может служить основанием для их оплаты.

Существует еще один способ оформления исполнения обязательств — зачет взаимных требований, который представляет собой особую форму исполнения двух или нескольких обязательств, связывающих одних и тех же лиц. Удовлетворение требований одной стороны происходит путем погашения его требования встречным требованием другой стороны, вытекающим из другого обязательства.

Зачет взаимных требований возможен при соблюдении следующих условий:

а) требования должны быть встречными;
б) требования должны быть однородными;
в) срок исполнения обязательства должен наступить.

Зачет производится на основании соглашения сторон, которое оформляется либо протоколом, либо иным двухсторонним документом, либо по требованию одной из сторон, которое оформляется заявлением или письмом. В последнем случае согласия другой стороны на зачет не требуется, однако она может оспорить через суд наличие условий для проведения зачета, а также действительность требований.

Глава 5
ПОРЯДОК ИЗМЕНЕНИЯ И РАСТОРЖЕНИЯ ДОГОВОРА

Естественной представляется ситуация, когда стороны после заключения договора решают изменить те или иные его условия, заменить договор на другой, продлить срок действия договора, а то и расторгнуть ранее заключенный договор. Для того, чтобы правильно оформить все необходимые изменения, надо знать некоторые юридические правила, которые предъявляются к такого рода действиям сторон.

Но всегда необходимо помнить одно существенное положение закона:

Односторонний отказ от исполнения обязательства и одностороннее изменение условий договора не допускается, за исключением случаев, предусмотренных договором или законодательством.

Изменение или дополнение условий договора.

По общему правилу одностороннее изменение или дополнение условий уже заключенного договора, как было указано выше, не допускается. Все коррективы в ранее заключенный договор могут вноситься только по соглашению сторон.

Когда одна из сторон считает необходимым изменить или расторгнуть договор, она обязана направить другой стороне соответствующее предложение. Другая сторона обязана рассмотреть предложение и дать ответ в обусловленный предложением инициатора срок. Изменение или дополнение условий заключенного ранее договора оформляется в том же порядке, в каком оформлен сам договор, т. е. письменно. В большинстве случаев изменение или дополнение договора оформляется отдельным соглашением сторон или протоколом, но может оформляться и обменом письмами, телеграммами, факсами и т. д.

Продление срока действия договора оформляется в том же порядке. Для договоров некоторых видов в случаях, предусмотренных законодательством (например, аренды), если ни одна из сторон не потребует его прекращения, договор считается пролонгированным автоматически. В некоторых случаях договор пролонгируется автоматически на новый срок, если об этом стороны договорились при заключении договора.

В соглашении об изменении, дополнении или пролонгации договора рекомендуется указывать следующее:

а) какой договор подлежит изменению (номер договора, о чем договор, от какого числа);

б) причины изменения договора, поскольку сам факт изменения договора может вызвать нездоровый интерес некоторых контролирующих органов;

в) какие условия подлежат изменению или какие условия договора дополняются;

г) новую редакцию измененных условий, например: «п. 3. ст. 5. договора изложить в следующей редакции: . . . . »;

д) пункт о том, что прежние условия договора с момента заключения соглашения об изменениях теряют юридическую силу;

е) порядок урегулирования возникающих вопросов, если какие-то условия договора, которые изменились соответствующим соглашением, уже начали действовать. Например, если по договору была изменена цена и покупатель прежнюю цену уже уплатил, то необходимо предусмотреть порядок доплаты (срок, размер, способ и т. д.).

Необходимо также отметить, что если одна сторона возражает против изменения некоторых условий, то договор должен быть исполнен на тех условиях, которые были предусмотрены ранее.

Соглашение о замене договора (новация).

Стороны могут достигнуть соглашение не только об изменении каких-либо условий договора, но и вообще о замене ранее заключенного договора другим договором.

Новация — это гражданско-правовая сделка, лежащая в основе аннулирования одного и возникновения другого обязательства между теми же лицами.

Примером новации может служить замена договора займа договором купли-продажи. Предметом договора купли-продажи здесь выступает имущество, которое передается заемщиком в качестве погашения договора займа. Отношения в этом случае регламентируются нормами о договоре купли-продажи, а не о договоре займа.

Изменение сторон по договору.

За время существования договора в нем могут произойти те или иные изменения не только с точки зрения содержания, но также его участников.

Возможны три основных способа перемены лиц в обязательстве: перевод долга; уступка требования; уступка договора (цессия).

а) *Перевод долга.*

Перевод своего долга одним лицом (должником) на другое лицо допускается только с согласия кредитора (того лица, перед которым должник и должен). Если такого согласия нет, то перевод долга невозможен.

Основанием для такого перевода служит соглашение между первоначальным должником по договору и лицом, заступающим на его место в обязательстве (но не в договоре).

Согласие на перевод долга должно быть выражено кредитором в той же форме, в какой заключен договор, — в письменной. Если стороны, заключая договор, предвидят возможность перевода долга (или заранее знают, что их обязательства по договору будут исполнены другой стороной), то в договоре можно предусмотреть условие, в соответствии с которым стороны сразу и предварительно дадут свое условие на перемену должника. В этом случае согласия на перевод долга у кредитора каждый раз истребовать нет необходимости.

б) *Уступка требования.*

Уступка требования означает, что прежний кредитор, которому должник должен исполнить свое обязательство, выбывает, а на его место заступает новое лицо.

Согласия должника на уступку требования по законодательству не требуется, он лишь должен быть проинформирован о факте уступки и о том, что свои обязательства он должен исполнить перед новым лицом. Однако необходимо отметить, что соглашением сторон (в частности, в договоре) стороны могут установить, что и передача прав по договору может осуществляться только с согласия противоположной стороны.

в) *Уступка договора (цессия).*

Особенностью цессии является то, что одна сторона выбывает из договора, а на ее место приходит другая сторона. С переменой лица в договоре уступаются не только права, но и обязанности. Отсюда следует, что в этом случае можно применять правила, которые относятся и к переводу долга, и к уступке требования. Таким образом, партнер, участвующий в двухстороннем договоре, может, если на это есть согласие его контрагента, уступить договор третьему лицу. С момента получения согласия (а если согласие было получено ранее, то с момента сообщения об уступке) третье лицо становится носителем всех прав и обязанностей уступившей стороны.

Уступка договора оформляется отдельным соглашением.

Порядок расторжения договора.

Может случиться и так, что по тем или иным причинам договор, заключенный между сторонами, может потерять для них интерес и стороны придут к выводу о необходимости расторгнуть ранее достигнутое соглашение.

Стороны могут достичь соглашения о прекращении договора как с момента его заключения, так и на будущее время. В этом случае договор не будет создавать для сторон прав и обязанностей и считается как бы не заключенным в свое время.

Соглашение о расторжении договора оформляется протоколом или иным двусторонним документом. В соглашении необходимо указать:

а) какой договор расторгается;

б) с какого момента договор считается расторгнутым;

в) причину, по которой расторгается договор;

г) способы урегулирования между сторонами возникших проблем или окончания обязательств, которые уже возникли между сторонами (например, сроков и порядка возвращения авансовых платежей по договору, если таковые были сделаны);

д) пункт о том, что с момента вступления соглашения в силу стороны теряют права требования по заключенному ранее договору.

Довольно часто договор расторгается на том основании, что одна сторона не выполняет свои обязательства. Обычно на практике это выглядит следующим образом: одна сторона извещает другую сторону, что по тем или иным основаниям она не может выполнить взятые на себя обязательства. В этом случае необходимо руководствоваться нормами законодательства не о расторжении договора, а об отказе стороны исполнить свои обязательства, за что предусмотрена гражданско-правовая ответственность (подробнее см. главу 7 "Ответственность за нарушения условий договора. Понятие убытков".

Глава 6
СПОСОБЫ ОБЕСПЕЧЕНИЯ ИСПОЛНЕНИЯ ОБЯЗАТЕЛЬСТВ

На данном этапе рассмотрения вопроса о взаимоотношении сторон договора необходимо ввести понятия «кредитор» и «должник».

Кредитор — сторона по договору, которая имеет право требования исполнения обязательства другой стороной по договору (должником).

Должник — сторона по договору, которая обязана исполнить обязательства по требованию другой стороны по договору (кредитора).

Обеспечением исполнения обязательства по договору выступает дополнительная мера имущественного воздействия на должника, побуждающая его к исполнению своего обязательства и удовлетворяющая интересы кредитора в случае неисполнения или ненадлежащего исполнения должником взятых на себя по договору обязательств.

Действующее законодательство знает четыре основных способа исполнения обязательств: неустойка, поручительство (гарантия), залог, задаток. Кроме того, за рубежом широко применяется такой способ обеспечения обязательств, как резервирование права собственности. Обеспечивают исполнение обязательства и такие правовые формы, как аккредитив, страхование сделки, валютные оговорки, которые, несмотря на то, что право не относит их к способам обеспечения обязательств, тем не менее имеют большое значение для исполнения договора.

Неустойка.

Это — установленная законом или договором денежная сумма, которую должник обязан уплатить другой стороне в случае неисполнения или ненадлежащего исполнения ею обязательства, в частности, в случае просрочки исполнения условий договора.

Как разновидности неустойки выступают штраф и пеня. Ш т р а ф о м называется определенная договором денежная сумма, которую должник обязуется уплатить кредитору в заранее определенном размере или в процентном отношении к сумме долга или всего предмета исполнения (суммы договора).

П е н е й называется определенная договором денежная сумма, которую должник обязуется уплатить кредитору в процентном отношении к сумме просроченного платежа за каждый день или иной период просрочки.

Неустойка бывает четырех видов. Законом или договором могут быть предусмотрены следующие виды неустойки:

1). *Зачетная неустойка.*

По общему правилу, если договором не предусмотрено иное, то убытки взыскиваются в части, не покрытой неустойкой:

возмещение=неустойка + (убытки-неустойка).

2). *Исключительная неустойка* — когда может быть взыскана только неустойка, но не убытки.

Исключительную неустойку можно отнести к категории «заранее определенных убытков», когда стороны заранее договариваются о размере возмещения за неисполнение или ненадлежащее исполнение обязательства. В этом случае кредитор должен доказать лишь факт нарушения обязательства со стороны должника. Отсутствует надобность доказывать факт наступления убытков и их размер:

возмещение=неустойка.

3). *Штрафная неустойка* — когда взыскиваются неустойка и убытки сверх неустойки:

возмещение=неустойка + убытки.

4). *Альтернативная неустойка* — когда по выбору кредитора могут быть взысканы либо неустойка, либо убытки:

возмещение=неустойка или убытки.

Наиболее удобными с точки зрения защиты прав предпринимателей являются штрафная и исключительная неустойки.

Следует иметь в виду, что при рассмотрении спора арбитражный суд в соответствии со ст. 107 Арбитражного процессуального кодекса Российской Федерации вправе уменьшить размер взыскиваемой неустойки, если она чрезмерно велика по сравнению с убытками кредитора. Однако это является правом суда, а не его обязанностью, и, кроме того, суд может только уменьшить размер неустойки, но он не может освободить виновную сторону от неустойки полностью.

Пример. В Арбитражный суд обратился покупатель с иском о взыскании с поставщика — металлургического завода — неустойки за нарушение договорных обязательств по поставке металлопродукции.

Возражая против иска, поставщик ссылался на необеспеченность сырьем. В заседании суда доводы ответчика были подтверждены соответствующими документами, в связи с чем Арбитражный суд счел возможным в порядке исключения снизить размер взыскиваемой неустойки.

Уплата неустойки не освобождает должника от обязанности исполнить обязательство в натуре.

Кроме того, при рассмотрении иска о взыскании неустойки, предусмотренной соглашением сторон, Арбитражный суд проверяет условия договора в этой части.

Пример. На рассмотрение Арбитражного суда поступило исковое заявление кооператива «Искра» о санкциях к производственному объединению «Сатурн» за неисполнение договора подряда.

Однако, кооператив, выступающий по договору подряда заказчиком, не выполнил своих обязательств перед объединением (подрядчиком) по передаче материалов для выполнения работ, что и послужило основанием объединению для обращения в Арбитражный суд со встречным иском.

Кооператив, возражая против требований в части неустойки за просрочку в предоставлении материалов, обосновывал это тем, что договором не предусмотрен срок, в течение которого он должен был передать необходимые материалы для начала работ. Проверка текста договора показала, что, действительно, стороны не предусмотрели в договоре сроки передачи материалов, а лишь определили их количество. Доводы кооператива были признаны обоснованными и исковые требования о взыскании неустойки были Арбитражным судом отклонены.

Соглашение о неустойке должно быть совершено в письменной форме. Несоблюдение письменной формы неустойки влечет недействительность соглашения о неустойке. Обычно такое соглашение формулируется как пункт договора и входит в раздел договора «Ответственность сторон».

Поручительство (гарантия).

Договор поручительства (гарантии) заключается между кредитором и поручителем. В силу поручительства (гарантии) поручитель берет на себя обязательство перед кредитором другого лица (должника) отвечать за исполнение обязательства этого лица полностью или частично. При недостаточности средств у должника (и не только денежных средств, но и другого имущества) поручитель (гарант) несет субсидиарную (дополнительную) ответственность по его обязательствам перед кредитором, если законодательством или договором не предусмотрена солидарная ответственность поручителя и должника (солидарное поручительство).

Поручителем (гарантом) могут выступать не только коммерческие организации, но и некоммерческие, например, общественные и религиозные организации, потребительские кооперативы, благотворительные фонды и т. д. Поручителем (гарантом) могут выступать и финансируемые собственником учреждения, в том числе и бюджетные, но в этом случае учреждение, имеющее имущество на праве оперативного управления, отвечает по своим обязательствам только находящимися в его распоряжении денежными средствами, а при их недостаточности ответственность по обязательствам учреждения несет собственник соответствующего имущества.

Допускается множественность поручителей (гарантов), которые перед кредитором отвечают солидарно, если иное не предусмотрено договором поручительства (гарантии). Поручитель (гарант) отвечает за должника по всем обязательствам, в том числе за уплату неустойки и процентов, возмещение убытков и т. п., если договором поручительства не предусмотрено иное.

В случае, если поручитель (гарант) исполнил за должника обязательство, к нему переходят все права кредитора. Поручитель (гарант) имеет право обратного требования к должнику в размере уплаченной за него суммы.

Кредитор, по отношению к которому поручитель (гарант) исполнил обязательство за должника, обязан вручить поручителю (гаранту) документы, удостоверяющие требование к должнику и передать права, обеспечивающие это требование.

Поручительство (гарантия) прекращается, если должником исполнено обеспеченное поручительством обязательство. Поручительство (гарантия) прекращается также, если кредитор не предъявит иска к поручителю (гаранту) в течение года со дня наступления срока обязательства. Если срок исполнения обязательства не указан или определяется моментом востребования, поручительство (гарантия) прекращается по истечении двух лет со дня заключения договора поручительства (гарантии).

Поручительство может оформляться путем составления одного единого документа под названием «договор поручительства». Но на практике, и особенно в банковской деятельности, гарантия традиционно оформляется в форме так называемого гарантийного письма.

Гарантийные письма могут применяться и имеют свое юридическое значение при условии, что направленное поручителем (гарантом) кредитору гарантийное письмо будет принято кредитором и последний в письменной форме (письмом, телеграммой, телетайпограммой, телефонограммой и т. п.) сообщит поручителю (гаранту) о принятии гарантийного письма.

В случае, когда кредитор не сообщает поручителю (гаранту) о принятии гарантийного письма, Арбитражный суд будет исходить из текста договора, по которому выдается поручительство (гарантия). Если в договоре между кредитором и должником имеется ссылка на это гарантийное письмо, то считается, что между поручителем (гарантом) и кредитором установлены соответствующие договорные отношения поручительства (гарантии). При отсутствии в договоре ссылки на гарантийное письмо основания, свидетельствующие о заключении между кредитором и поручителем (гарантом) договорных отношений, отсутствуют, и договор поручительства (гарантии) между сторонами является незаключенным.

Поручительство (гарантия) может оформляться и посредством соответствующей отметки (или записи) поручителя (гаранта) на договоре между кредитором и должником, обязательства по которому обеспечиваются поручителем.

Договор поручительства (гарантии) должен содержать сведения о том, какой конкретно договор, на какой срок имеет обязательство и на какую сумму гарантируется. В противном случае договор поручительства может быть признан недействительным.

Залог.

В силу залога кредитор (залогодержатель) имеет право в случае неисполнения обеспеченного залогом обязательства получить удовлетворение из стоимости заложенного имущества преимущественно перед другими кредиторами.

Отношения залога регламентируются Законом РФ «О залоге». Удовлетворение требования кредитора из стоимости заложенного имущества производится, если иное не установлено законодательными актами, по решению Арбитражного или третейского суда.

Предметом залога могут быть вещи, ценные бумаги предприятия, имущественные права, а также любое имущество, которое в соответствии с законодательством Российской Федерации может быть отчуждено залогодателем.

Договором или законодательством может предусматриваться оставление заложенного имущества во владении залогодателя, либо заложенное имущество может быть передано залогодержателю (заклад).

Имущество, находящееся в общей совместной собственности, может быть передано в залог только с согласия остальных собственников.

Договор о залоге должен быть заключен в письменной форме. В договоре о залоге должны содержаться условия, предусматривающие вид залога, существо обеспеченного залогом требования, его размер, сроки исполнения обязательства, состав и стоимость заложенного имущества, а также любые иные условия, относительно которых по заявлению одной из сторон должно быть достигнуто соглашение.

Условие о залоге может быть включено в договор, по которому возникает обеспеченное залогом обязательство, а может быть оформлено и в виде отдельного документа. Залогодатели — субъекты предпринимательской деятельности — обязаны:

— вести книгу записи залогов;

— не позднее 10 дней после возникновения залога вносить в книгу запись, содержащую данные о виде и предмете залога, а также объеме обеспеченного залогом обязательства;

— предоставлять книгу для ознакомления любому заинтересованному лицу.

Залогодатель сохраняет право распоряжения заложенным имуществом, если иное не предусмотрено законом или договором. При этом переход права на заложенное имущество залогодержателю возможен только в случае неисполнения должником обеспеченного залогом обязательства.

Если предметом залога становится заложенное имущество, которое уже является обеспечением какого-либо иного обязательства, предшествующее право залогодержателя сохраняет силу. Требования последующего залогодержателя удовлетворяются из стоимости предмета залога после удовлетворения требований предшествующего залогодержателя.

За счет заложенного имущества залогодержатель вправе удовлетворить свои требования в полном объеме, определяемом к моменту фактического удовлетворения, включая проценты, убытки, причиненные просрочкой исполнения, а в случаях, предусмотренных законом или договором, — неустойку.

Обращение взыскания на заложенное имущество производится по решению суда, Арбитражного суда или третейского суда, если иное не предусмотрено законом.

Реализация заложенного имущества, на которое обращается взыскание, осуществляется в соответствии с гражданским процессуальным законодательством Российской Федерации, если иное не предусмотрено договором.

Задаток.

Задатком признается денежная сумма, выдаваемая одной из сторон по договору в счет причитающихся с нее по договору платежей другой стороне, в доказательство заключения договора и в обеспечение его исполнения.

Обеспечительная черта задатка проявляется в двух моментах:

а) часть причитающегося контрагенту по договору платежей одна сторона уплачивает заранее, и в этом смысле для другой стороны обеспечивается реальное исполнение обязательства;

б) если за неисполнение договора ответственна сторона, давшая задаток, он остается у другой стороны, а если за неисполнение указанного обязательства ответственна сторона, получившая задаток, она обязана уплатить другой стороне двойную сумму задатка.

Задаток очень много общего имеет с авансом или предоплатой. Однако ни аванс, ни предоплата не играют обеспечительную функцию. Последние уплачиваются только в счет причитающихся по договору платежей и не более.

В хозяйственном обороте иногда встает вопрос: как отличить, является ли заранее сделанный платеж авансом или задатком? Здесь решающее значение имеет указание об этом в договоре. Если в договоре прямо не указано, что внесенная сумма является задатком, то ее следует считать авансовым платежом.

Резервирование права собственности.

Данный способ обеспечения обязательств в настоящее время применяется крайне редко, хотя в международной коммерческой практике он хорошо известен, а в законодательстве многих стран, таких, как Англия, Италия, Франция, Япония, латиноамериканские страны, данный способ допускается и используется как обеспечение платежа.

Сущность резервирования права собственности заключается в том, что при продаже товара в кредит, когда поставка и передача товара покупателю осуществляется раньше его оплаты, в договоре делается оговорка о сохранении за продавцом права собственности на проданный товар до тех пор, пока покупатель не произведет по нему последний платеж.

Таким образом, покупатель, получая товар, отдает себе отчет в том, что это не его имущество, он не может им свободно распоряжаться до тех пор, пока не оплатит его стоимость. Данный вид обеспечения обязательств привлекателен еще и тем, что продавец может требовать возвращения ему товара в случае неплатежеспособности и банкротства своего покупателя, а также титул собственности на свой товар, как находящийся в незаконном владении.

В связи с тем, что данный способ обеспечения обязательств является для нас относительно новым, ниже приводится образец формулировки условия о резервировании права собственности в договоре купли-продажи в кредит.

Статья «Право собственности ПОКУПАТЕЛЯ на товар»:

а) В качестве обеспечения платежа ПОКУПАТЕЛЯ за покупаемый им товар стороны устанавливают, что право собственности ПОКУПАТЕЛЯ на приобретаемый товар возникает у последнего немедленно после осуществления им последнего платежа ПРОДАВЦУ.

До момента полной оплаты право собственности на товар принадлежит ПРОДАВЦУ.

ПОКУПАТЕЛЬ не имеет права до полной оплаты товара распоряжаться им по своему усмотрению.

б) Стороны устанавливают, что товар находится у ПОКУПАТЕЛЯ во владении правомерно лишь в срок, предусмотренный настоящим договором для оплаты.

Договором отдельно должен предусматриваться срок, в течение которого ПОКУПАТЕЛЬ обязан оплатить товар, а также право ПОКУПАТЕЛЯ досрочно оплатить товар.

в) Риск случайной гибели и случайной порчи товара переходит к ПОКУПАТЕЛЮ одновременно с фактическим получением товара во владение.

г) В случае просрочки платежа ПОКУПАТЕЛЬ в срок . . . обязан за свой счет возвратить товар ПРОДАВЦУ, а также оплатить пользование им, исходя из . . . . годовых.

Аккредитив.

Аккредитив является одной из форм безналичных расчетов, при которой банк, открывающий аккредитив (банк-эмитент), обязуется по поручению плательщика (как правило, покупателя) произвести платеж получателю средств (продавцу) или уполномочивает другой банк произвести такой платеж при выполнении всех условий, предусмотренных в аккредитиве.

Формула аккредитива — «деньги против документов». Универсальность его заключается в том, что оплата покупателем фактически уже производится, деньги с его счета уже уходят, но на расчетный счет продавца они еще не поступают. Продавцу гарантируется немедленная оплата отгруженных товаров или оказанных услуг, и он застрахован от неплатежеспособности или отказа от оплаты товаров (услуг) покупателем, покупателю, что уплаченные им деньги не пропадут неизвестно где и поступят в распоряжение контрагента только после того, как он выполнит свои обязательства.

Аккредитив — это фактически безопасная предоплата. Таким образом, аккредитив служит своего рода компромиссом в случае, когда продавец товара сомневается в платежеспособности покупателя и требует предоплаты, а покупатель сомневается в надежности продавца и не решается рисковать своими деньгами и делать эту предоплату.

Срок действия и порядок расчетов по аккредитиву устанавливается в договоре между плательщиком и получателем денежных средств, в котором необходимо указать: наименование банка-эмитента; вид аккредитива и способ его исполнения; способ извещения получателя средств об открытии аккредитива; полный перечень и точную характеристику документов, предоставляемых получателем средств (продавцом) для получения этих средств по аккредитиву; сроки предоставления документов после отгрузки товаром; требования по их оформлению; другие необходимые документы и условия.

Валютная оговорка.

При поставке с последующей оплатой растущая инфляция со временем может обесценить покупную цену, предусмотренную при заключении договора. В этом случае можно применять способ корректировки цены по договору, который широко используется во внешнеторговых операциях и называется валютной оговоркой.

При применении данного способа в условии о цене выступают две валюты — рубль и валюта согласованной страны.

Рубль в договоре ставится в зависимость от другой устойчивой валюты, и при этом рублевая цена окончательных расчетов определяется в соответствии с изменением курса базовой валюты (например, доллара) к рублю.

Пример.

а) Курс доллара на 1 июля 1:6000. Товар стоит при поставке на 1 июля 600 000 руб. По курсу доллара на 1 июня это 100 долларов. В договоре цена определяется исходя из базовой валюты в 100 долларов.

б) Курс доллара на 1 сентября 1:6600. По курсу доллара на 1 сентября покупная цена, которую покупатель будет обязан уплатить за тот же товар, составит 660 000 руб.

Как разновидность вышеуказанного способа в договоре иногда можно использовать так называемую мультивалютную оговорку, в соответствии с которой пересчет суммы платежа в случае изменения курса рубля производится в среднем по отношению к нескольким заранее определенным валютам.

Страхование сделок.

По договору страхования страховщик (страховая компания) обязуется за обусловленную плату (страховые платежи) при наступлении указанного в договоре события (страхового случая) возместить страхователю понесенные убытки полностью или частично (выплатить страховое возмещение в пределах обусловленной по договору суммы/страховой суммы).

Необходимо отметить, что в российском деловом обороте страхование коммерческих рисков приобретает большое значение.

В случае неисполнения одной стороной своего обязательства другая сторона, застраховавшая сделку, получает обусловленное договором страховое возмещение. Конкретные условия страхования устанавливаются между страхователем и страховщиком в соответствующем договоре, в соответствии с правилами страхования, которые применяются данной страховой компанией.

Глава 7
ОТВЕТСТВЕННОСТЬ ЗА НАРУШЕНИЕ УСЛОВИЙ ДОГОВОРА. ПОНЯТИЕ УБЫТКОВ

Обязательства сторон по надлежащему исполнению своих обязанностей по заключенному договору гарантированы мерами имущественной ответственности, возлагаемой на ту сторону, которая не исполняет своих обязанностей перед другой стороной или исполняет их ненадлежащим образом. Законодательство содержит основные правила в отношении нарушителей договора:

1. В случае, если одна сторона по договору не исполняет свои обязательства, исполняет их ненадлежащим образом или вообще отказывается от исполнения этих обязательств, то она обязана возместить другой стороне причиненные этим убытки.

2. В случае неисполнения обязательства передать индивидуально определенную вещь в собственность или пользование другой стороне, последняя имеет право требовать отобрания этой вещи у должника и передачи ее себе либо требовать возмещения убытков.

3. В случае, если не исполняется обязанность выполнить определенную работу, кредитор вправе поручить ее выполнение третьим лицам и потребовать с должника возмещения убытков.

Необходимо отметить: действующим законодательством установлено, что предприниматель несет ответственность за неисполнение договора в любом случае, если не докажет, что причиной этому явились форс-мажорные обстоятельства (стихийное бедствие, военные действия и т. д.).

Не считаются форс-мажорными следующие обстоятельства: отсутствие на рынке необходимых для исполнения товаров, а также нарушение обязательств со стороны контрагентов должника.

Таким образом, необходимым условием для возложения ответственности на одну сторону по договору являются понесенные другой стороной убытки.

Что такое убытки?

В соответствии с законодательством под убытками понимаются расходы, произведенные одной из сторон договора, утрата или повреждение ее имущества, а также неполученные доходы, которые она получила бы, если бы обязательство было исполнено другой стороной. Таким образом, категория убытков складывается из следующих элементов.

1. Утрата имущества, физическое уничтожение имущества или выбытие его из хозяйственного оборота.

Например, хранитель не выполнил взятого на себя обязательства по сохранности имущества на своем складе, и вещь была по его халатности похищена.

2. Повреждение имущества, получение им дефектов, связанных с ухудшением его потребительских качеств, внешнего вида, уменьшением стоимости.

При повреждении имущества определяется размер уценки или расходы по устранению повреждения. Такой ущерб может быть нанесен в результате нарушений условий договора о таре и упаковке, поломки поставляемого оборудования, а также в случае, когда, например, арендатор, используя арендованное имущество ненадлежащим образом, приводит его в такое состояние, которое требует безотлагательного ремонта.

3. Расходы кредитора.

К расходам потерпевшей стороны относятся фактические расходы, понесенные ею ко дню предъявления претензии. Например, расходы из-за простоя производства, по устранению недостатков в полученной продукции (выполненных работах), по уплате санкций (включая возмещение убытков).

4. Неполученные кредитором доходы (упущенная выгода).

В связи с переходом к рыночной экономике, созданием альтернативного коммерческого сектора количество исков о взыскании неполученной прибыли значительно увеличилось.

К неполученным доходам (упущенной выгоде) относятся все доходы, которые получила бы потерпевшая сторона, если бы обязательство было исполнено.

Существенной чертой данной формы убытков является то, что доходы, о которых идет речь, фактически не получены кредитором, но они могли бы быть получены им, если бы должник надлежащим образом исполнил лежащую на нем обязанность.

При предъявлении исков о взыскании неполученных доходов истцу необходимо доказать, что он мог и должен был получить указанные доходы и только нарушение обязательств ответчиком явилось единственной причиной, лишившей его возможности получения прибыли, к примеру, от реализации товаров.

Однако получение прибыли из выручки от реализации товаров возможно лишь после изготовления и поставки его потребителю, и поэтому истец, наряду с вышеуказанным, должен доказать, что мог реализовать товар или услуги и получить тем самым обусловленную прибыль.

Иными словами, истцам необходимо доказать наличие реальных возможностей получения прибыли. При доказывании размеров неполученной прибыли не принимаются предположительные расчеты истца, а также любые формы в сослагательном наклонении (если бы..., то я бы...). Арбитражные суды требуют в этом случае письменных доказательств о возможности получить прибыль: договоры, заключенные с контрагентами истца, гарантийные письма от них с предложением заключить соответствующий договор или положительные ответы контрагентов на предложение истца о заключении договора, протоколы о намерениях и т. д. Но стороны в договоре могут самостоятельно предусмотреть размер убытков, которые виновная сторона будет обязана возместить другой стороне в случае нарушения договорных обязательств.

Как правило, убытки с ответчика по решению Арбитражного суда взыскиваются в денежной форме, но в случае, если у ответчика отсутствуют денежные средства, у истца есть два варианта действий: возбудить дело о его банкротстве или обратиться в Арбитражный суд с заявлением об изменении способа исполнения решения Арбитражного суда путем обращения взыскания на имущество ответчика. Последний вариант представляется наиболее предпочтительным, так как по сравнению с возбуждением дела о банкротстве позволяет решить проблемы истца более оперативно.

ОБРАЗЦЫ ХОЗЯЙСТВЕННЫХ ДОГОВОРОВ
(с комментариями)

Ниже приведены типовые формы различного рода хозяйственных договоров. Их назначение — помочь хозяйственным руководителям, предпринимателям, коммерсантам и бизнесменам при оформлении их договорных взаимоотношений с партнерами в различных сферах деятельности (производственной, коммерческой, научной и др.).

Вместе с тем следует подчеркнуть, что приведенные типовые формы хозяйственных договоров являются примерными и играют роль ориентира, базисной конструкции. Поэтому при подготовке конкретных договоров на базе типовых форм целесообразно привлечь к этой работе юриста и специалиста соответствующего профиля.

Раздел 1

ПРЕДДОГОВОРНЫЕ ДОКУМЕНТЫ

ПРОТОКОЛ РАЗНОГЛАСИЙ

Если у стороны имеются возражения по условиям полученного проекта договора, то данная сторона составляет протокол разногласий. Протокол разногласий составляется в трех экземплярах. Подписывается руководителем (заместителем руководителя) организации, скрепляется печатью. Один экземпляр протокола остается с проектом договора у стороны, которая составила данный протокол; два экземпляра вместе с оформленным договором возвращаются стороне, от которой получен проект договора. В графе 1 указываются пункты договора, в отношении которых сторона возражает. В графе 2 указывается новая редакция условий договора, предлагаемая лицом, составляющим протокол разногласий.

ПРОТОКОЛ

разногласий к договору _____

от «_____» _____ 19__ г.

с _____

Редакция поставщика	Редакция покупателя	Примечание
1	2	3

Поставщик   Покупатель

_____   _____

М. П.   М. П.

ПРОТОКОЛ
СОГЛАСОВАНИЯ РАЗНОГЛАСИЙ

Составляется сторонами для урегулирования спорных условий договора после получения протокола разногласий. Протокол согласования разногласий подписывается руководителями предприятия (заместителями) и скрепляется печатями сторон. В графе 1 указываются пункты договора, в отношении которых Покупатель возражает. В графе 2 — редакция, которую предлагает Покупатель. В графе 3 указывается новая редакция пункта, согласованная сторонами. В графе 4 — пункты договора, по которым стороны к соглашению не пришли.

ПРОТОКОЛ

согласования разногласий по договору _____

от «____» _____ 19__ г.

между _____

Редакция поставщика	Редакция покупателя	Согласованная редакция пункта договора	Примечание
1	2	3	4

Поставщик _____   Покупатель _____

М. П.   М. П.

СОПРОВОДИТЕЛЬНОЕ ПИСЬМО К ПРОЕКТУ ДОГОВОРА

Дата _____   Руководителю _____

№ _____   Адрес _____

Направляю Вам проект договора № _____ от «____» _____ 199__ г. со спецификацией на _____ в _____ году. Прошу подписать договор и спецификацию и один экземпляр договора со спецификацией возвратить нам в _____ срок.

Руководитель (зам.)
предприятия   (_____)

СОПРОВОДИТЕЛЬНОЕ ПИСЬМО К ДОГОВОРУ

Дата _____   Руководителю _____

№ _____   Адрес _____

Возвращается Вам подписанный договор № _____ от
«____» _____ 199 ___ г. и спецификация на _____ в
_____ году с протоколом разногласий.

Прошу принять предложения по условиям договора, подписать протокол разногласий и один экземпляр возвратить в наш адрес в _____ срок.

Руководитель (зам.)
предприятия   (_____)

СОГЛАШЕНИЕ
о сотрудничестве и организации взаимоотношений

г. _____   «____» _____ 199 ___ г.

СТОРОНА-1: _____,
в лице _____,
действующего на основании Устава, и

СТОРОНА-2: _____,
в лице _____,
действующего на основании Устава, именуемые в дальнейшем — «СТОРОНЫ»,

подписали Настоящее Соглашение о нижеследующем:

1. СТОРОНЫ в соответствии с Настоящим Соглашением исходят из того, что интересам каждой из них соответствует реализация проектов в сфере научно-технической деятельности, создания новых видов техники и технологии.

2. На основании вышеизложенного СТОРОНЫ обязуются совместно действовать для достижения общих хозяйственных целей в соответствии с уставными задачами и экономическими интересами каждой из участвующих в Настоящем Соглашении СТОРОН.

3. В процессе осуществления поставленных совместных целей СТОРОНЫ будут стремиться строить свои взаимоотношения на основе равенства, честного партнерства и защиты интересов друг друга.

4. В случае необходимости СТОРОНЫ будут осуществлять взаимное

финансирование совместных проектов на безвозмездной и беспроцентной основе.

Для этих целей денежные средства будут аккумулироваться на счете одной из СТОРОН; размер, сумма и порядок их использования будут определены отдельными соглашениями СТОРОН.

5. СТОРОНЫ намерены осуществлять взаимное кредитование на цели, определенные соглашениями СТОРОН в рамках научно-технического и коммерческого сотрудничества.

6. Для скорейшего достижения целей по Настоящему Соглашению СТОРОНЫ обязуются обмениваться имеющейся в их распоряжении информацией по аспектам взаимного интереса, проводить совместные консультации и семинары, устанавливать научно-технические и коммерческо-финансовые связи с третьими лицами и информировать друг друга о результатах таких контактов.

7. Конкретные формы и размеры участия СТОРОН в осуществлении совместных проектов будут определяться дополнительными соглашениями и договорами.

8. Настоящее Соглашение является предпосылкой и основанием для заключения, если СТОРОНЫ сочтут это необходимым, конкретных договоров (на проведение НИР, поставка, беспроцентный заем, о совместной деятельности и т. д.).

9. Доходы, получаемые в результате совместной деятельности и делового сотрудничества, распределяются в каждом отдельном случае по соглашению СТОРОН.

Каждый участник самостоятельно определяет направления использования своей доли прибыли, полученной от совместной деятельности.

10. Действие Настоящего Соглашения распространяется на неопределенное время до момента, пока СТОРОНЫ заинтересованы в продолжении совместной деятельности.

11. Настоящее Соглашение является предварительным и не налагает на СТОРОНЫ никаких конкретных финансовых и юридических обязательств.

12. Настоящее Соглашение составлено в двух подлинных экземплярах по одному для каждой из СТОРОН.

13. В случаях, не предусмотренных Настоящим Соглашением, СТОРОНЫ руководствуются действующим гражданским законодательством Российской Федерации.

14. СТОРОНЫ обязуются при исполнении Настоящего Соглашения не сводить сотрудничество к соблюдению только содержащихся в нем требований, поддерживать деловые контакты и принимать все необходимые меры для обеспечения эффективности и развития их коммерческих связей.

15. Юридические адреса и банковские реквизиты сторон.
15.1 СТОРОНА-1:

Почтовый адрес и индекс: _____
Телефон _____ , телетайп _____ , факс _____
Расчетный счет № _____ в банке _____
МФО _____ , КОД _____
Корреспондентский счет банка СТОРОНЫ-1: _____
15.2 СТОРОНА-2:
Почтовый адрес и индекс: _____
Телефон _____ , телетайп _____ , факс _____
Расчетный счет № _____ в банке _____
МФО _____ , КОД _____
Корреспондентский счет банка СТОРОНЫ-2: _____

Настоящее Соглашение подписали:

ОТ СТОРОНЫ-1   ОТ СТОРОНЫ-2
_____   _____

М. П.   М. П.

ПРЕДВАРИТЕЛЬНЫЙ ДОГОВОР

г. _____   «____» _____ 199__ г.

СТОРОНА-1: _____,
в лице _____,
действующего на основании Устава, и

СТОРОНА-2: _____,
в лице _____,
действующего на основании Устава, именуемые в дальнейшем — «СТОРОНЫ», на основе двухсторонних переговоров,

проведенных в г. _____ «____» _____ 199__ г.

**подписали Настоящий Предварительный Договор
о нижеследующем:**

1. СТОРОНЫ признают, что их научно-производственный и финансовый потенциал дает им основание установить долгосрочное и взаимовыгодное сотрудничество в области разработки и внедрения различных коммерческих, научно-производственных программ и коммерческих проектов.

2. **СТОРОНЫ** планируют осуществить на первом этапе сотрудничества совместную научно-производственную деятельность по разработке _____.

3. Для принятия окончательного решения о возможности реализации вышеназванной программы уполномоченные представители СТОРОН проводят совместные консультации и встречаются не позднее «____» _____ 199__ г.

4. **СТОРОНЫ** обязуются до «____» _____ 199__ г. заключить договор _____.

Договор, который СТОРОНЫ намерены заключить, должен включать в себя следующие условия:

а) _____.

б) _____.

в) _____.

5. Проект договора поручается составить СТОРОНЕ-1.

Проект договора СТОРОНА-1 обязана представить на рассмотрение СТОРОНЕ-2 не позднее «____» _____ 199__ г.

6. В случае необоснованного отказа одной из СТОРОН от заключения договора по п. 4 Настоящего Договора или совершения действий, в результате которых заключение вышеуказанного договора становится невозможным, виновная СТОРОНА несет ответственность в порядке и на условиях, предусмотренных действующим гражданским законодательством.

Настоящий Предварительный Договор подписали:

ОТ СТОРОНЫ-1   ОТ СТОРОНЫ-2

_____   _____

М. П.   М. П.

СОГЛАШЕНИЕ
об уступке договора

г. _____   «____» _____ 199__ г.

ЦЕДЕНТ: _____,

в лице _____,

действующего на основании Устава, с одной стороны, и

ПРЕЕМНИК: _____,
в лице _____,
действующего на основании Устава, с другой стороны,

заключили Настоящее Соглашение о нижеследующем:

1. ЦЕДЕНТ передает, а ПРЕЕМНИК принимает на себя права и обязанности первого и становится стороной по договору ___ № ___ от «___» _____ 199__ г. между ЦЕДЕНТОМ и _____ (далее по тексту — КРЕДИТОР).

2. По Настоящему Соглашению ПРЕЕМНИК обязуется осуществлять (вместо ЦЕДЕНТА) все права и обязанности ЦЕДЕНТА по вышеуказанному договору.

3. Согласие КРЕДИТОРА на перевод долга получено в соответствии _____.

4. В соответствии с вышеуказанной уступкой договора ЦЕДЕНТ уплачивает ПРЕЕМНИКУ следующее вознаграждение:

_____

_____

5. Порядок расчетов по п. 4 Настоящего Соглашения:

5.1. Срок оплаты составляет _____
с момента _____.

5.2. Порядок оплаты: _____
                     (почтовый, телеграфный)

5.3. Вид расчетов: _____.
                  (наличный, безналичный, смешанный)

5.4. Форма расчетов: _____
                    (платежное поручение, чек,
                    требование-поручение, аккредитив)

6. В срок _____ ЦЕДЕНТ обязан передать ПРЕЕМНИКУ всю документацию, из которой вытекают права и обязанности первого, по договору, уступка которого является предметом Настоящего Соглашения.

7. Настоящее Соглашение вступает в силу с момента подписания его сторонами.

8. Настоящее Соглашение составлено в двух подлинных экземплярах по одному для каждой из сторон.

9. Уступка договора в соответствии с Настоящим Соглашением не влечет каких-либо изменений условий первого.

**Юридические адреса, банковские реквизиты
и подписи сторон**

СОГЛАШЕНИЕ
о переводе долга

г. _____ «___» _____ 199__ г

ПЕРЕВОДЧИК: _____,
в лице _____,
действующего на основании Устава, с одной стороны, и

ПРЕЕМНИК: _____,
в лице _____,
действующего на основании Устава, с другой стороны,

заключили Настоящее Соглашение о нижеследующем:

1. ПЕРЕВОДЧИК передает, а ПРЕЕМНИК принимает на себя обязанности первого и становится должником по договору _____ № _____ от «___» _____ 199__ г. между ПЕРЕВОДЧИКОМ и _____ (далее по тексту — КРЕДИТОР).

2. По Настоящему Соглашению ПРЕЕМНИК обязуется осуществить (вместо ПЕРЕВОДЧИКА) следующие обязательства ПЕРЕВОДЧИКА:

_____

_____

3. Согласие КРЕДИТОРА на перевод долга получено в соответствии

_____

4. В соответствии с вышеуказанным принятие долга со стороны ПРЕЕМНИКА будет погашено следующими действиями со стороны ПЕРЕВОДЧИКА:

_____

_____

5. В срок _____ ПЕРЕВОДЧИК обязан передать ПРЕЕМНИКУ всю информацию и документацию, из которой вытекают обязанности первого, являющиеся предметом Настоящего Соглашения.

6. Настоящее Соглашение вступает в силу с момента подписания его сторонами.

7. Настоящее Соглашение составлено в двух подлинных экземплярах по одному для каждой из сторон.

8. Перевод долга в соответствии с Настоящим Соглашением не влечет каких-либо изменений условий договора.

Юридические адреса, банковские реквизиты
и подписи сторон

СОГЛАШЕНИЕ
об уступке права требования

г. _____   «___» _____ 199__г.

ФИРМА: _____,

в лице _____,

действующего на основании Устава, с одной стороны, и

ПРЕДПРИЯТИЕ: _____,

в лице _____,

действующего на основании Устава, с другой стороны,

заключили Настоящее Соглашение о нижеследующем:

1. ФИРМА передает, а ПРЕДПРИЯТИЕ принимает на себя право требования первого и становится кредитором по договору _____ № _____ от «____» _____ 199__г. между ФИРМОЙ и _____ (далее по тексту — ДОЛЖНИК).

2. По Настоящему Соглашению ПРЕДПРИЯТИЕ получает право (вместо ФИРМЫ) требовать от ДОЛЖНИКА надлежащего исполнения следующих обязательств:

_____

_____

3. ФИРМА обязана в срок _____ с момента подписания Настоящего Соглашения известить ДОЛЖНИКА о состоявшейся уступке прав требования.

4. В соответствии с вышеуказанной уступкой права требования ПРЕДПРИЯТИЕ уплачивает ФИРМЕ следующее вознаграждение:

_____

_____

5. Порядок расчетов по п. 4 Настоящего Соглашения:

5.1. Срок оплаты составляет _____ с момента _____.

5.2. Порядок оплаты: _____.
(почтовый, телеграфный)

5.3. Вид расчетов: _____.
(наличный, безналичный, смешанный)

5.4. Форма расчетов: _____.
(платежное поручение, чек,
требование-поручение, аккредитив)

5.5. ПРЕДПРИЯТИЕ обязано известить ФИРМУ об осуществлении платежа в срок _____ с момента _____ путем _____.
(телеграмма с уведомлением, факс и т. д.)

6. В срок _____ ФИРМА обязана передать ПРЕДПРИЯТИЮ всю документацию, из которой вытекает право требования, являющееся предметом Настоящего Соглашения.

7. Настоящее Соглашение вступает в силу с момента подписания его сторонами.

8. Настоящее Соглашение составлено в двух подлинных экземплярах по одному для каждой из сторон.

9. Уступка права требования в соответствии с Настоящим Соглашением не влечет каких-либо изменений условий договора.

Юридические адреса, банковские реквизиты
и подписи сторон

СОГЛАШЕНИЕ

об изменении и дополнении

договора № _____ от «___» _____ 199__ г.

_____

г. _____   «___» _____ 199__ г.

ЗАКАЗЧИК: _____,

в лице _____,
действующего на основании Устава, с одной стороны, и

ИСПОЛНИТЕЛЬ: _____,
в лице _____,
действующего на основании Устава, с другой стороны,

заключили Настоящее Соглашение о нижеследующем:

1. ЗАКАЗЧИК и ИСПОЛНИТЕЛЬ в связи с _____

<small>(мотивы и причины, по которым стороны дополняют и изменяют договор)</small>
пришли к соглашению изменить и дополнить договор № ____
от «____» _____ 199__ г. _____.

2. Изменить нижеуказанные условия договора, изложив их в следующей редакции:

«п. ___
_____
_____

«п. ___
_____
_____

3. Дополнить договор следующими пунктами, изложив их в следующей редакции:

«п. ___
_____
_____

«п. ___
_____
_____

4. Остальные условия вышеуказанного договора, незатронутые Настоящим Соглашением остаются неизменными и стороны подтверждают по ним свои обязательства.

5. Настоящее Соглашение составлено в 2-х подлинных экземплярах, по одному для каждой из сторон.

6. Настоящее Соглашение вступает в силу с момента его подписания.

**Юридические адреса, банковские реквизиты
и подписи сторон**

СОГЛАШЕНИЕ

о замене договора
№ _____ от «____» _____ 199__ г.

на договор об _____

(НОВАЦИЯ)

г. _____   «____» _____ 199__ г.

ЗАКАЗЧИК: _____,
в лице _____,
действующего на основании Устава, с одной стороны, и

ИСПОЛНИТЕЛЬ: _____,
в лице _____,
действующего на основании Устава, с другой стороны,

заключили Настоящее Соглашение о нижеследующем:

1. ЗАКАЗЧИК и ИСПОЛНИТЕЛЬ в связи с _____
_____
(мотивы, причины, по которым решили заменить договор)
пришли к соглашению заменить договор № _____
от «____» _____ 199__ г. _____
на договор об _____.

2. Изменить нижеуказанные условия договора, изложив их в следующей редакции:
   «п. ___
   _____
   _____

   «п. ___
   _____
   _____

3. Дополнить договор следующими пунктами, изложив их в следующей редакции:
   «п. ___
   _____
   _____

«п. —
_____
_____
_____

4. Пункты договора n. —, —, —, — из договора исключить.
5. Остальные условия вышеуказанного договора остаются неизмененными и стороны подтверждают по ним свои обязательства.
6. Обязательства, измененные Настоящим Соглашением, исполнение которых сторонами уже началось, должны быть исполнены в следующем порядке:
_____
_____

7. Настоящее Соглашение составлено в 2-х подлинных экземплярах, по одному для каждой из сторон.
8. Настоящее Соглашение вступает в силу с момента его подписания.

Юридические адреса, банковские реквизиты и подписи сторон

СОГЛАШЕНИЕ
об изменении порядка исполнения договора

г. _____   «___» _____ 199__ г.

КРЕДИТОР: _____,
в лице директора _____,
действующего на основании _____
с одной стороны, и

ЗАЕМЩИК: _____,
в лице _____
действующего на основании _____,
с другой стороны,

заключили Настоящее Соглашение о нижеследующем:
1. КРЕДИТОР и ЗАЕМЩИК на основании письма последнего от «___» _____ 199__ г. в связи с _____
_____

пришли к Настоящему Соглашению об изменении порядка исполнения договора № _____ от «___» _____ 199__ г.

2. Установить, что исполнение обязательств ЗАЕМЩИКА по вышеуказанному договору будет осуществляться следующим образом:

_____

_____

_____

3. Остальные условия вышеуказанного договора остаются неизменными и стороны подтверждают по ним свои обязательства.

4. Настоящее Соглашение составлено в 2-х подлинных экземплярах, по одному для каждой из сторон.

5. После вступления Настоящего Договора в силу КРЕДИТОР не имеет право требовать от ЗАЕМЩИКА исполнения договора, порядок исполнения обязательств которого изменен Настоящим Соглашением.

6. Настоящее Соглашение вступает в силу с момента его подписания.

Юридические адреса, банковские реквизиты и подписи сторон

СОГЛАШЕНИЕ

о расторжении договора № _____
от «___» _____ 199__ г.

_____

г. _____   «___» _____ 199__ г.

ЗАКАЗЧИК: _____,

в лице _____,
действующего на основании Устава, с одной стороны, и

ИСПОЛНИТЕЛЬ: _____,

в лице _____
действующего на основании Устава, с другой стороны,

заключили Настоящее Соглашение о нижеследующем:

1. ЗАКАЗЧИК и ИСПОЛНИТЕЛЬ в связи с _____
_____
(мотивы, причины, по которым стороны решили расторгнуть договор)
пришли к соглашению расторгнуть договор № _____ от
«____» _____ 199__ г.

2. С момента вступления в силу Настоящего Соглашения стороны не считают себя связанными какими-либо правами и обязанностями.

3. Обязательства, прекращенные Настоящим Соглашением, исполнение которых сторонами уже началось должны быть исполнены в следующем порядке:
ЗАКАЗЧИК _____
_____.
ИСПОЛНИТЕЛЬ _____
_____.

4. Настоящее Соглашение составлено в 2-х подлинных экземплярах, по одному для каждой из сторон.

5. Настоящее Соглашение вступает в силу с момента подписания.

Юридические адреса, банковские реквизиты и подписи сторон

ПРОТОКОЛ
о зачете взаимных требований

г. _____   «____» _____ 199__ г.

ЗАКАЗЧИК: _____,
в лице _____,
действующего на основании Устава, с одной стороны, и

ИСПОЛНИТЕЛЬ: _____,
в лице _____,
действующего на основании Устава, с другой стороны,

подписали Настоящий Протокол о нижеследующем:

1. ЗАКАЗЧИК и ИСПОЛНИТЕЛЬ пришли к соглашению о зачете взаимных требований по нижеуказанным договорам, в которых и ЗАКАЗЧИК и ИСПОЛНИТЕЛЬ являются сторонами.

1.1. По договорам:

1) № _____ от «_____» _____ 199___ г.
ЗАКАЗЧИК является кредитором;
ИСПОЛНИТЕЛЬ является должником;

2) № _____ от «_____» _____ 199___ г.
ЗАКАЗЧИК является должником;
ИСПОЛНИТЕЛЬ является кредитором
Размер погашаемых взаимных требований по вышеуказанным договорам:

....

1.2. По договорам:

1) № _____ от «_____» _____ 199___ г.
ЗАКАЗЧИК является кредитором;
ИСПОЛНИТЕЛЬ является должником;

2) № _____ от «_____» _____ 199___ г.
ЗАКАЗЧИК является должником;
ИСПОЛНИТЕЛЬ является кредитором
Размер погашаемых взаимных требований по вышеуказанным договорам:

....

2. С момента вступления в силу Настоящего Протокола стороны не считают себя связанными какими-либо правами и обязанностями по договорам, обязательства по которым зачтены Настоящим Протоколом.

3. Стороны при подписании Настоящего Протокола не имеют друг к другу каких-либо взаимных претензий.

4. Настоящий Протокол составлен в 2-х подлинных экземплярах, по одному для каждой из сторон.

5. Настоящий Протокол вступает в силу с момента его подписания сторонами.

Юридические адреса, банковские реквизиты и подписи сторон

Раздел 2

ЗАЕМ

По договору займа (кредитному договору) заимодавец (КРЕДИТОР) передает ЗАЕМЩИКУ (должнику) в собственность (полное хозяйственное ведение или оперативное управление) деньги или вещи, определенные родовыми признаками, а заемщик обязуется своевременно возвратить такую же сумму денег или равное количество вещей такого же рода и качества.

Необходимо помнить, что заемные операции есть одна из разновидностей банковских операций, а в соответствии с Законом РСФСР «О банках и банковской деятельности» данные операции, если они совершаются в коммерческих целях да еще и на постоянной основе, должны быть лицензированы в Центробанке.

В случае получения дохода от заемных операций без наличия соответствующей лицензии такая сделка может быть признана внеуставной, а все полученное по ней может быть взыскано в бюджет.

Таким образом, в повседневном и текущем деловом обороте возможно только беспроцентное или безвозмездное кредитование. Этот вывод подтверждается также и практикой работы налоговых органов.

ДОГОВОР
беспроцентного целевого займа

г. _____   «___» _____ 199__ г.

КРЕДИТОР: _____,
(полное фирменное наименование предприятия)
в лице директора _____,
(ф. и. о.)
действующего на основании _____
с одной стороны, и

ЗАЕМЩИК: _____,
(полное фирменное наименование предприятия)
в лице _____,
(наименование должности, ф. и. о.)
действующего на основании _____,
с другой стороны,

заключили Настоящий Договор о нижеследующем:

1. ПРЕДМЕТ ДОГОВОРА

1.1. КРЕДИТОР обязуется предоставить ЗАЕМЩИКУ беспроцентный целевой заем, а последний обязуется использовать его по целевому назначению и возвратить заем в определенный Настоящим Договором срок.

1.2. В связи с тем, что между Сторонами по Настоящему Договору устанавливаются тесные и взаимовыгодные деловые отношения, заем ЗАЕМЩИКУ предоставляется на беспроцентной (безвозмездной) основе.

2. ЦЕЛЬ ПРЕДОСТАВЛЕНИЯ ЗАЙМА

2.1. Цель предоставления займа ЗАЕМЩИКУ:
_____
_____

2.2 ЗАЕМЩИК в срок _____ с момента предоставления займа обязан предоставить КРЕДИТОРУ документы, подтверждающие целевой характер использования займа.

3. РАЗМЕР ЗАЙМА

Сумма займа составляет по Настоящему Договору _____ руб.

4. ПОРЯДОК ПРЕДОСТАВЛЕНИЯ ЗАЙМА

4.1. КРЕДИТОР обязан предоставить заем в течение _____ с момента подписания Настоящего Договора.

4.2. Заем предоставляется в безналичном порядке платежным поручением путем перечисления необходимых денежных средств на расчетный счет ЗАЕМЩИКА.

4.3. КРЕДИТОР в срок _____ после перечисления суммы займа ЗАЕМЩИКУ обязан известить последнего о перечислении средств путем _____
(телеграфом, факсом и т. д.)

4.4. ЗАЕМЩИК в течение _____ после поступления суммы займа на свой расчетный счет обязан известить КРЕДИТОРА об этом _____
(телеграфом, факсом и т. д.)

5. СРОК ЗАЙМА

5.1. Срок предоставления займа ЗАЕМЩИКУ составляет с момента _____
_____
(поступления денег на р/с ЗАЕМЩИКА, перечисления денег КРЕДИТОРОМ)

5.2. Срок, указанный в п.5.1. Настоящего Договора, может быть продлен по соглашению Сторон.

6. ПОРЯДОК ВОЗВРАЩЕНИЯ ЗАЙМА

6.1. По истечении срока, указанного в п.5.1 Настоящего Договора, ЗАЕМЩИК обязуется в течение _____ возвратить сумму займа.

6.2. Заем возвращается в безналичном порядке платежным поручением путем перечисления необходимых денежных средств на расчетный счет КРЕДИТОРА.

6.3. ЗАЕМЩИК в срок _____ после перечисления суммы займа КРЕДИТОРУ обязан известить последнего о перечислении средств путем _____.
(телеграфом, факсом и т. д.)

6.4. КРЕДИТОР в течение _____ после поступления суммы займа на свой расчетный счет обязан известить ЗАЕМЩИКА об этом _____.
(телеграфом, факсом и т. д.)

7. СРОК ДЕЙСТВИЯ НАСТОЯЩЕГО ДОГОВОРА

Настоящий Договор вступает в силу с момента подписания его Сторонами и действует до момента его окончательного исполнения, но в любом случае до «____» _____ 199__ г.

8. ОТВЕТСТВЕННОСТЬ СТОРОН

8.1. За нарушение условий Настоящего Договора виновная Сторона возмещает причиненные этим убытки, в том числе упущенную выгоду, в порядке, предусмотренном действующим законодательством.

8.2. ЗАЕМЩИК несет следующую ответственность по Настоящему Договору:
_____
_____

8.3. КРЕДИТОР несет следующую ответственность по Настоящему Договору:
_____
_____

9. ОБЕСПЕЧЕНИЕ ОБЯЗАТЕЛЬСТВ ПО НАСТОЯЩЕМУ ДОГОВОРУ

_____
(могут предусматриваться условия о залоге, страховании
_____
или поручительстве со стороны, в основном, ЗАЕМЩИКА)

10. ПОРЯДОК РАЗРЕШЕНИЯ СПОРОВ
(арбитражная оговорка)

10.1. Все споры между Сторонами, по которым не было достигнуто соглашение, разрешаются в соответствии с законодательством Российской Федерации в Арбитражном суде (третейском суде с указанием какого конкретного третейского суда, или указать порядок формирования этого третейского суда).

10.2. Стороны устанавливают, что все возможные претензии по Настоящему Договору должны быть рассмотрены Сторонами в течение _____ дней с момента получения претензии.

11. ИЗМЕНЕНИЕ УСЛОВИЙ НАСТОЯЩЕГО ДОГОВОРА

11.1. Условия Настоящего Договора имеют одинаковую обязательную силу для Сторон и могут быть изменены по взаимному согласию с обязательным составлением письменного документа.

11.2. Ни одна из Сторон не вправе передавать свои права по Настоящему Договору третьей стороне без письменного согласия другой Стороны.

12. УСЛОВИЯ СОГЛАСОВАНИЯ СВЯЗИ МЕЖДУ СТОРОНАМИ

Полномочными представителями Сторон по Настоящему Договору являются:

ЗАЕМЩИК: _____телефон _____.

КРЕДИТОР: _____телефон _____.

13. ОСОБЫЕ УСЛОВИЯ НАСТОЯЩЕГО ДОГОВОРА

_____
_____
_____

14. ПРОЧИЕ УСЛОВИЯ

14.1. Настоящий Договор составлен в двух подлинных экземплярах по одному для каждой из Сторон.

14.2. В случаях, не предусмотренных Настоящим Договором, Стороны руководствуются действующим гражданским законодательством.

14.3. После подписания Настоящего Договора все предварительные переговоры по нему, переписка, предварительные соглашения и протоколы о намерениях по вопросам, так или иначе касающимся Настоящего Договора, теряют юридическую силу.

14.4. Стороны обязуются при исполнении Настоящего Договора не сводить сотрудничество к соблюдению только содержащихся в Настоящем Договоре требований, поддерживать деловые контакты и принимать все необходимые меры для обеспечения эффективности и развития их коммерческих связей.

15. ЮРИДИЧЕСКИЕ АДРЕСА И БАНКОВСКИЕ РЕКВИЗИТЫ СТОРОН

15.1. КРЕДИТОР:

Местонахождение офиса: _____.

Почтовый адрес и индекс: _____.

Телефон _____, телетайп _____, факс _____.

Расчетный счет № _____ в _____,
(наименование банковского учреждения)

МФО _____, КОД _____.

Корреспондентский счет банка КРЕДИТОРА: _____.

15.2. ЗАЕМЩИК:

Местонахождение офиса: _____,

Почтовый адрес и индекс: _____,

Телефон _____, телетайп _____, факс _____,

Расчетный счет № _____ в _____,
(наименование банковского учреждения)

МФО _____, КОД _____.

Корреспондентский счет банка ЗАЕМЩИКА: _____.

15.3. Стороны обязуются немедленно письменно извещать друг друга в случае изменения сведений, указанных в п. 15 Настоящего Договора.

КРЕДИТОР	ЗАЕМЩИК
_____(.........)	_____(.........)
М.П.	М.П.

КОНТРАКТ
беспроцентного целевого займа в иностранной валюте

г. _____ «___» _____ 199__ г.

КРЕДИТОР: _____,

в лице _____,

действующего на основании _____,

с одной стороны, и

ЗАЕМЩИК: _____,

в лице _____,

действующего на основании _____,

с другой стороны,

учитывая долгосрочное и перспективное сотрудничество сторон в сфере коммерческой внешнеэкономической деятельности

заключили Настоящий Контракт о нижеследующем:

1. ПРЕДМЕТ КОНТРАКТА

1.1. КРЕДИТОР обязуется предоставить ЗАЕМЩИКУ беспроцентный целевой заем в иностранной валюте, а последний обязуется использовать его по целевому назначению и возвратить заем в определенный Настоящим Контрактом срок.

1.2. В связи с тем, что между Сторонами по Настоящему Договору устанавливаются тесные и взаимовыгодные деловые отношения, заем ЗАЕМЩИКУ предоставляется на беспроцентной (безвозмездной) основе.

2. ЦЕЛЬ ПРЕДОСТАВЛЕНИЯ ЗАЙМА

2.1 Цель предоставления займа ЗАЕМЩИКУ:
финансирование производственных программ и валютных затрат ЗАЕМЩИКА по переработке давальческого сырья КРЕДИТОРА (толлинговая операция) в рамках контракта № _____
от «___» _____ 199__ г.
(название контракта)

2.2. ЗАЕМЩИК в срок _____ с момента предоставления займа обязан предоставить КРЕДИТОРУ документы, подтверждающие целевой характер использования займа.

3. ВАЛЮТА И РАЗМЕР ЗАЙМА

3.1. Валюта займа: _____

3.2. Сумма займа по Настоящему Контракту: _____

4. ПОРЯДОК ПРЕДОСТАВЛЕНИЯ ЗАЙМА

4.1. КРЕДИТОР обязан предоставить заем в течение _____ с момента подписания Настоящего Контракта.

4.2. Заем предоставляется в безналичном порядке платежным поручением путем перечисления необходимых валютных средств на текущий валютный счет ЗАЕМЩИКА или по поручению последнего на счета третьих лиц.

Дата перечисления займа является датой предоставления займа.

4.3. КРЕДИТОР в срок _____ после перечисления суммы валютного займа ЗАЕМЩИКУ обязан известить последнего о перечислении средств путем _____
(телеграфом, факсом и т. д.)

5. СРОК ЗАЙМА

5.1. Срок предоставления займа ЗАЕМЩИКУ составляет _____ с момента
(поступления денег на р/с ЗАЕМЩИКА, перечисления денег КРЕДИТОРОМ)

5.2. Срок, указанный в п. 5.1 Настоящего Контракта, может быть пролонгирован (продлен) по соглашению Сторон, но на срок не свыше 180 дней.

6. ПОРЯДОК ВОЗВРАЩЕНИЯ (ПОГАШЕНИЯ) ЗАЙМА

6.1. По истечении срока, указанного в п.5.1 Настоящего Контракта, ЗАЕМЩИК обязуется в течение _____ возвратить сумму займа.

6.2. Заем возвращается в безналичном порядке платежным поручением путем перечисления соответствующих валютных средств на счет КРЕДИТОРА.

6.3. ЗАЕМЩИК в срок _____ после перечисления суммы валютного займа КРЕДИТОРУ обязан известить последнего о перечислении средств путем _____
(телеграфом, факсом и т. д.)

6.4. КРЕДИТОР в течение _____ после поступления суммы займа на свой счет обязан известить ЗАЕМЩИКА об этом _____
(телеграфом, факсом и т. д.)

6.5. Возврат (погашение) займа может осуществляться путем поставки согласованного количества продукции или оказания услуг, в счет погашения задолженности ЗАЕМЩИКА по существующим обязательствам последнего перед КРЕДИТОРОМ.

7. СРОК ДЕЙСТВИЯ НАСТОЯЩЕГО КОНТРАКТА

Настоящий Контракт вступает в силу с момента подписания его Сторонами и действует до момента его окончательного исполнения, но в любом случае до «_____»_____ 199__ г.

8. ОТВЕТСТВЕННОСТЬ СТОРОН

8.1. За нарушение условий Настоящего Контракта виновная Сторона возмещает причиненные этим убытки, в том числе упущенную выгоду, в порядке, предусмотренном действующим законодательством.

8.2. ЗАЕМЩИК несет следующую ответственность по Настоящему Контракту:

_____

_____

8.3. КРЕДИТОР несет следующую ответственность по Настоящему Контракту:

_____

_____

9. ОБЕСПЕЧЕНИЕ ОБЯЗАТЕЛЬСТВ ПО НАСТОЯЩЕМУ КОНТРАКТУ

_____

(могут предусматриваться условия о залоге, страховании

_____

или поручительстве со стороны, в основном, ЗАЕМЩИКА)

10. ПОРЯДОК РАЗРЕШЕНИЯ СПОРОВ
(арбитражная оговорка)

10.1. Все споры между Сторонами, по которым не было достигнуто соглашение, разрешаются в соответствии с законодательством Российской Федерации в арбитражном суде по месту нахождения ЗАЕМЩИКА.

10.2. Стороны устанавливают, что все возможные рекламации по Настоящему Контракту должны быть рассмотрены Сторонами в течение _____ дней с момента получения претензии.

11. УСЛОВИЯ СОГЛАСОВАНИЯ СВЯЗИ МЕЖДУ СТОРОНАМИ

Полномочными представителями Сторон по Настоящему Контракту являются:

ЗАЕМЩИК: _____ телефон _____.

КРЕДИТОР: _____ телефон _____.

12. ОСОБЫЕ УСЛОВИЯ НАСТОЯЩЕГО КОНТРАКТА

_____
_____
_____

13. ПРОЧИЕ УСЛОВИЯ

13.1. Настоящий Контракт составлен в двух подлинных экземплярах по одному для каждой из Сторон.

13.2. В случаях, не предусмотренных Настоящим Контрактом, Стороны руководствуются действующим гражданским законодательством РФ.

13.3. После подписания Настоящего Контракта все предварительные переговоры по нему, переписка, предварительные соглашения и протоколы о намерениях по вопросам, так или иначе касающимся Настоящего Контракта, теряют юридическую силу.

14. ЮРИДИЧЕСКИЕ АДРЕСА И БАНКОВСКИЕ РЕКВИЗИТЫ СТОРОН

14.1. КРЕДИТОР:

Местонахождение офиса: _____.

Почтовый адрес и индекс: _____.

Телефон _____, телетайп _____, факс _____.

Расчетный счет № _____ в _____,
(наименование банковского учреждения)

МФО _____, КОД _____ .

Корреспондентский счет банка КРЕДИТОРА: _____.

Текущий валютный счет: _____

14.2. ЗАЕМЩИК:

Местонахождение офиса: _____,
Почтовый адрес и индекс: _____,
Телефон _____, телетайп _____, факс _____,
Расчетный счет № _____ в _____,
(наименование банковского учреждения)

МФО _____ , КОД _____
Корреспондентский счет банка ЗАЕМЩИКА: _____

Текущий валютный счет: _____

14.3. Стороны обязуются немедленно письменно извещать друг друга в случае изменения сведений, указанных в п. 14 Настоящего Контракта.

КРЕДИТОР	ЗАЕМЩИК
_____(........)	_____(........)
М.П.	М.П.

Раздел 3
ЗАЛОГ И ИНЫЕ СПОСОБЫ ОБЕСПЕЧЕНИЯ ИСПОЛНЕНИЯ ОБЯЗАТЕЛЬСТВ
(см. комментарии в гл. 6)

ДОГОВОР
о залоге имущества
(с оставлением имущества у залогодателя)

г. _____   «____» _____ 199__ г.

ЗАЛОГОДАТЕЛЬ: _____,
в лице _____,
действующего на основании Устава, с одной стороны, и

ЗАЛОГОДЕРЖАТЕЛЬ: _____,
в лице _____,
действующего на основании Устава, с другой стороны,

заключили Настоящий Договор о нижеследующем:

1. ПРЕДМЕТ ДОГОВОРА

В соответствии с Настоящим Договором ЗАЛОГОДЕРЖАТЕЛЬ имеет право в случае неисполнения ЗАЛОГОДАТЕЛЕМ своих обязательств по договору по п.2.1 (далее по тексту — «основной договор») получить удовлетворение за счет имущества, заложенного на нижеуказанных условиях.

2. ОБЯЗАТЕЛЬСТВО, ОБЕСПЕЧЕННОЕ ЗАЛОГОМ

2.1. Основание возникновения обязательства, обеспеченного залогом по Настоящему Договору: договор от «____» _____ 199__ г. № _____.

2.2. ЗАЛОГОДАТЕЛЕМ по основному договору выступает _____

ЗАЛОГОДЕРЖАТЕЛЕМ по основному договору выступает _____

2.3. Предметом основного договора является _____.

2.4. Срок исполнения обязательства, обеспеченного Настоящим Договором: _____.

3. РАЗМЕР ОБЕСПЕЧЕННОГО ЗАЛОГОМ ТРЕБОВАНИЯ

Размер обеспеченного залогом требования составляет:

3.1. _____.

3.2. _____.

3.3. _____.

Итого: _____.

4. ПРЕДМЕТ ЗАЛОГА (СОСТАВ ЗАЛОЖЕННОГО ИМУЩЕСТВА)

4.1. Предметом залога является следующее имущество:

4.1.1. Наименование: _____.

4.1.2. Количество: _____.

4.1.3. Качество: _____.

4.2. Согласованная по Настоящему Договору стоимость заложенного имущества составляет: _____.

4.3. Вышеуказанное имущество принадлежит ЗАЛОГОДАТЕЛЮ на праве _____.

4.4. Заложенное имущество остается во владении ЗАЛОГОДАТЕЛЯ с местонахождением в _____.

5. ПРАВА ЗАЛОГОДАТЕЛЯ ПО РАСПОРЯЖЕНИЮ ЗАЛОЖЕННЫМ ИМУЩЕСТВОМ

5.1. ЗАЛОГОДАТЕЛЬ имеет следующие права по распоряжению заложенным имуществом: _____

_____.

5.2. Последующий залог заложенного имущества _____

(допускается, допускается с согласия ЗАЛОГОДЕРЖАТЕЛЯ, не допускается)

5.3. ЗАЛОГОДАТЕЛЬ обязан (не обязан) застраховать заложенное имущество на следующих условиях _____
_____

5.4. ЗАЛОГОДАТЕЛЬ обязан в полном объеме возместить ЗАЛОГОДЕРЖАТЕЛЮ убытки, причиненные утратой, недостачей или повреждением заложенного имущества.

6. ПРОЧИЕ УСЛОВИЯ

6.1. В случаях, не предусмотренных Настоящим Договором, стороны руководствуются Законом РФ «О залоге» и иным действующим гражданским законодательством.

6.2. Настоящий Договор составлен в двух подлинных экземплярах по одному для каждой из сторон.

Юридические адреса, банковские реквизиты и подписи сторон

ДОГОВОР

о залоге здания, сооружения, дома (ипотека)

г. _____   «____» _____ 199__ г.

ЗАЛОГОДАТЕЛЬ: _____,
в лице _____,
действующего на основании Устава, с одной стороны, и

ЗАЛОГОДЕРЖАТЕЛЬ: _____,
в лице _____,
действующего на основании Устава, с другой стороны,
заключили Настоящий Договор о нижеследующем:

1. ПРЕДМЕТ ДОГОВОРА

В соответствии с Настоящим Договором ЗАЛОГОДЕРЖАТЕЛЬ имеет право в случае неисполнения ЗАЛОГОДАТЕЛЕМ своих обязательств по договору по п.2.1 (далее по тексту — «основной договор») получить удовлетворение за счет имущества, заложенного на нижеуказанных условиях.

2. ОБЯЗАТЕЛЬСТВО, ОБЕСПЕЧЕННОЕ ИПОТЕКОЙ

2.1. Основание возникновения обязательства, обеспеченного ипотекой по Настоящему Договору: договор от «____» _____ 199___ г. № _____

2.2. ЗАЛОГОДАТЕЛЕМ по основному договору выступает _____.

ЗАЛОГОДЕРЖАТЕЛЕМ по основному договору выступает _____.

2.3. Предметом основного договора является _____

2.4. Срок исполнения обязательства ЗАЛОГОДАТЕЛЕМ, обеспеченного Настоящим Договором: _____

3. РАЗМЕР ОБЕСПЕЧЕННОГО ИПОТЕКОЙ ТРЕБОВАНИЯ

Размер обеспеченного ипотекой требования составляет:

3.1. _____.

3.2. _____.

3.3. _____.

Итого: _____.

4. ПРЕДМЕТ ИПОТЕКИ

4.1. Предметом ипотеки является _____ (далее по тексту — «объект недвижимости»).

4.2. Объект недвижимости находится по адресу: _____
_____
_____

4.3. Характеристика объекта недвижимости: _____
_____

4.4. Согласованная по Настоящему Договору стоимость заложенного объекта недвижимости составляет: _____ руб.

4.5. Вышеуказанный объект недвижимости принадлежит ЗАЛОГОДАТЕЛЮ на праве _____

5. ПРАВА И ОБЯЗАННОСТИ ЗАЛОГОДАТЕЛЯ

5.1. Ипотека устанавливается без передачи объекта недвижимости ЗАЛОГОДЕРЖАТЕЛЮ.

5.2. ЗАЛОГОДАТЕЛЬ вправе владеть и пользоваться заложенным объектом недвижимости, но не вправе отчуждать его каким-либо способом без согласия ЗАЛОГОДЕРЖАТЕЛЯ до истечения срока действия Настоящего Договора.

5.3. ЗАЛОГОДАТЕЛЬ обязан создавать надлежащие условия для содержания заложенного объекта недвижимости, исключающие его порчу, уничтожение; своевременно производить текущий ремонт.

5.4. ЗАЛОГОДАТЕЛЬ обязуется допускать полномочных представителей ЗАЛОГОДЕРЖАТЕЛЯ в местонахождение заложенного объекта недвижимости с целью проверки его наличия и условий его содержания.

5.5. Последующий залог заложенного объекта недвижимости _____
(допускается, допускается с согласия ЗАЛОГОДЕРЖАТЕЛЯ, не допускается).

5.6. ЗАЛОГОДАТЕЛЬ обязан (не обязан) застраховать ипотеку на следующих условиях _____
_____.

6. ПРАВА ЗАЛОГОДЕРЖАТЕЛЯ

6.1. ЗАЛОГОДЕРЖАТЕЛЬ имеет право в срок _____ осуществлять проверку объекта недвижимости в его местонахождении с целью проверки его наличия и условий его содержания.

7. ПРОЧИЕ УСЛОВИЯ

7.1. В случаях, не предусмотренных Настоящим Договором, стороны руководствуются Законом РФ «О залоге» и иным действующим гражданским законодательством.

7.2. Настоящий Договор составлен в двух подлинных экземплярах по одному для каждой из сторон.

Юридические адреса, банковские реквизиты и подписи сторон

ДОГОВОР
о залоге депозитного вклада

г. _____   «____» _____ 199___ г.

ЗАЛОГОДАТЕЛЬ: _____,
в лице _____,
действующего на основании Устава, с одной стороны, и

ЗАЛОГОДЕРЖАТЕЛЬ: _____,
в лице _____,
действующего на основании Устава, с другой стороны,

заключили Настоящий Договор о нижеследующем:

1. ПРЕДМЕТ ДОГОВОРА

В соответствии с Настоящим Договором ЗАЛОГОДЕРЖАТЕЛЬ имеет право в случае неисполнения ЗАЛОГОДАТЕЛЕМ своих обязательств по договору по п.2.1 (далее по тексту — «основной договор») получить удовлетворение за счет имущества, заложенного на нижеуказанных условиях.

2. ОБЯЗАТЕЛЬСТВО, ОБЕСПЕЧЕННОЕ ЗАЛОГОМ

2.1. Основание возникновения обязательства, обеспеченного залогом по Настоящему Договору: договор от «____» _____ 199___ г. № _____.

2.2. ЗАЛОГОДАТЕЛЕМ по основному договору выступает _____.

ЗАЛОГОДЕРЖАТЕЛЕМ по основному договору выступает _____.

2.3. Предметом основного договора является _____.

2.4. Срок исполнения обязательства ЗАЛОГОДАТЕЛЕМ, обеспеченного Настоящим Договором: _____.

3. РАЗМЕР ОБЕСПЕЧЕННОГО ЗАЛОГОМ ТРЕБОВАНИЯ

Размер обеспеченного залогом требования составляет:

3.1. _____.
3.2. _____.

3.3. _____.

Итого: _____.

4. ПРЕДМЕТ ЗАЛОГА

4.1. Предметом залога является депозитный вклад ЗАЛОГОДАТЕЛЯ в _____.
(наименование банковского учреждения)
Вышеуказанное лицо является должником по отношению к ЗАЛОГОДАТЕЛЮ.

4.2. Основание депозитного вклада: договор № _____ депозитного вклада от «____» _____ 199__ г.

4.3. Размер депозитного вклада: _____.

4.4. Срок возврата депозитного вклада: _____.

4.5. Право залога распространяется и на проценты по вышеуказанному депозитному вкладу.

4.6. С момента подписания Настоящего Договора ЗАЛОГОДАТЕЛЬ в течение _____ дней обязан уведомить _____
(наименование банковского учреждения)
о заключении Настоящего Договора.

5. ПРАВА ЗАЛОГОДЕРЖАТЕЛЯ

5.1. В случае неисполнения ЗАЛОГОДАТЕЛЕМ своих обязательств по п.2 Настоящего Договора ЗАЛОГОДЕРЖАТЕЛЬ имеет право получить удовлетворение за счет заложенного депозитного вклада.

5.2. В соответствии с п.5.1 Настоящего Договора ЗАЛОГОДЕРЖАТЕЛЬ получает право требования возврата депозитного вклада и процентов по нему в порядке, предусмотренном действующим законодательством.

5.3. ЗАЛОГОДЕРЖАТЕЛЬ имеет кроме того все права, предусмотренные ст. 57 Закона РФ «О залоге».

6. ПРОЧИЕ УСЛОВИЯ

6.1. В случаях, не предусмотренных Настоящим Договором, стороны руководствуются Законом РФ «О залоге» и иным действующим гражданским законодательством.

6.2. Настоящий Договор составлен в двух подлинных экземплярах по одному для каждой из сторон.

Юридические адреса, банковские реквизиты
и подписи сторон

ДОГОВОР

о залоге имущества с передачей имущества залогодержателю (заклад)

г. _____   «___» _____ 199__ г.

ЗАЛОГОДАТЕЛЬ: _____,
в лице _____,
действующего на основании Устава, с одной стороны, и

ЗАЛОГОДЕРЖАТЕЛЬ: _____,
в лице _____,
действующего на основании Устава, с другой стороны,

заключили Настоящий Договор о нижеследующем:

1. ПРЕДМЕТ ДОГОВОРА

В соответствии с Настоящим Договором ЗАЛОГОДЕРЖАТЕЛЬ имеет право в случае неисполнения ЗАЛОГОДАТЕЛЕМ своих обязательств по договору по п.2.1 (далее по тексту — «основной договор») получить удовлетворение за счет имущества, заложенного на нижеуказанных условиях.

2. ОБЯЗАТЕЛЬСТВО, ОБЕСПЕЧЕННОЕ ЗАКЛАДОМ

2.1. Основание возникновения обязательства, обеспеченного закладом по Настоящему Договору: договор от «___» _____ 199__ г. № _____.

2.2. ЗАЛОГОДАТЕЛЕМ по основному договору выступает _____.

ЗАЛОГОДЕРЖАТЕЛЕМ по основному договору выступает _____.

2.3. Предметом основного договора является _____.

2.4. Срок исполнения обязательства, обеспеченного Настоящим Договором: _____

3. РАЗМЕР ОБЕСПЕЧЕННОГО ЗАКЛАДОМ ТРЕБОВАНИЯ

Размер обеспеченного закладом требования составляет:

3.1. _____.

3.2. _____.

3.3. _____.

Итого: _____.

4. ПРЕДМЕТ ЗАКЛАДА (СОСТАВ ЗАЛОЖЕННОГО ИМУЩЕСТВА)

4.1. Предметом заклада является следующее имущество:

4.1.1. Наименование: _____,

4.1.2. Количество: _____,

4.1.3. Качество: _____.

4.2. Согласованная по Настоящему Договору стоимость заложенного имущества составляет: _____

4.3. Вышеуказанное имущество принадлежит ЗАЛОГОДАТЕЛЮ на праве _____.

4.4. Заложенное имущество передается во владении ЗАЛОГОДЕРЖАТЕЛЮ в следующем порядке: _____

Срок передачи: _____

Место передачи: _____

4.5. ЗАЛОГОДЕРЖАТЕЛЬ имеет следующие права по использованию заложенного имущества: _____
_____

5. ПРАВА ЗАЛОГОДАТЕЛЯ ПО РАСПОРЯЖЕНИЮ ЗАЛОЖЕННЫМ ИМУЩЕСТВОМ

5.1. ЗАЛОГОДАТЕЛЬ имеет следующие права по распоряжению заложенным имуществом: _____
_____

5.2. Последующий заклад заложенного имущества _____
_____,

(допускается, допускается с согласия ЗАЛОГОДЕРЖАТЕЛЯ, не допускается)

6. ОБЯЗАННОСТИ ЗАЛОГОДЕРЖАТЕЛЯ

ЗАЛОГОДЕРЖАТЕЛЬ обязан:

6.1. Застраховать предмет заклада на его полную стоимость за счет и в интересах ЗАЛОГОДАТЕЛЯ;

6.2. Принять все необходимые меры для сохранения предмета заклада;

6.3. Немедленно известить ЗАЛОГОДАТЕЛЯ о возникновении угрозы утраты или повреждения предмета заклада;

6.4. В срок _____ возвратить предмет заклада после исполнения ЗАЛОГОДАТЕЛЕМ или третьим лицом обеспеченного закладом обязательства.

7. ПРОЧИЕ УСЛОВИЯ

7.1. В случаях, не предусмотренных Настоящим Договором, стороны руководствуются Законом РФ «О залоге» и иным действующим гражданским законодательством.

7.2. Настоящий Договор составлен в двух подлинных экземплярах по одному для каждой из сторон.

Юридические адреса, банковские реквизиты и подписи сторон

ДОГОВОР
о залоге прав на промышленную собственность

г. _____   «___» _____ 199__ г.

ЗАЛОГОДАТЕЛЬ: _____,

в лице _____,
действующего на основании Устава, с одной стороны, и

ЗАЛОГОДЕРЖАТЕЛЬ: _____,

в лице _____,
действующего на основании Устава, с другой стороны,

заключили Настоящий Договор о нижеследующем:

1. ПРЕДМЕТ ДОГОВОРА

В соответствии с Настоящим Договором ЗАЛОГОДЕРЖАТЕЛЬ имеет право в случае неисполнения ЗАЛОГОДАТЕЛЕМ своих обязательств по договору по п.2.1 (далее по тексту — «основной договор») получить удовлетворение за счет имущества, заложенного на нижеуказанных условиях.

2. ОБЯЗАТЕЛЬСТВО, ОБЕСПЕЧЕННОЕ ЗАЛОГОМ

2.1. Основание возникновения обязательства, обеспеченного залогом по Настоящему Договору: договор № _____ от «_____» _____ 199__ г.

2.2. ЗАЛОГОДАТЕЛЕМ по основному договору выступает _____.

ЗАЛОГОДЕРЖАТЕЛЕМ по основному договору выступает _____.

2.3. Предметом основного договора является _____.

2.4. Срок исполнения обязательства, обеспеченного Настоящим Договором: _____.

3. РАЗМЕР ОБЕСПЕЧЕННОГО ЗАЛОГОМ ТРЕБОВАНИЯ

Размер обеспеченного залогом требования составляет:

3.1. _____,

3.2. _____,

3.3. _____,

Итого: _____.

4. ПРЕДМЕТ ЗАЛОГА (СОСТАВ ЗАЛОЖЕННОГО ИМУЩЕСТВА)

4.1. Предметом залога является следующая промышленная собственность:

4.1.1. Наименование: право пользования и распоряжения на _____

(ноу-хау, товарный знак, авторские права, лицензию, патент и др.) (далее по тексту — «промышленная собственность»).

4.1.2. Характеристика: _____.

4.1.3. Содержание: _____.

4.2. Согласованная по Настоящему Договору стоимость заложенной промышленной собственности: _____.

4.3. Вышеуказанная промышленная собственность принадлежит ЗАЛОГОДАТЕЛЮ на праве _____ в соответствии с _____.

(договором, авторством и т.д.)

5. ПРАВА ЗАЛОГОДАТЕЛЯ ПО РАСПОРЯЖЕНИЮ ЗАЛОЖЕННЫМ ИМУЩЕСТВОМ

5.1. ЗАЛОГОДАТЕЛЬ имеет следующие права по распоряжению заложенной промышленной собственностью: ———————————
————————————————————————————————

5.2. Последующий залог заложенной промышленной собственности:

(допускается, допускается с согласия ЗАЛОГОДЕРЖАТЕЛЯ, не допускается)

6. ПРАВА ЗАЛОГОДЕРЖАТЕЛЯ

6.1. В случае неисполнения ЗАЛОГОДАТЕЛЕМ своих обязательств по п.2 Настоящего Договора ЗАЛОГОДЕРЖАТЕЛЬ имеет право получить удовлетворение за счет заложенной промышленной собственности.

6.2. В соответствии с п.6.1 Настоящего Договора ЗАЛОГОДЕРЖАТЕЛЬ получает следующие права по использованию промышленной собственности: ————————————————————
————————————————————————————————
————————————————————————————————

6.3. Порядок использования промышленной собственности после обращения взыскания на предмет залога ЗАЛОГОДЕРЖАТЕЛЬ определяет самостоятельно.

7. ПРОЧИЕ УСЛОВИЯ

7.1. В случаях, не предусмотренных Настоящим Договором, стороны руководствуются Законом РФ «О залоге» и иным действующим гражданским законодательством.

7.2. Настоящий Договор составлен в двух подлинных экземплярах по одному для каждой из сторон.

Юридические адреса, банковские реквизиты и подписи сторон

ДОГОВОР
о залоге товаров в переработке

г. _____   «___» _____ 199__ г.

ЗАЛОГОДАТЕЛЬ: _____,
в лице _____,
действующего на основании Устава, с одной стороны, и

ЗАЛОГОДЕРЖАТЕЛЬ: _____,
в лице _____,
действующего на основании Устава, с другой стороны,

заключили Настоящий Договор о нижеследующем:

1. ПРЕДМЕТ ДОГОВОРА

В соответствии с Настоящим Договором ЗАЛОГОДЕРЖАТЕЛЬ имеет право в случае неисполнения ЗАЛОГОДАТЕЛЕМ своих обязательств по договору по п.2.1 (далее по тексту — «основной договор») получить удовлетворение за счет имущества, заложенного на нижеуказанных условиях.

2. ОБЯЗАТЕЛЬСТВО, ОБЕСПЕЧЕННОЕ ЗАЛОГОМ

2.1. Основание возникновения обязательства, обеспеченного залогом по Настоящему Договору: договор от «___» _____ 199__ г. № _____.

2.2. ЗАЛОГОДАТЕЛЕМ по основному договору выступает _____.

ЗАЛОГОДЕРЖАТЕЛЕМ по основному договору выступает _____.

2.3. Предметом основного договора является _____

2.4. Срок исполнения обязательства, обеспеченного Настоящим Договором: _____

3. РАЗМЕР ОБЕСПЕЧЕННОГО ЗАЛОГОМ ТРЕБОВАНИЯ

Размер обеспеченного залогом требования составляет:

3.1. _____.

3.2. _____.

3.3. _____.

Итого: _____

4. ПРЕДМЕТ ЗАЛОГА
(СОСТАВ ТОВАРОВ В ПЕРЕРАБОТКЕ)

4.1. Предметом залога является следующее имущество:

4.1.1. Вид заложенного товара: _____.

4.1.2. Количество: _____.

4.1.3. Качество: _____.

4.1.4. Возможные качественные изменения товара: _____
_____.

4.2. Переработка заложенного товара не должна уменьшать его стоимость.

4.3. Согласованная по Настоящему Договору стоимость заложенного имущества составляет: _____

4.4. Вышеуказанное имущество принадлежит ЗАЛОГОДАТЕЛЮ на праве _____.

4.5. Заложенное имущество остается во владении ЗАЛОГОДАТЕЛЯ с местонахождением в _____

5. ПРАВА ЗАЛОГОДАТЕЛЯ
ПО РАСПОРЯЖЕНИЮ ЗАЛОЖЕННЫМ ИМУЩЕСТВОМ

5.1. ЗАЛОГОДАТЕЛЬ вправе перерабатывать в своем производстве заложенные товары, так как право ЗАЛОГОДЕРЖАТЕЛЯ распространяется на выработанные и переработанные товары и готовую продукцию.

5.2. Последующий залог заложенного имущества _____
_____

(допускается, допускается с согласия ЗАЛОГОДЕРЖАТЕЛЯ, не допускается)

5.3. ЗАЛОГОДАТЕЛЬ обязан (не обязан) застраховать заложенное имущество на следующих условиях _____

5.4. ЗАЛОГОДАТЕЛЬ обязан в полном объеме возместить ЗАЛОГОДЕРЖАТЕЛЮ убытки, причиненные утратой, недостачей или повреждением заложенного имущества.

6. ПРОЧИЕ УСЛОВИЯ

6.1. В случаях, не предусмотренных Настоящим Договором, стороны руководствуются Законом РФ «О залоге» и иным действующим гражданским законодательством.

6.2. Настоящий Договор составлен в двух подлинных экземплярах по одному для каждой из сторон.

Юридические адреса, банковские реквизиты и подписи сторон

ДОГОВОР
о залоге товаров в обороте

г. _____ «____» _____ 199__ г.

ЗАЛОГОДАТЕЛЬ: _____,
в лице _____,
действующего на основании Устава, с одной стороны, и

ЗАЛОГОДЕРЖАТЕЛЬ: _____,
в лице _____,
действующего на основании Устава, с другой стороны,

заключили Настоящий Договор о нижеследующем:

1. ПРЕДМЕТ ДОГОВОРА

В соответствии с Настоящим Договором ЗАЛОГОДЕРЖАТЕЛЬ имеет право в случае неисполнения ЗАЛОГОДАТЕЛЕМ своих обязательств по договору по п.2.1 (далее по тексту — «основной договор») получить удовлетворение за счет имущества, заложенного на нижеуказанных условиях.

2. ОБЯЗАТЕЛЬСТВО, ОБЕСПЕЧЕННОЕ ЗАЛОГОМ

2.1. Основание возникновения обязательства, обеспеченного залогом по Настоящему Договору: договор от «____» _____ 199__ г. № _____.

2.2. ЗАЛОГОДАТЕЛЕМ по основному договору выступает _____.

ЗАЛОГОДЕРЖАТЕЛЕМ по основному договору выступает _____.

2.3. Предметом основного договора является _____.

2.4. Срок исполнения обязательства, обеспеченного Настоящим Договором: _____.

3. РАЗМЕР ОБЕСПЕЧЕННОГО ЗАЛОГОМ ТРЕБОВАНИЯ

Размер обеспеченного закладом требования составляет:

3.1. _____.

3.2. _____.

3.3. _____.

Итого: _____.

4. ПРЕДМЕТ ЗАЛОГА (СОСТАВ ТОВАРОВ В ОБОРОТЕ)

4.1. Предметом заклада является следующее имущество:

4.1.1. Вид заложенного товара: _____,

4.1.2. Количество: _____,

4.1.3. Качество: _____,

4.1.4. Количество и качество товара, которым может заменяться предмет залога: _____.

4.2. Оборот заложенного товара и приобретение нового по п.4.1.4 Настоящего Договора не должны уменьшать его стоимость.

4.3. Согласованная по Настоящему Договору стоимость заложенного имущества составляет: _____.

4.4. Вышеуказанное имущество принадлежит ЗАЛОГОДАТЕЛЮ на праве _____.

4.5. Заложенное имущество остается во владении ЗАЛОГОДАТЕЛЯ с местонахождением в _____.

4.6. Право залога на новый товар по п.4.1.4 Настоящего Договора возникает в момент приобретения на него у ЗАЛОГОДАТЕЛЯ права собственности (полного хозяйственного ведения, оперативного управления).

5. ПРАВА ЗАЛОГОДАТЕЛЯ ПО РАСПОРЯЖЕНИЮ ЗАЛОЖЕННЫМ ИМУЩЕСТВОМ

5.1. ЗАЛОГОДАТЕЛЬ вправе реализовывать заложенное имущество при условии одновременного погашения соответствующей части обеспеченной залогом задолженности или замены выбывающего заложенного товара другим товаром на равную или большую стоимость.

5.2. Последующий залог заложенного имущества _____
_____.
(допускается, допускается с согласия ЗАЛОГОДЕРЖАТЕЛЯ, не допускается)

5.3. ЗАЛОГОДАТЕЛЬ обязан (не обязан) застраховать заложенное имущество на следующих условиях _____
_____.

5.4. ЗАЛОГОДАТЕЛЬ обязан в полном объеме возместить ЗАЛОГОДЕРЖАТЕЛЮ убытки, причиненные утратой, недостачей или повреждением заложенного имущества.

6. ПРОЧИЕ УСЛОВИЯ

6.1. В случаях, не предусмотренных Настоящим Договором, стороны руководствуются Законом РФ «О залоге» и иным действующим гражданским законодательством.

6.2. Настоящий Договор составлен в двух подлинных экземплярах по одному для каждой из сторон.

Юридические адреса, банковские реквизиты и подписи сторон

ДОГОВОР
о закладе валютных средств

г. _____   «___» _____ 199__ г.

ЗАЛОГОДАТЕЛЬ: _____,
в лице _____,
действующего на основании Устава, с одной стороны, и

ЗАЛОГОДЕРЖАТЕЛЬ: Банк _____
в лице _____,
действующего на основании Устава, с другой стороны,

заключили Настоящий Договор о нижеследующем:

1. ПРЕДМЕТ ДОГОВОРА

В соответствии с Настоящим Договором ЗАЛОГОДЕРЖАТЕЛЬ имеет право в случае неисполнения ЗАЛОГОДАТЕЛЕМ своих обязательств по договору по п.2.1 (далее по тексту — «основной договор») получить удовлетворение за счет имущества, заложенного на нижеуказанных условиях.

2. ОБЯЗАТЕЛЬСТВО, ОБЕСПЕЧЕННОЕ ЗАКЛАДОМ

2.1. Основание возникновения обязательства, обеспеченного закладом по Настоящему Договору: договор № _____ от «_____» _____ 199__ г. .

2.2. ЗАЛОГОДАТЕЛЕМ по основному договору выступает _____ ЗАЛОГОДЕРЖАТЕЛЕМ по основному договору выступает _____

2.3. Предметом основного договора является _____

2.4. Срок исполнения обязательства, обеспеченного Настоящим Договором: _____.

3. РАЗМЕР ОБЕСПЕЧЕННОГО ЗАКЛАДОМ ТРЕБОВАНИЯ

Размер обеспеченного закладом требования составляет:

3.1. _____

3.2. _____

3.3. _____

Итого: _____

4. ПРЕДМЕТ ЗАКЛАДА (СОСТАВ ЗАЛОЖЕННОГО ИМУЩЕСТВА)

4.1. Предметом заклада является следующие валютные ценности:

4.1.1. Наименование закладываемой валюты: _____

4.1.2. Количество закладываемой валюты: _____

4.1.3. Согласованный по Настоящему Договору курс (цена) закладываемой валюты: _____

4.3. Предметом заклада не являются валютные средства, полученные ЗАЛОГОДЕРЖАТЕЛЕМ от использования имущества, указанного в пункте 4.1 Настоящего Договора.

4.4. Валюта принадлежит ЗАЛОГОДАТЕЛЮ на праве _____ и относится к валютным средствам последнего, оставшимся после обязательной продажи валютной выручки в соответствии с действующим законодательством.

4.5. Заложенное имущество передается во владение ЗАЛОГОДЕРЖАТЕЛЮ в следующем порядке:

4.5.1. Валютные средства перечисляются ЗАЛОГОДАТЕЛЕМ на валютный счет ЗАЛОГОДЕРЖАТЕЛЯ.

4.5.2. Срок перечисления: _____ с момента _____.

5. ПРАВА И ОБЯЗАННОСТИ ЗАЛОГОДАТЕЛЯ

5.1. ЗАЛОГОДАТЕЛЬ имеет следующие права по распоряжению заложенным имуществом: _____.

5.2. Последующий заклад заложенного имущества _____

(допускается, допускается с согласия ЗАЛОГОДЕРЖАТЕЛЯ, не допускается)

5.3. ЗАЛОГОДЕРЖАТЕЛЬ обязан в срок _____ по исполнению обязательств ЗАЛОГОДАТЕЛЯ по основному договору возвратить заложенные валютные средства последнего.

6. ПОРЯДОК РЕАЛИЗАЦИИ ПРЕДМЕТА ЗАКЛАДА

6.1. Если основное обязательство не будет исполнено надлежащим образом ЗАЛОГОДЕРЖАТЕЛЬ вправе использовать заложенную валюту в целях погашения долга ЗАЛОГОДАТЕЛЯ по основному договору.

6.2. Обращение на валютные средства осуществляется по курсу не ниже существующего на этот момент обращения.

6.3. Оставшиеся валютные средства возвращаются путем их перечисления на валютный счет ЗАЛОГОДАТЕЛЯ.

7. ПРОЧИЕ УСЛОВИЯ

7.1. В случаях, не предусмотренных Настоящим Договором, стороны руководствуются Законом РФ «О залоге» и иным действующим гражданским законодательством.

7.2. Настоящий Договор составлен в двух подлинных экземплярах по одному для каждой из сторон.

Юридические адреса, банковские реквизиты и подписи сторон

ДОГОВОР

о предоставлении гарантии (субсидиарной)

г. _____   «___» _____ 199__ г.

ПОРУЧИТЕЛЬ: _____,

в лице _____,

действующего на основании _____,

с одной стороны, и

ПОЛУЧАТЕЛЬ ГАРАНТИИ: _____,

в лице _____,

действующего на основании _____,

с другой стороны,

заключили Настоящий Договор о нижеследующем:

1. ПРЕДМЕТ ДОГОВОРА

1. В соответствии с Настоящим Договором ПОРУЧИТЕЛЬ предоставляет ПОЛУЧАТЕЛЮ ГАРАНТИИ субсидиарную гарантию исполнения ПОЛУЧАТЕЛЕМ ГАРАНТИИ следующего обязательства:

1.1. Обязательство вытекает из договора, заключенного между ПОЛУЧАТЕЛЕМ ГАРАНТИИ и _____.
(наименование предприятия-КРЕДИТОРА)

1.2. Адрес и банковские реквизиты предприятия-КРЕДИТОРА:

_____.

1.3. Существо обязательства: _____.

1.4. Срок исполнения обязательства: _____.

1.5. Ответственность ПОЛУЧАТЕЛЯ ГАРАНТИИ за ненадлежащее исполнение обязательства: _____.

1.6. Место исполнения: _____.

1.7. Прекращение обязательства: _____,

1.8. Другие существенные условия договора: _____
_____
_____.

2. РАЗМЕР ГАРАНТИИ

2.1. Размер гарантии, предоставляемой ПОЛУЧАТЕЛЮ ГАРАНТИИ, составляет _____ (_____).

3. ЦЕНА ДОГОВОРА

3.1. В качестве вознаграждения за предоставление гарантии ПОЛУЧАТЕЛЬ ГАРАНТИИ уплачивает ПОРУЧИТЕЛЮ _____
_____.

4. ПОРЯДОК УПЛАТЫ ЦЕНЫ

4.1. Срок уплаты вознаграждения составляет _____ с момента _____.

4.2. Порядок оплаты: _____
(почтовый, телеграфный)

4.3. Вид расчетов: _____
(наличный, безналичный, смешанный)

4.4. Форма расчетов: _____
(платежное поручение, чек,
_____
требование-поручение, аккредитив)

5. ПРАВА И ОБЯЗАННОСТИ ПОРУЧИТЕЛЯ

5.1. ПОРУЧИТЕЛЬ имеет право требовать от ПОЛУЧАТЕЛЯ ГАРАНТИИ информацию и документы по поводу исполнения договора, по которому выдается настоящая гарантия.

5.2. ПОРУЧИТЕЛЬ обязан в срок _____ дней с момента подписания Настоящего Договора выдать ПОЛУЧАТЕЛЮ ГАРАНТИИ гарантийное письмо с указанием размера и условий гарантии.

5.3. ПОРУЧИТЕЛЬ обязуется возместить КРЕДИТОРУ согласно Настоящего Договора его убытки при неисполнении ПОЛУЧАТЕЛЕМ ГАРАНТИИ обязательства по причине нехватки у последнего собственных средств.

6. ОБЯЗАННОСТИ ПОЛУЧАТЕЛЯ ГАРАНТИИ

6.1. ПОЛУЧАТЕЛЬ ГАРАНТИИ обязан своевременно уплатить ПОРУЧИТЕЛЮ вознаграждение в порядке, предусмотренном Настоящим Договором.

6.2. После исполнения обязательства, обеспечиваемого согласно Настоящего Договора, ПОЛУЧАТЕЛЬ ГАРАНТИИ в течение семи дней письменно сообщает об этом ПОРУЧИТЕЛЮ.

6.3. В случае невозможности исполнить обязательство по причине нехватки собственных средств, ПОЛУЧАТЕЛЬ ГАРАНТИИ в течение семи дней извещает об этом ПОРУЧИТЕЛЯ и передает последнему все документы, касающиеся исполнения обязательства по Настоящему Договору.

6.4. ПОЛУЧАТЕЛЬ ГАРАНТИИ обязан по требованию ПОРУЧИТЕЛЯ предоставлять последнему всю необходимую информацию и документы по поводу исполнения договора, по которому выдается настоящая гарантия.

6.5. ПОЛУЧАТЕЛЬ ГАРАНТИИ не вправе изменять условия договора, предусмотренные в п.1 Настоящего Договора, без согласия на то ПОРУЧИТЕЛЯ. В противном случае ПОРУЧИТЕЛЬ не отвечает перед КРЕДИТОРОМ за исполнение ПОЛУЧАТЕЛЕМ ГАРАНТИИ своих обязательств в части и с момента внесения изменений.

6.6. В случае исполнения ПОРУЧИТЕЛЕМ за ПОЛУЧАТЕЛЯ ГАРАНТИИ обязательств перед КРЕДИТОРОМ, сумма уплаченная ПОРУЧИТЕЛЕМ подлежит уплате со стороны ПОЛУЧАТЕЛЯ ГАРАНТИИ с учетом уплаты убытков, понесенных при этом ПОРУЧИТЕЛЕМ.

7. ОТВЕТСТВЕННОСТЬ ПОЛУЧАТЕЛЯ ГАРАНТИИ

7.1. При неисполнении обязательства, предусмотренного п.6.1 Настоящего Договора, ПОЛУЧАТЕЛЬ ГАРАНТИИ уплачивает ПОРУЧИТЕЛЮ штраф в размере _____, что не освобождает его от обязанности исполнить обязательство.

7.2. При неисполнении обязательств, предусмотренных п.п. 6.3 и 6.4 Настоящего Договора, ПОЛУЧАТЕЛЬ ГАРАНТИИ уплачивает ПОРУЧИТЕЛЮ штраф в размере _____, что не освобождает его от обязанности исполнить обязательства.

8. СРОК ДЕЙСТВИЯ ДОГОВОРА

8.1. Настоящий Договор вступает в действие с _____ и прекращает действие _____.

9. ПРОЧИЕ УСЛОВИЯ

9.1. В случаях, не предусмотренных Настоящим Договором, Стороны руководствуются действующим гражданским законодательством.
9.2. Настоящий Договор составлен в двух подлинных экземплярах по одному для каждой из Сторон.

Юридические адреса, банковские реквизиты и подписи сторон

ДОГОВОР
поручительства

г. _____ «___» _____ 199__ г.

ПОРУЧИТЕЛЬ: _____,
в лице _____,
действующего на основании _____,
с одной стороны, и

КРЕДИТОР: _____,
в лице _____,
действующего на основании _____,
с другой стороны,

заключили Настоящий Договор о нижеследующем:

1. ПРЕДМЕТ ДОГОВОРА

1. В соответствии с Настоящим Договором ПОРУЧИТЕЛЬ обязуется солидарно отвечать перед КРЕДИТОРОМ за исполнение обязательств по договору, заключенному между КРЕДИТОРОМ и ДОЛЖНИКОМ _____ (в дальнейшем именуемым — «ДОЛЖНИК»), полностью.

2. ОБЯЗАТЕЛЬСТВО, ОБЕСПЕЧЕННОЕ ГАРАНТИЕЙ

2.1. Основание обязательства, обеспеченного гарантией по Настоящему Договору: договор № _____ от «___» _____ 199__г. _____.

2.2. Предметом договора является _____ _____.

2.3. Срок исполнения обязательства, обеспеченного Настоящим Договором: _____.

3. РАЗМЕР ГАРАНТИИ

3.1. ПОРУЧИТЕЛЬ отвечает перед КРЕДИТОРОМ за выполнение ДОЛЖНИКОМ всех обязательств по договору, указанному в п.1 Настоящего Договора, в сумме, равной _____ (_____), а также за возмещение КРЕДИТОРУ убытков и уплату неустойки.

4. ПРАВА И ОБЯЗАННОСТИ ПОРУЧИТЕЛЯ

4.1. ПОРУЧИТЕЛЬ обязуется исполнить за ДОЛЖНИКА обязательства последнего перед КРЕДИТОРОМ на условиях, в порядке и сроки, установленные договором, указанным в п.1 Настоящего Договора.

5. ПРАВА И ОБЯЗАННОСТИ КРЕДИТОРА

5.1. В случае исполнения ПОРУЧИТЕЛЕМ за ДОЛЖНИКА обязательств перед КРЕДИТОРОМ, последний обязуется передать ПОРУЧИТЕЛЮ все документы, удостоверяющие требования к ДОЛЖНИКУ, и передать права, обеспечивающие это требование в 7-дневный срок со дня исполнения обязательства.

5.2. КРЕДИТОР не вправе изменять условия договора, указанного в п.1 Настоящего Договора без согласия на то ПОРУЧИТЕЛЯ. В противном случае ПОРУЧИТЕЛЬ не отвечает перед КРЕДИТОРОМ за исполнение ДОЛЖНИКОМ своих обязательств с момента внесения изменений.

6. СРОК ДЕЙСТВИЯ НАСТОЯЩЕГО ДОГОВОРА

6.1. Срок действия Настоящего Договора совпадает со сроком действия договора, указанного в п.1 Настоящего Договора.

7. ПРОЧИЕ УСЛОВИЯ

7.1. В случаях, не предусмотренных Настоящим Договором, Стороны руководствуются действующим гражданским законодательством.

7.2. Настоящий Договор составлен в двух подлинных экземплярах по одному для каждой из Сторон.

**Юридические адреса, банковские реквизиты
и подписи сторон**

СОГЛАШЕНИЕ
о задатке

г. _____   «___» _____ 199__ г.

ЗАДАТКОДАТЕЛЬ: _____,
в лице _____),
действующего на основании Устава, с одной стороны, и

ЗАДАТКОДЕРЖАТЕЛЬ: _____,
в лице _____),
действующего на основании Устава, с другой стороны,
во исполнение договора № _____ от «___» _____ 199__ г.
_____

заключили Настоящее Соглашение о нижеследующем:

1. Стороны пришли к соглашению о том, что для обеспечения точного и надлежащего исполнения обязательств по договору № _____ от «___» _____ 199__ г. _____ предусмотренная им предоплата в размере _____ процентов имеет статус задатка.

2. В случае необоснованного отказа ЗАДАТКОДАТЕЛЯ от исполнения своих обязательств по договору № _____ от «___» _____ 199__ г. _____ последний теряет право требовать возврата предоплаты в полном объеме.

3. В случае необоснованного отказа ЗАДАТКОДЕРЖАТЕЛЯ от исполнения своих обязательств по договору № _____ от «___» _____ 199__ г. _____ последний обязан вернуть ЗАДАТКОДАТЕЛЮ двойную сумму предоплаты.

4. **ЗАДАТКОДЕРЖАТЕЛЬ** обязан возвратить двойную сумму предоплаты в течение _____ с момента отказа от договора или с момента истечения срока договора, если ЗАДАТКОДЕРЖАТЕЛЬ не приступит к его исполнению.

5. При просрочке по п.4 Настоящего Соглашения ЗАДАТКОДЕРЖАТЕЛЬ уплачивает пеню в размере _____ за каждый день просрочки.

6. Настоящее Соглашение является неотъемлемой частью договора № _____ от «_____» _____ 199__ г. _____.

Юридические адреса, банковские реквизиты и подписи сторон

Раздел 4

КУПЛЯ-ПРОДАЖА, ПОСТАВКА ТОВАРОВ

По договору купли-продажи продавец обязуется передать имущество в собственность (полное хозяйственное ведение, оперативное управление) покупателя, а покупатель обязуется принять имущество и уплатить за него определенную денежную сумму.

Важное значение в связи с договором купли-продажи имеет вопрос о том, с какого момента покупатель становится собственником имущества. От правильного решения этого вопроса зависит ряд правовых последствий, в частности, связанных с распределением риска случайной гибели или порчи имущества, возможностью для собственника истребовать свою вещь из чужого незаконного владения.

По общему правилу, право собственности у покупателя возникает с момента передачи вещи, если иное не установлено законодательством или договором. В тех случаях, когда договор должен быть зарегистрирован или нотариально удостоверен, право собственности возникает с момента его регистрации или удостоверения, а при необходимости нотариального удостоверения и государственной регистрации — с момента регистрации.

Разновидностью договора купли-продажи является договор поставки, который можно считать основной и самой распространенной коммерческой операцией по купле-продаже товаров в свободном предпринимательстве. Иными словами, поставка — это коммерческая купля-продажа или купля-продажа, осуществляемая в деловом обороте.

В соответствии с договором поставки ПОСТАВЩИК, выступающий продавцом товара и являющийся предпринимателем, обязуется в обусловленные сроки (срок) передавать в собственность (полное хозяйственное ведение или оперативное управление) ПОКУПАТЕЛЮ товар, предназначенный для предпринимательской деятельности или иных целей, не связанных с личным (семейным, домашним) потреблением, а ПОКУПАТЕЛЬ обязуется принимать товар и платить за него определенную цену. Основными особенностями договора поставки являются:

1. Продавцом по договору поставки (поставщиком) выступает только предприниматель, каковым является предприятие или гражданин-предприниматель, осуществляющий предпринимательскую деятельность без образования юридического лица.

2. Предметом договора поставки может быть только имущество (товар), предназначенное для предпринимательской деятельности, т. е. для производства (промышленной переработки) или коммерческой перепродажи. Использование товара в предпринимательской деятельности определяет получение прибыли от его использования покупателем.

3. Сроки заключения договора и его исполнение, как правило, не совпадают. Данное обстоятельство является обязательным признаком договора поставки. Иначе говоря, договор поставки должен быть за-

ключен до его исполнения. Заключение договора с одновременным или одномоментным исполнением влечет признание его договором купли-продажи.

4. В соответствии с договором поставки поставщик обязан передавать товар неоднократно, т. е. более одного раза. Передача товара только один раз свидетельствует о том, что к взаимоотношению сторон должны применяться общие нормы о купле-продаже, а не специальные, вытекающие из договора поставки. К договору поставки применяются правила о договоре купли-продажи, если иное не предусмотрено законодательными актами или договором. Иными словами, при совокупном наличии вышеуказанных условий к возникающим отношениям необходимо применять нормы о договоре поставки. Предмет договора поставки (товар) может быть изготовлен, а может и не быть изготовленным на момент заключения договора, во всяком случае, действующее законодательство данному обстоятельству в настоящее время значения не придает.

ДОГОВОР

купли-продажи
(оптовой партии товаров)

г. _____ «___» _____ 199__ г.

ПРОДАВЕЦ: _____,

в лице _____,

действующего на основании _____,
с одной стороны, и

ПОКУПАТЕЛЬ: _____,

в лице _____,

действующего на основании _____,
с другой стороны,

заключили Настоящий Договор о нижеследующем:

1. ПРЕДМЕТ ДОГОВОРА

1.1. ПРОДАВЕЦ обязуется поставить и передать в собственность (полное хозяйственное ведение) ПОКУПАТЕЛЯ товар, а ПОКУПАТЕЛЬ обязуется принять товар и оплатить его на условиях Настоящего Договора.

1.2. Наименование товара: _____

1.3. Изготовитель товара: _____.

1.4. Местонахождение товара: _____.

1.5. Документы на товар, которые ПРОДАВЕЦ обязан передать ПОКУПАТЕЛЮ:
_____.

2. КОЛИЧЕСТВО

2.1. Единица измерения количества товара: _____.

2.2. Общее количество товара: _____.

3. АССОРТИМЕНТ

3.1. Групповой ассортимент поставляемого товара:

1. _____ в количестве _____.
2. _____ в количестве _____.

3.2. Развернутый ассортимент поставляемого товара определяется в Приложении № 1 к Настоящему Договору.

4. КАЧЕСТВО

4.1. Качество поставляемого ПРОДАВЦОМ товара должно соответствовать _____.
(ГОСТу, ТУ, сертификату изготовителя, образцу, и т. п.)

4.2. Подтверждением качества со стороны ПРОДАВЦА является
_____.
(наименование документа, подтверждающего качество товара)

4.3. Гарантийный срок эксплуатации (годности, хранения): с момента _____.
(изготовления, получения товара ПОКУПАТЕЛЕМ, эксплуатации)

4.4. Срок устранения недостатков или замены товара в пределах гарантийного срока _____ с момента обнаружения дефектов.

5. КОМПЛЕКТНОСТЬ

5.1. Комплектность поставляемого ПРОДАВЦОМ товара определяется по _____.
(ГОСТ, ТУ, иные нормативные документы)

5.2. Дополнительные к комплекту изделия: _____
_____.

5.3. Из комплекта товара исключаются следующие изделия, ненужные ПОКУПАТЕЛЮ: _____.

6. СРОКИ И ПОРЯДОК ПОСТАВКИ

6.1. Товар должен быть полностью поставлен ПОКУПАТЕЛЮ в течение _____ с момента _____.
(оплаты, заключения договора, иные)

6.2. ПРОДАВЕЦ имеет право на досрочную поставку товара с обязательным уведомлением ПОКУПАТЕЛЯ об этом в срок _____ с момента отгрузки товара (может быть предусмотрено иное основание).

7. ЦЕНА

7.1. Цена за единицу товара: _____.

7.2. Общая цена по Настоящему Договору: _____.

7.3. За сокращение сроков поставки более чем на _____ дней ПОКУПАТЕЛЬ производит ПРОДАВЦУ доплату в размере _____ от суммы досрочно поставленного количества товара.

7.4. Цены по Настоящему Договору указаны без учета НДС (с учетом НДС).

8. ПОРЯДОК РАСЧЕТОВ

8.1. Предварительная оплата в размере _____ % от цены договора должна быть перечислена ПРОДАВЦУ в течение _____ с момента _____.

8.2. Окончательный срок оплаты товара составляет _____ с момента _____.

8.3. Порядок оплаты: _____.
(почтовый, телеграфный)

8.4. Вид расчетов: _____.
(наличный, безналичный, смешанный)

8.5. Форма расчетов: _____.
(платежное поручение, чек, требование-поручение, аккредитив)

8.6. ПОКУПАТЕЛЬ обязан известить ПРОДАВЦА об осуществлении платежа в срок _____ с момента _____ путем _____.
(телеграмма с уведомлением, факс и т. д.)

8.7. Доплата по п. 7.3 Настоящего Договора выплачивается в том же порядке, что и основная сумма платежа.

8.8. Порядок расчетов за изделия, входящие в комплект, отгружаемые их изготовителями транзитом по п. 5.2 Настоящего Договора:
_____
_____

9. УСЛОВИЯ ПОСТАВКИ

9.1. Поставка товара осуществляется на условиях: _____
_____
(франко-склад, франко-вагон и т. д.)

9.2. Переход права собственности на товар происходит в момент: _____

9.3. Переход рисков на товар происходит в момент: _____

10. ПУНКТ ПОСТАВКИ

Пунктом поставки товара по Настоящему Договору является: _____

11. ТАРА И УПАКОВКА

11.1. Товар должен быть затарен и упакован ПРОДАВЦОМ таким образом, чтобы исключить порчу и/или уничтожение его на период поставки до приемки товара ПОКУПАТЕЛЕМ.

11.2. Товар должен быть затарен следующим образом: _____

11.3. Товар должен быть упакован следующим образом: _____

11.4. Стоимость тары и упаковки входит (не входит) в цену товара.

11.5. Порядок и сроки возврата тары: _____
_____

11.6. Условия расчетов при возврате тары: _____
_____
_____

12. МАРКИРОВКА

Товар должен быть промаркирован следующим образом: _____
(указывается текст и/или рисунок маркировки на таре,
_____.
или делается ссылка на стандарт, ГОСТ)

13. ОТГРУЗКА И ТРАНСПОРТИРОВКА

13.1. Пункт отгрузки: _____.

13.2. Сроки отгрузки: в течение _____ с момента _____ _____.

13.3. Вид транспорта: _____.

13.4. Минимальной нормой отгрузки _____ транспортом является _____
(вагон, контейнер, иные минимальные нормы)

13.5. Особенности отгрузки: _____.

13.6. ПРОДАВЕЦ обязан известить ПОКУПАТЕЛЯ об отгрузке в срок _____ с момента _____ путем _____
(телеграмма с уведомлением, факс и т. д.)

В извещении указываются: дата отгрузки, номер накладной, номер вагона (название судна, № автомашины, № рейса) номер и дата договора, наименование и количество товара.

14. ПЕРЕДАЧА ТОВАРА

14.1. Передача (приемка-сдача) товара осуществляется в пункте поставки.

14.2. Приемка товара по количеству и качеству осуществляется сторонами в порядке, определяемом действующим законодательством.

14.3. Получив товар, ПОКУПАТЕЛЬ обязан телеграфом с уведомлением подтвердить получение товара в течение _____ с момента _____.

15. СРОК ДЕЙСТВИЯ НАСТОЯЩЕГО ДОГОВОРА

15.1. Настоящий Договор вступает в силу с момента подписания его сторонами и действует до момента его окончательного исполнения, но в любом случае до «___» _____ 199 __ г.

16. ОТВЕТСТВЕННОСТЬ СТОРОН

16.1. За нарушение условий Настоящего Договора виновная сторона возмещает причиненные этим убытки, в том числе неполученную прибыль в порядке, предусмотренном действующим законодательством.

16.2. ПОКУПАТЕЛЬ по Настоящему Договору несет следующую ответственность:

— за _____ штрафная неустойка в размере _____ % от суммы _____ (договора, долга).

16.3. ПРОДАВЕЦ по Настоящему Договору несет следующую ответственность:

— за _____ штрафная неустойка в размере _____ % от суммы _____ (договора, долга).

16.4. За односторонний необоснованный отказ от исполнения своих обязательств в течение действия Настоящего Договора виновная сторона уплачивает штраф в размере _____.

16.5. За нарушение иных условий Настоящего Договора виновная сторона несет следующую ответственность _____ _____.

17. ОБЕСПЕЧЕНИЕ ОБЯЗАТЕЛЬСТВ ПО НАСТОЯЩЕМУ ДОГОВОРУ

_____

(могут быть условия о залоге, страховании или поручительстве

_____

со стороны как ПРОДАВЦА, так и ПОКУПАТЕЛЯ)

18. РАЗРЕШЕНИЕ СПОРОВ

18.1. Все споры между сторонами, по которым не было достигнуто соглашение, разрешаются в соответствии с законодательством Российской Федерации в Арбитражном суде (третейском суде с указанием какого конкретного третейского суда или указать порядок формирования этого третейского суда).

18.2. Стороны устанавливают, что все возможные претензии по Настоящему Договору должны быть рассмотрены сторонами в течение _____ дней с момента получения претензии.

19. ИЗМЕНЕНИЕ УСЛОВИЙ НАСТОЯЩЕГО ДОГОВОРА

19.1. Условия Настоящего Договора могут быть изменены по взаимному согласию с обязательным составлением письменного документа.

19.2. Ни одна из сторон не вправе передавать свои права по Настоящему Договору третьей стороне без письменного согласия другой стороны.

20. УСЛОВИЯ СОГЛАСОВАНИЯ СВЯЗИ МЕЖДУ СТОРОНАМИ

Полномочными представителями сторон по Настоящему Договору являются:

ПРОДАВЕЦ: _____ телефон _____.

ПОКУПАТЕЛЬ: _____ телефон _____.

21. ОСОБЫЕ УСЛОВИЯ НАСТОЯЩЕГО ДОГОВОРА

_____

(могут быть указаны дополнительные условия сотрудничества сторон —

_____

обязанности ПРОДАВЦА по наладке и монтажу товара, обязанности ПОКУПАТЕЛЯ информировать ПРОДАВЦА об эксплуатации и использовании товара и т. д.)

22. ПРОЧИЕ УСЛОВИЯ

22.1. Настоящий Договор составлен в двух подлинных экземплярах по одному для каждой из сторон.

22.2. В случаях, не предусмотренных Настоящим Договором, стороны руководствуются действующим гражданским законодательством (или указывается конкретный нормативный документ, например Положение о поставках товаров народного потребления).

22.3. После подписания Настоящего Договора все предварительные переговоры по нему, переписка, предварительные соглашения и протоколы о намерениях по вопросам, так или иначе касающимся Настоящего Договора, теряют юридическую силу.

22.4. Стороны обязуются при исполнении Настоящего Договора не сводить сотрудничество к соблюдению только содержащихся в настоящем договоре требований, поддерживать деловые контакты и принимать все необходимые меры для обеспечения эффективности и развития их коммерческих связей.

23. ЮРИДИЧЕСКИЕ АДРЕСА, БАНКОВСКИЕ И ОТГРУЗОЧНЫЕ РЕКВИЗИТЫ СТОРОН НА МОМЕНТ ЗАКЛЮЧЕНИЯ НАСТОЯЩЕГО ДОГОВОРА

23.1. ПОКУПАТЕЛЬ:

Почтовый адрес и индекс: _____.

Телефон _____, телетайп _____, факс _____.

Расчетный счет № _____ в _____,
(наименование банка)

МФО _____, КОД _____.

Корреспондентский счет банка ПОКУПАТЕЛЯ: _____.

Отгрузочные реквизиты с указанием кодов:

1. Для вагонных отправок: _____

2. Для контейнеров: _____

3. Для отправки водным транспортом: _____

4. Для отправки воздушным транспортом: _____

23.2. ПРОДАВЕЦ:

Почтовый адрес и индекс: _____.

Телефон _____, телетайп _____, факс _____.

Расчетный счет № _____ в _____,
(наименование банка)

МФО _____, КОД _____. _____, КОД _____.

Корреспондентский счет банка ПРОДАВЦА: _____.

Отгрузочные реквизиты с указанием кодов:

1. Для вагонных отправок: _____

2. Для контейнеров: _____

3. Для отправки водным транспортом: _____

4. Для отправки воздушным транспортом: _____

24. ПРИЛОЖЕНИЯ К НАСТОЯЩЕМУ ДОГОВОРУ

1. Приложение № 1 на _____ стр.
Приложение к Настоящему Договору составляет его неотъемлемую часть.

ПОКУПАТЕЛЬ   ПРОДАВЕЦ

_____   _____

....
       М. П.   М. П.

ДОГОВОР
купли-продажи квартиры между предприятиями

г. _____   «____» _____ 199 __ г.

ПРОДАВЕЦ: _____,
в лице _____,
действующего на основании _____,
с одной стороны, и

ПОКУПАТЕЛЬ: _____,
в лице _____,
действующего на основании _____,
с другой стороны,

заключили Настоящий Договор о нижеследующем:

1. ПРЕДМЕТ ДОГОВОРА

1.1. ПРОДАВЕЦ продает, а ПОКУПАТЕЛЬ покупает квартиру на условиях Настоящего Договора.

1.2. Характеристика квартиры:

Адрес: _____.

Общая полезная площадь: _____.

Жилая площадь: _____.

Количество комнат: _____.

Этаж: _____.

1.3. Квартира принадлежит ПРОДАВЦУ на праве частной собственности согласно _____.
                    (наименование документа)

2. ЦЕНА ДОГОВОРА

Цена квартиры составляет: _____ рублей.

3. ПОРЯДОК РАСЧЕТОВ

3.1. Срок оплаты составляет _____ с момента _____.

3.2. Порядок оплаты: _____
3.3. Вид расчетов: _____
                        (почтовый, телеграфный)
3.4. Форма расчетов: _____
                   (наличный, безналичный, смешанный)
                  (платежное поручение, чек, требование-поручение)
3.5. ПОКУПАТЕЛЬ обязан известить ПРОДАВЦА об осуществлении платежа в срок _____ с момента _____
путем _____.
          (телеграмма с уведомлением, факс и т. д.)

4. ОБЯЗАННОСТИ СТОРОН ПО НАСТОЯЩЕМУ ДОГОВОРУ

4.1. ПРОДАВЕЦ обязан:
а) передать проданную квартиру ПОКУПАТЕЛЮ по акту передачи в течение _____ с момента _____;
б) квартира должна быть передана в состоянии, пригодном к немедленной эксплуатации ее ПОКУПАТЕЛЕМ;
в) принять произведенную ПОКУПАТЕЛЕМ оплату.
4.2. ПОКУПАТЕЛЬ обязан:
а) в определенные Настоящим Договором сроки оплатить проданную ПРОДАВЦОМ квартиру;
б) за свой счет произвести нотариальное удостоверение Настоящего Договора;
в) принять проданную квартиру в течение _____
с момента _____.
4.3. Право собственности у ПОКУПАТЕЛЯ на квартиру возникает с момента _____.

5. ПРОЧИЕ УСЛОВИЯ И ОТВЕТСТВЕННОСТЬ

5.1. Настоящий Договор вступает в силу с момента его нотариального удостоверения.

5.2. Настоящий Договор составлен в трех подлинных экземплярах и хранится у сторон, а также в делах _____ нотариальной конторы.

5.3. В случаях, не предусмотренных Настоящим Договором, стороны руководствуются действующим законодательством.

5.4. Если ПОКУПАТЕЛЬ просрочит уплату цены по Настоящему Договору более _____, он уплачивает ПРОДАВЦУ штраф в размере _____ от суммы долга.

**Юридические адреса, банковские реквизиты
и подписи сторон**

ДОГОВОР

купли-продажи (уступки) долей участия в ТОО между предприятиями

г. _____   «___» _____ 199 __ г.

ПРОДАВЕЦ: _____, являющийся участником ТОО «_____»,
в лице директора _____, действующего на основании Устава, с одной стороны, и

ПОКУПАТЕЛЬ: _____,
в лице директора _____, действующего на основании Устава, с другой стороны, на основании Протокола Общего Собрания ТОО о даче согласия на переуступку доли № _____ от «___» _____ 199 __ г.

заключили Настоящий Договор о нижеследующем:

1. ПРЕДМЕТ ДОГОВОРА

1.1. ПРОДАВЕЦ обязуется передать в собственность ПОКУПАТЕЛЯ свою долю в _____,
(наименование товарищества с ограниченной ответственностью)

(далее по тексту — ТОО), а ПОКУПАТЕЛЬ обязуется принять и оплатить эту долю.

1.2. Сведения о ТОО:
1.2.1. Фирменное наименование: _____.

1.2.2. Организационно-правовая форма: _____.

1.2.3. Зарегистрировано: _____
                                             (кем, когда)
1.2.4. Свидетельство о регистрации: серия _____
№ _____.

1.2.5. Уставный фонд: _____.

1.2.6. Местонахождение: _____.

1.3. Сведения о доле ПРОДАВЦА:
1.3.1. Размер вклада: _____.

1.3.2. Состав вклада: _____.

1.3.3. Дата внесения вклада: _____.

1.3.4. Документ о вкладе: свидетельство о внесении вклада в уставный фонд ТОО № _____ от «_____» _____ 199___ г.

1.3.5. Размер доли на момент заключения Настоящего Договора в соответствии с балансом ТОО за _____ составляет _____ рублей.

1.4. ПОКУПАТЕЛЬ надлежащим образом уведомлен о характере деятельности и о финансовом состоянии дел ТОО на момент заключения Настоящего Договора.

2. ПОРЯДОК ОФОРМЛЕНИЯ УСТУПКИ ДОЛЕЙ

2.1. ПОКУПАТЕЛЬ после подписания Настоящего Договора может обратиться в ТОО с просьбой о переоформлении на его имя свидетельства о внесении вклада в уставный фонд ТОО, которое должно быть оформлено в соответствии с Уставом ТОО.

2.2. ПОКУПАТЕЛЬ считается полноправным участником ТОО с момента _____.

3. ЦЕНА ДОГОВОРА

За уступку доли ПОКУПАТЕЛЬ обязуется уплатить ПРОДАВЦУ: _____ рублей.

4. ПОРЯДОК РАСЧЕТОВ

4.1. Срок оплаты составляет _____ с момента _____

4.2. Порядок оплаты: _____.
(почтовый, телеграфный)

4.3. Вид расчетов: _____.
(наличный, безналичный, смешанный)

4.4. Форма расчетов: _____.
(платежное поручение, чек, требование-поручение)

4.5. ПОКУПАТЕЛЬ обязан известить ПРОДАВЦА об осуществлении платежа в срок _____ с момента _____ путем _____.
(телеграмма с уведомлением, факс и т. д.)

5. ПОСЛЕДСТВИЯ УСТУПКИ ДОЛЕЙ ДЛЯ ПРОДАВЦА

5.1. При наступлении обстоятельств, указанных в п. 2.2 Настоящего Договора ПРОДАВЕЦ теряет все права и обязанности по отношению к ТОО, которые были обусловлены его статусом как участника ТОО.

5.2. При наступлении обстоятельств, указанных в п. 2.2 Настоящего Договора, ПРОДАВЕЦ теряет все права и обязанности по отношению к другим участникам ТОО, которые были обусловлены его статусом как участника ТОО.

5.3. При наступлении обстоятельств, указанных в п. 2.2 Настоящего Договора, Учредительный договор о создании и деятельности ТОО от «____» _____ 199 __ г. по отношению к ПРОДАВЦУ считается недействующим и все его условия теряют для ПРОДАВЦА всякое юридическое значение.

6. ПОСЛЕДСТВИЯ ПРИОБРЕТЕНИЯ ДОЛЕЙ ДЛЯ ПОКУПАТЕЛЯ

6.1. При наступлении обстоятельств, указанных в п. 2.2 Настоящего Договора, ПОКУПАТЕЛЬ становится по отношению к ТОО его новым участником.

6.2. К ПОКУПАТЕЛЮ при уступке доли ПРОДАВЦОМ одновременно переходят все права и обязанности, принадлежащие последнему на момент уступки доли.

6.3. ПОКУПАТЕЛЬ с момента приобретения доли в ТОО обязуется выполнять требования учредительных документов ТОО, а также нести все обязанности участника, вытекающие из учредительных документов и действующего законодательства.

7. ПРОЧИЕ УСЛОВИЯ И ОТВЕТСТВЕННОСТЬ

7.1. Настоящий Договор вступает в силу с момента его подписания сторонами.

7.2. Настоящий Договор составлен в двух подлинных экземплярах и хранится у сторон.

7.3. В случаях, не предусмотренных Настоящим Договором, стороны-руководствуются действующим законодательством.

7.4. Если ПОКУПАТЕЛЬ просрочит уплату цены по Настоящему Договору более _____, он уплачивает ПРОДАВЦУ штраф в размере _____ от суммы долга.

7.5. Приложением к Настоящему Договору является Протокол Общего Собрания ТОО о даче согласия на переуступку доли № _____ от «____» _____ 199__ г.

Юридические адреса, банковские реквизиты и подписи сторон

Орган, зарегистрировавший данную сделку, и его местонахождение: _____

_____

Дата регистрации: _____

Порядковый номер регистрации в реестре: № _____

Ф. И. О. регистратора: _____

Подпись регистратора: _____

М. П.

ДОГОВОР

купли-продажи
акций акционерного общества открытого типа

г. _____   «___» _____ 199 __ г.

ПРОДАВЕЦ: _____,

в лице _____,

действующего на основании _____,

с одной стороны, и

ПОКУПАТЕЛЬ: _____,
в лице _____,
действующего на основании _____,
с другой стороны,

заключили Настоящий Договор о нижеследующем:

1. ПРЕДМЕТ ДОГОВОРА

1.1. ПРОДАВЕЦ обязуется передать в собственность ПОКУПАТЕЛЮ, а ПОКУПАТЕЛЬ обязуется принять и оплатить следующие акции:

1.1.1. Наименование акций: _____.

1.1.2. Наименование эмитента: _____.

1.1.3. Номер государственной регистрации: _____.

1.1.4. Номинальная стоимость: _____.

1.1.5. Количество акций: _____.

2. ЦЕНА (КУРС) АКЦИЙ

2.1. Цена акций составляет _____

3. ПОРЯДОК РАСЧЕТОВ

3.1. Сроки оплаты:

— в течение _____ с момента заключения Настоящего Договора аванс (задаток) в размере _____;

— в течение _____ с момента подписания акта передачи акций окончательный расчет.

3.2. Порядок оплаты: _____.
(почтовый, телеграфный)

3.3. Вид расчетов: _____.
(наличный, безналичный, смешанный)

3.4. Форма расчетов: _____.
(платежное поручение, чек, требование-поручение др.)

3.5. ПОКУПАТЕЛЬ обязан известить ПРОДАВЦА об осуществлении платежа в срок _____ с момента _____ путем _____.
(телеграмма с уведомлением, факс и т. д.)

4. ПОРЯДОК ОФОРМЛЕНИЯ КУПЛИ-ПРОДАЖИ АКЦИЙ

4.1. Оформление купли-продажи акций производится в _____.
(наименование конкретной регистрирующей организации)
в течение _____ с момента _____.

4.2. Все расходы по оформлению акций несет _____.

4.3. Право собственности на акции возникает у ПОКУПАТЕЛЯ с момента _____.

5. ОТВЕТСТВЕННОСТЬ СТОРОН

5.1. В случае нарушения ПРОДАВЦОМ срока, предусмотренного п. 4.1, он уплачивает ПОКУПАТЕЛЮ пеню в размере _____ стоимости непереданных в срок акций за каждый день просрочки.

5.2. В случае нарушения ПОКУПАТЕЛЕМ срока, предусмотренного п. 3.1 Настоящего Договора, ПОКУПАТЕЛЬ уплачивает ПРОДАВЦУ пеню в размере _____ неуплаченной суммы за каждый день просрочки.

6. ОСОБЫЕ УСЛОВИЯ НАСТОЯЩЕГО ДОГОВОРА

_____
_____.

7. ПРОЧИЕ УСЛОВИЯ

7.1. Настоящий Договор составлен в двух подлинных экземплярах по одному для каждой из сторон.

7.2. В случаях, не предусмотренных Настоящим Договором, стороны руководствуются действующим гражданским законодательством.

Юридические адреса, банковские реквизиты и подписи сторон

ДОГОВОР

купли-продажи ноу-хау

г. _____ «____» _____ 199 __ г.

ПРОДАВЕЦ: _____,
в лице _____,
действующего на основании _____,
с одной стороны, и

ПОКУПАТЕЛЬ: _____,
в лице _____,
действующего на основании _____,
с другой стороны,

заключили Настоящий Договор о нижеследующем:

1. ПРЕДМЕТ ДОГОВОРА

1.1. ПРОДАВЕЦ обязуется предоставить ПОКУПАТЕЛЮ, а ПОКУПАТЕЛЬ обязуется принять и оплатить передачу прав на ноу-хау (секреты производства), обусловленную Настоящим Договором.

1.2. Предметом Настоящего Договора является передача прав на коммерческое использование технической документации, содержащей знания и опыт, которыми владеет ПРОДАВЕЦ, по производству следующей продукции:

1.2.1. _____;

1.2.2. _____;

1.2.3. _____;

1.2.4. _____.

1.3 В соответствии с Настоящим Договором ПОКУПАТЕЛЬ приобретает право производить и реализовывать продукцию, указанную в п. 1.2.

2. СОДЕРЖАНИЕ НОУ-ХАУ И ТЕХНИЧЕСКАЯ ДОКУМЕНТАЦИЯ

2.1. Ноу-хау (секреты производства) имеют следующее содержание:

_____

_____

_____

_____

2.2. Ноу-хау (секреты производства) содержатся в следующей документации, которая передаются ПРОДАВЦОМ ПОКУПАТЕЛЮ:

_____
_____
_____
_____.

3. ЦЕНА ДОГОВОРА (РОЙЯЛТИ)

3.1. Вознаграждение (ройялти) за переданное ноу-хау (секреты производства) составляет:
за передачу ноу-хау (секреты производства): _____;
за обучение персонала по использованию ноу-хау (секретов производства): _____.
Итого: _____.

4. ПОРЯДОК РАСЧЕТОВ

4.1. Сроки оплаты:

— в течение _____ с момента заключения Настоящего Договора аванс (задаток) в размере _____;

— в течение _____ с момента подписания акта передачи ноу-хау (секреты производства) окончательный расчет.

4.2. Порядок оплаты: _____.
(почтовый, телеграфный)
4.3. Вид расчетов: _____.
(наличный, безналичный, смешанный)
4.4. Форма расчетов: _____
(платежное поручение, чек, требование-поручение др.)
4.5. ПОКУПАТЕЛЬ обязан известить ПРОДАВЦА об осуществлении платежа в срок _____ с момента _____ путем _____.
(телеграмма с уведомлением, факс и т. д.)

5. ПОРЯДОК ПЕРЕДАЧИ НОУ-ХАУ (СЕКРЕТОВ ПРОИЗВОДСТВА)

5.1. Срок передачи: _____.

5.2. Место передачи: _____.

5.3. При передаче документации стороны составляют акт сдачи-приемки, который подписывается полномочными представителями сторон.

6. ОТВЕТСТВЕННОСТЬ СТОРОН

6.1. В случае нарушения ПРОДАВЦОМ срока, предусмотренного п. 5.1, он уплачивает ПОКУПАТЕЛЮ пеню в размере _____ стоимости непереданного в срок ноу-хау за каждый день просрочки.

6.2. В случае нарушения ПОКУПАТЕЛЕМ срока, предусмотренного п. 4.1 Настоящего Договора, ПОКУПАТЕЛЬ уплачивает ПРОДАВЦУ пеню в размере _____ неуплаченной суммы за каждый день просрочки.

7. ОСОБЫЕ УСЛОВИЯ НАСТОЯЩЕГО ДОГОВОРА

_____

(могут быть указаны дополнительные условия сотрудничества

_____

сторон: обязанности ПРОДАВЦА по консультированию по отношению

_____

к ноу-хау, обязанности ПОКУПАТЕЛЯ информировать ПРОДАВЦА

_____

об использовании ноу-хау и т. д.)

8. ПРОЧИЕ УСЛОВИЯ

8.1. Настоящий Договор составлен в двух подлинных экземплярах по одному для каждой из сторон.

8.2. В случаях, не предусмотренных Настоящим Договором, стороны руководствуются действующим гражданским законодательством.

8.3. После подписания Настоящего Договора все предварительные переговоры по нему, переписка, предварительные соглашения и протоколы о намерениях по вопросам, так или иначе касающимся Настоящего Договора, теряют юридическую силу.

**Юридические адреса, банковские реквизиты
и подписи сторон**

ДОГОВОР
купли-продажи валюты

г. _____   «____» _____ 199 __ г.

ПРОДАВЕЦ: _____,
в лице _____,
действующего на основании _____,
с одной стороны, и

ПОКУПАТЕЛЬ: _____,
в лице _____,
действующего на основании _____,
с другой стороны,

заключили Настоящий Договор о нижеследующем:

1. ПРЕДМЕТ ДОГОВОРА, КОЛИЧЕСТВО И ЦЕНА (КУРС) ВАЛЮТЫ

1.1. ПРОДАВЕЦ обязуется передать в собственность ПОКУПАТЕЛЮ, а ПОКУПАТЕЛЬ обязуется принять и оплатить следующие валютные ценности:

1.1.1. Наименование покупаемой валюты: _____.

1.1.2. Количество покупаемой валюты: _____.

1.1.3. Курс (цена) покупаемой валюты: _____.

1.2. Правовым основанием для заключения Настоящего Договора является: _____
_____
(наличие у ПОКУПАТЕЛЯ внешнеторгового контракта
_____
с оплатой в валюте)

2. ПОРЯДОК РАСЧЕТОВ ЗА ПОКУПАЕМУЮ ВАЛЮТУ

2.1. Сроки оплаты:

— в течение _____ с момента заключения Настоящего Договора аванс (задаток) в размере _____;

— в течение _____ с момента поступления валюты на счет ПОКУПАТЕЛЯ окончательный расчет.

2.2. Порядок оплаты: _____.
(почтовый, телеграфный)

2.3. Вид расчетов: _____.
(наличный, безналичный, смешанный)

2.4. Форма расчетов: _____.
(платежное поручение, чек, требование-поручение др.)

2.5. ПОКУПАТЕЛЬ обязан известить ПРОДАВЦА об осуществлении платежа в срок _____ с момента _____ путем _____.
(телеграмма с уведомлением, факс и т. д.)

3. ПОРЯДОК ПЕРЕДАЧИ ВАЛЮТЫ

3.1. Передача продаваемой валюты производится путем перечисления последней на валютный счет ПОКУПАТЕЛЯ в течение _____ с момента _____.

4. ОТВЕТСТВЕННОСТЬ СТОРОН

4.1. В случае нарушения ПРОДАВЦОМ срока, предусмотренного п. 3.1, он уплачивает ПОКУПАТЕЛЮ пеню в размере _____ стоимости непереданной в срок валюты за каждый день просрочки.

4.2. В случае нарушения ПОКУПАТЕЛЕМ срока, предусмотренного п. 2.1 Настоящего Договора, ПОКУПАТЕЛЬ уплачивает ПРОДАВЦУ пеню в размере _____ неуплаченной суммы за каждый день просрочки.

5. ОСОБЫЕ УСЛОВИЯ НАСТОЯЩЕГО ДОГОВОРА

_____
_____
_____
_____.

6. ПРОЧИЕ УСЛОВИЯ

6.1. Настоящий Договор составлен в двух подлинных экземплярах по одному для каждой из сторон.

6.2. В случаях, не предусмотренных Настоящим Договором, стороны руководствуются действующим гражданским и валютно-финансовым законодательством.

**Юридические адреса, банковские реквизиты
и подписи сторон**

ДОГОВОР
поставки товара

г. _____   «___» _____ 199 __ г.

ПОСТАВЩИК: _____,
в лице _____,
действующего на основании _____,
с одной стороны, и

ПОКУПАТЕЛЬ: _____,
в лице _____,
действующего на основании _____,
с другой стороны,

заключили Настоящий Договор о нижеследующем:

1. ПРЕДМЕТ ДОГОВОРА

1.1. ПОСТАВЩИК обязуется изготавливать и систематически поставлять и передавать в собственность (полное хозяйственное ведение) ПОКУПАТЕЛЮ определенный товар, а ПОКУПАТЕЛЬ обязуется принимать этот товар и своевременно производить его оплату на условиях Настоящего Договора.

1.1. Предметом поставки является следующий товар:

1.1.1. _____

1.1.2. _____

1.1.3. _____

1.1.4. _____

1.1.5. _____

1.1.6. _____

1.1.7. _____

2. ОБЪЕМ (КОЛИЧЕСТВО) И СРОКИ ПОСТАВКИ

№	Наименование	Ед. изм.	I кв. 199__г.	II кв. 199__г.	III кв. 199__г.	Всего
1						
2						
3						
4						
5						
6						
7						

3. АССОРТИМЕНТ

3.1. Ассортимент товара предусматривается в спецификации, которая прилагается к Настоящему Договору (Приложение № 1 к Настоящему договору).

3.2. В случае необходимости для ПОКУПАТЕЛЯ изменить некоторые позиции по ассортименту поставляемого товара он обязан представить ПОСТАВЩИКУ новую спецификацию для согласования в срок _____ до наступления нового срока поставки.

3.3. Новая спецификация считается принятой в редакции ПОКУПАТЕЛЯ, если ПОСТАВЩИК в течение _____ после ее получения не заявит по ней свои возражения.

4. КАЧЕСТВО И КОМПЛЕКТНОСТЬ

4.1. Качество и комплектность поставляемого товара должны соответствовать:

* _____
(ГОСТу, ТУ, сертификату изготовителя, образцу, и т. п.)

4.2. Подтверждением качества и комплектности со стороны ПОСТАВЩИКА является _____
(наименование документа о качестве
_____
и комплектности товара)

4.3. Дополнительные к комплекту изделия: _____
_____

4.4. Из комплекта товара исключаются следующие изделия, ненужные ПОКУПАТЕЛЮ: _____
_____

4.5. Согласование между сторонами уточненных характеристик и дополнительных требований по качеству и комплектности, не предусмотренных п. п. 4.1, 4.3, 4.4 Настоящего Договора производится сторонами в отдельном порядке.

5. ГАРАНТИЙНЫЙ СРОК

5.1. ПОСТАВЩИК гарантирует качество и надежность поставляемого товара в течение _____ с момента _____

5.2. При обнаружении производственных дефектов в товаре при его приемке, а также при монтаже, наладке и эксплуатации в период гарантийного срока вызов представителя ПОСТАВЩИКА обязателен.

5.3. Срок устранения недостатков или замены товара (доукомплектования) устанавливается в размере _____ с момента обнаружения дефектов.

6. СРОКИ И ПОРЯДОК ПОСТАВКИ

6.1. Товар должен быть поставлен ПОКУПАТЕЛЮ не позднее _____ числа первого месяца соответствующего периода поставки.

6.2. ПОСТАВЩИК имеет право на досрочную поставку каждой партии товара с обязательным уведомлением ПОКУПАТЕЛЯ об этом в срок _____ с момента ее отгрузки (может быть предусмотрено иное основание).

7. ЦЕНА

7.1. ПОКУПАТЕЛЬ оплачивает поставленный ПОСТАВЩИКОМ товар по цене, предусмотренной в спецификации, которая прилагается к Настоящему Договору (Приложение № 1 к Настоящему Договору).

7.2. Цены в спецификации по Договору указаны без учета НДС (с учетом НДС).

8. ПОРЯДОК РАСЧЕТОВ

8.1. Расчеты за каждую поставленную партию товара производятся в безналичном порядке в течение _____ с момента _____ _____ (может быть предусмотрена предоплата).

8.2. Порядок оплаты: _____.
(почтовый, телеграфный)

8.3. Форма расчетов: _____
(платежное поручение, чек,
_____.
требование-поручение, аккредитив)

8.4. ПОКУПАТЕЛЬ обязан известить ПОСТАВЩИКА об осуществлении платежа в срок _____ с момента _____ путем _____.
(телеграмма с уведомлением, факс и т. д.)

9. УСЛОВИЯ ПОСТАВКИ

9.1. Поставка товара осуществляется на условиях: _____
_____
(франко-склад, франко-вагон и т. д.)

9.2. Переход права собственности на товар происходит в момент: _____

9.3. Переход рисков на товар происходит в момент: _____

10. ПУНКТ ПОСТАВКИ

Пунктом поставки товара по Настоящему Договору является: _____.

11. ТАРА И УПАКОВКА

11.1. Товар должен быть затарен и упакован ПОСТАВЩИКОМ таким образом, чтобы исключить порчу и(или) уничтожение его на период поставки до приемки ПОКУПАТЕЛЕМ.

11.2. Товар должен быть затарен следующим образом: _____.

11.3. Товар должен быть упакован следующим образом: _____

11.4. Стоимость тары и упаковки входит (не входит) в цену товара.

11.5. Порядок и сроки возврата тары: _____
_____
_____.

11.6. Условия расчетов при возврате тары: _____
_____
_____.

12. МАРКИРОВКА

Товар должен быть промаркирован следующим образом:
_____
(указывается текст и(или) рисунок маркировки на таре

_____
или делается ссылка на стандарт, ГОСТ)

13. ОТГРУЗКА И ТРАНСПОРТИРОВКА

13.1. Пункт отгрузки: _____.
13.2. Сроки отгрузки: каждая партия товара должна быть отгружена ПОКУПАТЕЛЮ в течение _____ с момента _____
_____.

13.3. Вид транспорта: _____.

13.4. Минимальной нормой отгрузки _____
транспортом является _____
(вагон, контейнер, иные минимальные нормы)

13.5. Особенности отгрузки: _____.
13.6. ПОСТАВЩИК обязан известить ПОКУПАТЕЛЯ об отгрузке в срок _____ с момента _____ путем
_____
(телеграмма с уведомлением, факс и т. д.)

В извещении указываются: дата отгрузки, номер накладной, номер вагона (название судна, № автомашины, № рейса) номер и дата договора, наименование и количество товара.

14. ПЕРЕДАЧА ТОВАРА

14.1. Передача (приемка-сдача) товара осуществляется в пункте поставки.

14.2. Приемка товара по количеству и качеству осуществляется сторонами в порядке, определяемом действующим законодательством.

14.3. Получив товар, ПОКУПАТЕЛЬ обязан телеграфом с уведомлением подтвердить получение товара в течение _____ с момента _____.

15. СРОК ДЕЙСТВИЯ НАСТОЯЩЕГО ДОГОВОРА

15.1. Настоящий Договор вступает в силу с момента подписания его сторонами и действует до «_____» _____ 199__ г.

15.2. В случае, если ни одна из сторон не заявит о своем намерении расторгнуть или изменить договор за _____ до его окончания, Настоящий Договор считается пролонгированным на срок _____.

16. ОТВЕТСТВЕННОСТЬ СТОРОН

16.1. За нарушение условий Настоящего Договора виновная сторона возмещает причиненные этим убытки, в том числе неполученную прибыль, в порядке, предусмотренном действующим законодательством.

16.2. ПОКУПАТЕЛЬ по Настоящему Договору несет следующую ответственность:

— за _____ штрафная неустойка в размере _____
(конкретное нарушение)
% от суммы _____.
(договора, долга)

16.3. ПОСТАВЩИК по Настоящему Договору несет следующую ответственность:

— за _____ штрафная неустойка в размере _____
(конкретное нарушение)
% от суммы _____.
(договора, долга)

16.4. За односторонний необоснованный отказ от исполнения своих обязательств в течение действия Настоящего Договора виновная сторона уплачивает штраф в размере _____.

16.5. За нарушение иных условий Настоящего Договора виновная сторона несет следующую ответственность _____.

17. ОБЕСПЕЧЕНИЕ ОБЯЗАТЕЛЬСТВ ПО НАСТОЯЩЕМУ ДОГОВОРУ

_____
(могут предусматриваться условия о залоге, страховании или
поручительстве со стороны как ПОСТАВЩИКА, так и ПОКУПАТЕЛЯ)

18. РАЗРЕШЕНИЕ СПОРОВ

18.1. Все споры между сторонами, по которым не было достигнуто соглашение, разрешаются в соответствии с законодательством Российской Федерации в Арбитражном суде (третейском суде с указанием какого конкретного третейского суда или указать порядок формирования этого третейского суда).

18.2. Стороны устанавливают, что все возможные претензии по Настоящему Договору должны быть рассмотрены сторонами в течение _____ дней с момента получения претензии.

19. ИЗМЕНЕНИЕ УСЛОВИЙ НАСТОЯЩЕГО ДОГОВОРА

19.1. Условия Настоящего Договора могут быть изменены по взаимному согласию с обязательным составлением письменного документа.

19.2. Ни одна из сторон не вправе передавать свои права по Настоящему Договору третьей стороне без письменного согласия другой стороны.

20. УСЛОВИЯ СОГЛАСОВАНИЯ СВЯЗИ МЕЖДУ СТОРОНАМИ

Полномочными представителями сторон по Настоящему Договору являются:

ПОСТАВЩИК: _____ телефон _____.

ПОКУПАТЕЛЬ: _____ телефон _____.

21. ОСОБЫЕ УСЛОВИЯ НАСТОЯЩЕГО ДОГОВОРА

_____
_____
_____

22. ПРОЧИЕ УСЛОВИЯ

22.1. Настоящий Договор составлен в двух подлинных экземплярах по одному для каждой из сторон.

22.2. В случаях, не предусмотренных Настоящим Договором, стороны руководствуются действующим гражданским законодательством (или указывается конкретный нормативный документ, например, Положение о поставках товаров народного потребления).

22.3. После подписания Настоящего Договора все предварительные переговоры по нему, переписка, предварительные соглашения и протоколы о намерениях по вопросам, так или иначе касающимся Настоящего Договора, теряют юридическую силу.

23. ЮРИДИЧЕСКИЕ АДРЕСА, БАНКОВСКИЕ И ОТГРУЗОЧНЫЕ РЕКВИЗИТЫ СТОРОН НА МОМЕНТ ЗАКЛЮЧЕНИЯ НАСТОЯЩЕГО ДОГОВОРА

23.1. ПОКУПАТЕЛЬ:

Местонахождение офиса: ─────────────.

Почтовый адрес и индекс: ─────────────.

Телефон ────────, телетайп ────────, факс ────────.

Расчетный счет № ──────────── в ────────────
(наименование банковского
────────────, МФО ────────────, КОД ────────
учреждения)

Корреспондентский счет банка ПОКУПАТЕЛЯ: ────────.

Отгрузочные реквизиты с указанием кодов:

1. Для вагонных отправок: ────────────.

2. Для контейнеров: ────────────.

3. Для отправки водным транспортом: ────────.

4. Для отправки воздушным транспортом: ────────.

23.2. ПОСТАВЩИК:

Местонахождение офиса: ─────────────.

Почтовый адрес и индекс: ─────────────.

Телефон ────────, телетайп ────────, факс ────────.

Расчетный счет № ──────────── в ────────────
(наименование банковского
──────────── МФО ────────────, КОД ────────
учреждения)

Корреспондентский счет банка ПОСТАВЩИКА: ────────.

Отгрузочные реквизиты с указанием кодов:

1. Для вагонных отправок: ────────────.

2. Для контейнеров: ────────────.

3. Для отправки водным транспортом: ————————————.

4. Для отправки воздушным транспортом: ————————.

23.3. Стороны обязуются немедленно письменно извещать друг друга в случае изменения сведений, указанных в п. 23 Настоящего Договора. Сообщение ПОКУПАТЕЛЯ об изменении своих отгрузочных реквизитов принимается к исполнению ПОСТАВЩИКОМ для отгрузки товара, если такое сообщение поступит к ПОСТАВЩИКУ не позднее —————— дней до начала периода поставки.

Сообщение ПОСТАВЩИКА об изменении своих банковских реквизитов принимается к исполнению ПОКУПАТЕЛЕМ для оплаты товара, если такое сообщение поступит к ПОКУПАТЕЛЮ не позднее —————— дней до начала срока оплаты.

24. ПРИЛОЖЕНИЯ К НАСТОЯЩЕМУ ДОГОВОРУ

1. Приложение № 1. Спецификация на —————— стр.
Приложение к Настоящему Договору составляет его неотъемлемую часть.

ПОКУПАТЕЛЬ   ПОСТАВЩИК

————————————   ————————————

....

М. П.   М. П.

Раздел 5

БАРТЕР, МЕНА

По своей юридической природе бартер представляет собой договор мены, который очень сходен с договором купли-продажи, так как они представляют собой способ обмена равных стоимостей, и именно из первоначальной формы товарообмена исторически возникла купля-продажа.

Каждый из участвующих в договоре мены считается продавцом имущества, которое он передает, и покупателем имущества, которое он получает.

Более того, к договору мены применяются юридические нормы, регулирующие отношения купли-продажи, поэтому при составлении договора об обмене какой-либо продукции необходимо учитывать и широко применять нормы и положения законодательства о купле-продаже (поставке).

Кроме того, как свидетельствует судебная практика, возникающие в связи с совершением и исполнением договора мены споры по общему правилу разрешаются по нормам о купле-продаже.

Главное различие договора мены от договора купли-продажи в том, что к договору мены не применяются правила договора купли-продажи по цене и некоторые другие, связанные именно с денежно-эквивалентной формой. Считается, что вместо уплаты цены покупаемой вещи покупатель взамен купленной предоставляет другую вещь, и целью вступления сторон в договор мены является приобретение определенного имущества, в то время как по договору купли-продажи этого не происходит. Такое намерение по договору купли-продажи есть только у одной стороны — покупателя.

Именно поэтому предлагаемый ниже образец примерного договора на проведение товарообменной (бартерной) операции по своим основным условиям очень похож на договор поставки.

ДОГОВОР
на проведение товарообменной (бартерной) операции

г. _____   «____»_____ 199__ г.

СТОРОНА-1:_____,

в лице_____,

действующего на основании_____,

с одной стороны, и

СТОРОНА-2: _____,

в лице _____ _____,

действующего на основании _____,

с другой стороны,

заключили Настоящий Договор о нижеследующем:

1. ПРЕДМЕТ ДОГОВОРА

1.1. Предметом Настоящего Договора является встречная поставка товаров равной договорной стоимости (обмен), осуществляемая без платежа деньгами на компенсационной основе.

1.2. Участвуя в Настоящем Договоре, стороны наделены правами и обязанностями продавца и покупателя в соответствии с законодательством Российской Федерации.

2. ОБЯЗАННОСТИ СТОРОНЫ-1

СТОРОНА-1 обязуется поставить СТОРОНЕ-2 следующий товар:

2.1. Наименование товара: _____.

2.2. Изготовитель товара: _____ (г. _____).

2.3. Местонахождение товара: _____.

2.4. Документы, предоставляемые на товар: _____
_____.

2.5. Единица измерения количества товара: _____.

2.6. Общее количество товара: _____.

2.7. Ассортимент: согласно Приложению № 1 к Настоящему Договору.

2.8. Качество _____.
(соответствие ГОСТу, ТУ,
сертификату изготовителя, образцу и т. д.)

2.9. Подтверждение качества: _____.
(наименование
соответствующего документа)

2.10. Гарантийный срок _____ с момента _____.
(изготовления,
передачи, эксплуатации)

2.11. Комплектность: _____.
(ГОСТ, ТУ, иные требования)

2.12. Дополнение к комплекту: _____

2.13. Исключение из комплекта: _____

2.14. Срок поставки: _____ с момента _____ с правом досрочной поставки.

2.15. Цена за ед. товара: _____

2.16. Общая цена: _____

2.17. Условия поставки: _____
                    (франко-склад, франко-вагон и т. д.)

2.18. Пункт поставки: _____

2.19. Тара и упаковка: _____

2.20. Маркировка: _____

2.21. Пункт отгрузки: _____

2.22. Сроки отгрузки: _____

2.23. Вид транспорта: _____

2.24. Минимальная норма отгрузки _____
                    (вагон, контейнер, иные нормы)

3. ОБЯЗАННОСТИ СТОРОНЫ-2

СТОРОНА-2 обязуется поставить СТОРОНЕ-1 следующий товар:

3.1. Наименование товара: _____

3.2. Изготовитель товара: _____ (г. _____).

3.3. Местонахождение товара: _____

3.4. Документы, предоставляемые на товар: _____
_____

3.5. Единица измерения количества товара: _____

3.6. Общее количество товара: _____

3.7. Ассортимент: согласно Приложению № 2 к Настоящему Договору.

3.8. Качество _____
                    (соответствие ГОСТу, ТУ,
                    сертификату изготовителя, образцу и т. д.)

3.9. Подтверждение качества: _____.
(наименование
соответствующего документа)

3.10. Гарантийный срок: _____ с момента _____.
(изготовления, передачи, эксплуатации)

3.11. Комплектность: _____.
(ГОСТ, ТУ, иные требования)

3.12. Дополнение к комплекту: _____.

3.13. Исключение из комплекта: _____.

3.14. Срок поставки: _____ с момента _____ с правом досрочной поставки.

3.15. Цена за ед. товара: _____.

3.16. Общая цена: _____.

3.17. Условия поставки: _____.
(франко-склад, франко-вагон и т. д.)

3.18. Пункт поставки: _____.

3.19. Тара и упаковка: _____.

3.20. Маркировка: _____.

3.21. Пункт отгрузки: _____.

3.22. Сроки отгрузки: _____.

3.23. Вид транспорта: _____.

3.24. Минимальная норма отгрузки _____.
(вагон, контейнер, иные нормы)

4. УСЛОВИЯ ЦЕНЫ ПО НАСТОЯЩЕМУ ДОГОВОРУ

4.1. Условия цены по Настоящему Договору определены для сбалансированности взаимных поставок, а также контроля за выполнением обязательств.

4.2. Оценка товара не подлежит изменению и не может служить основанием при заключении других договоров между СТОРОНАМИ.

4.3. В стоимость товара входит стоимость тары, упаковки и маркировки.

5. ВЗАИМНЫЕ ОБЯЗАННОСТИ СТОРОН ПО НАСТОЯЩЕМУ ДОГОВОРУ

5.1. Документы на товар передаются СТОРОНАМИ в пункте поставки одновременно с передачей товара (может предусматриваться иное).

5.2. Переход права собственности на товар происходит в момент: _____

5.3. Переход рисков на товар происходит в момент: _____

5.4. Товар должен быть затарен и упакован сторонами таким образом, чтобы исключить порчу и(или) уничтожение его на период поставки до приемки товара соответствующей СТОРОНОЙ.

5.5. Каждая СТОРОНА обязана известить другую СТОРОНУ об отгрузке в срок _____ с момента _____ путем _____
_____
(телеграмма с уведомлением, факс и т. д.).

В извещении указываются: дата отгрузки, номер накладной, номер вагона (название судна, № автомашины, № рейса), номер и дата договора, наименование и количество товара.

6. ПЕРЕДАЧА ТОВАРА

6.1. Передача (приемка-сдача) товара осуществляется в пункте поставки.

6.2. Приемка товара по количеству и качеству осуществляется СТОРОНАМИ в порядке, определяемом действующим законодательством.

6.3. Получив товар, каждая из СТОРОН обязана телеграфом с уведомлением подтвердить получение товара в течение _____.

7. СРОК ДЕЙСТВИЯ НАСТОЯЩЕГО ДОГОВОРА

7.1. Настоящий Договор вступает в силу с момента подписания его СТОРОНАМИ и действует до момента его окончательного исполнения, но в любом случае до «___» _____ 199___ г.

7.2. Настоящий Договор может быть пролонгирован по соглашению СТОРОН.

8. ОТВЕТСТВЕННОСТЬ СТОРОН

8.1. За нарушение условий Настоящего Договора виновная СТОРОНА возмещает причиненные этим убытки, в том числе упущенную выгоду, в порядке, предусмотренном действующим законодательством.

8.2. СТОРОНЫ по Настоящему Договору несут следующую ответственность:

— за _____ штрафная неустойка в разме-
           (конкретное нарушение)

ре _____ % от суммы _____,
                        (договора, долга)

— за _____ штрафная неустойка в разме-
           (конкретное нарушение)

ре _____ % от суммы _____.
                        (договора, долга)

8.3. За односторонний необоснованный отказ от исполнения своих обязательств в течение действия Настоящего Договора виновная СТОРОНА уплачивает штраф в размере _____.

8.4. За нарушение иных условий Настоящего Договора виновная СТОРОНА несет следующую ответственность _____.

9. ОБЕСПЕЧЕНИЕ ОБЯЗАТЕЛЬСТВ ПО НАСТОЯЩЕМУ ДОГОВОРУ

_____
(могут предусматриваться условия о залоге, страховании
_____
или поручительстве со стороны как ПОСТАВЩИКА, так и ПОКУПАТЕЛЯ)

10. ПОРЯДОК РАЗРЕШЕНИЯ СПОРОВ

10.1. Все споры между СТОРОНАМИ, по которым не было достигнуто соглашение, разрешаются в соответствии с законодательством Российской Федерации в арбитражном суде (третейском суде с указанием какого конкретного третейского суда или указать порядок формирования этого третейского суда).

10.2. СТОРОНЫ устанавливают, что все возможные претензии по Настоящему Договору должны быть рассмотрены СТОРОНАМИ в течение _____ дней с момента получения претензии.

11. ИЗМЕНЕНИЕ УСЛОВИЙ НАСТОЯЩЕГО ДОГОВОРА

11.1. Условия Настоящего Договора имеют одинаковую обязательную силу для СТОРОН и могут быть изменены по взаимному согласию с обязательным составлением письменного документа.

11.2. Ни одна из СТОРОН не вправе передавать свои права по Настоящему Договору третьей стороны без письменного согласия другой СТОРОНЫ.

12. УСЛОВИЯ СОГЛАСОВАНИЯ СВЯЗИ МЕЖДУ СТОРОНАМИ

Полномочными представителями СТОРОН по Настоящему Договору являются:

СТОРОНА-1: _____ телефон _____.

СТОРОНА-2: _____ телефон _____.

13. ОСОБЫЕ УСЛОВИЯ НАСТОЯЩЕГО ДОГОВОРА

_____

(могут быть указаны дополнительные условия сотрудничества СТОРОН по исполнению Настоящего Договора:

_____

обязанности по наладке и монтажу товара, обязанности информировать об эксплуатации и использовании товара и т. д.)

_____

14. ПРОЧИЕ УСЛОВИЯ

14.1. Настоящий Договор составлен в двух подлинных экземплярах по одному для каждой из СТОРОН.

14.2. Права и обязанности по Настоящему Договору применяются на двусторонней и взаимной основе в зависимости от того в какой роли (покупателя или продавца выступает) каждая СТОРОНА в каждом конкретном случае.

В случаях, не предусмотренных Настоящим Договором, СТОРОНЫ руководствуются действующим гражданским законодательством.

14.3. После подписания Настоящего Договора все предварительные переговоры по нему, переписка, предварительные соглашения и протоколы о намерениях по вопросам, так или иначе касающимся Настоящего Договора, теряют юридическую силу.

14.4. СТОРОНЫ обязуются при исполнении Настоящего Договора не сводить сотрудничество к соблюдению только содержащихся в Настоящем Договоре требований, поддерживать деловые контакты и принимать все необходимые меры для обеспечения эффективности и развития их коммерческих связей.

15. ЮРИДИЧЕСКИЕ АДРЕСА, БАНКОВСКИЕ И ОТГРУЗОЧНЫЕ РЕКВИЗИТЫ СТОРОН НА МОМЕНТ ЗАКЛЮЧЕНИЯ НАСТОЯЩЕГО ДОГОВОРА

15.1 СТОРОНА-1
Местонахождение офиса: _____.

Почтовый адрес и индекс: _____.

Телефон _____, телетайп _____,

факс _____.

Расчетный счет № _____ в _____
(наименование банковского учреждения)

МФО _____, КОД _____.

Корреспондентский счет банка СТОРОНЫ-1: _____.

Отгрузочные реквизиты с указанием кодов:

   1. Для вагонных отправок: _____.

   2. Для контейнеров: _____.

   3. Для отправки водным транспортом: _____.

   4. Для отправки воздушным транспортом: _____.

15.2. СТОРОНА-2
Местонахождение офиса: _____.

Почтовый адрес и индекс: _____.

Телефон _____, телетайп _____,

факс _____.

Расчетный счет № _____ в _____
(наименование банковского учреждения)

МФО _____, КОД _____.

Корреспондентский счет банка СТОРОНЫ-2: _____.

Отгрузочные реквизиты с указанием кодов:

   1. Для вагонных отправок: _____.

   2. Для контейнеров: _____.

   3. Для отправки водным транспортом: _____.

   4. Для отправки воздушным транспортом: _____.

15.3. СТОРОНЫ обязуются немедленно письменно извещать друг друга в случае изменения сведений, указанных в п. 15 Настоящего Договора.

16. ПРИЛОЖЕНИЯ К НАСТОЯЩЕМУ ДОГОВОРУ

1. Приложение № 1 на _____ стр.
2. Приложение № 2 на _____ стр.

Приложения к Настоящему Договору составляют его неотъемлемую часть.

СТОРОНА-1   СТОРОНА-2

_____ (...........)   _____ (...........)

М. П.   М. П.

ДОГОВОР
мены

г. _____   «___» _____ 199__ г.

СТОРОНА-1: _____,
в лице _____,
действующего на основании _____,
с одной стороны, и

СТОРОНА-2: _____,
в лице _____,
действующего на основании _____,
с другой стороны,

заключили Настоящий Договор о нижеследующем:

1. Между СТОРОНАМИ производится обмен следующей продукцией: _____
(наименование продукции)
в количестве _____, собственником которой является

СТОРОНА-1,

НА

(наименование продукции)

в количестве _____, собственником которой является СТОРОНА-2.

2. До заключения Настоящего Договора СТОРОНЫ никаких гражданско-правовых сделок в отношении упомянутого имущества не заключали.

3. Предметы обмена находятся в исправном состоянии, годном для эксплуатации.

Качество предметов обмена определено по предварительному осмотру.

СТОРОНЫ взаимно гарантируют качество предметов обмена таким, каким его осмотрела и одобрила каждая СТОРОНА, выступающая в качестве покупателя.

4. Предметы обмена передаются друг другу по месту нахождения имущества СТОРОНЫ, выступающей в качестве продавца, в течение 10 дней с момента заключения Настоящего Договора.

Право собственности на предметы обмена возникает у СТОРОН, выступающих в качестве покупателя, с момента приемки вышеуказанного имущества, что оформляется актами сдачи-приемки, подписываемыми полномочными представителями СТОРОН.

При передаче продукции СТОРОНА, выступающая в качестве продавца, обязана передать другой СТОРОНЕ, выступающей в качестве покупателя, все документы на предметы обмена, о чем делается соответствующая отметка и перечень в акте сдачи-приемки.

5. Место нахождения предметов обмена:

СТОРОНА-1

СТОРОНА-2

---

6. Каждая из СТОРОН, выступающая в качестве продавца, обязана:

— предоставить имущество, являющееся предметом обмена, в распоряжение СТОРОНЫ, выступающей в качестве покупателя, и обеспечить необходимые условия по предоставлению товара в транспортно-перевозочные средства, используемые последним;

— обеспечить за свой счет упаковку товара (если она предусмотрена), необходимую для того, чтобы СТОРОНА, выступающая в качестве покупателя, имела возможность принять предмет обмена.

7. Ответственность СТОРОН.

СТОРОНЫ несут по Настоящему Договору следующую равную ответственность:

а) за просрочку в принятии предметов обмена _____

_____,

б) за просрочку в предоставлении предметов обмена _____

_____,

в) за односторонний отказ от исполнения Настоящего Договора _____

_____.

8. Прочие условия Настоящего Договора.

8.1. Настоящий Договор вступает в силу с момента подписания его СТОРОНАМИ.

8.2. Настоящий Договор составлен в двух подлинных экземплярах и хранится у сторон.

8.3. В случаях, не предусмотренных Настоящим Договором, СТОРОНЫ руководствуются действующим гражданским законодательством.

8.4. Условия Настоящего Договора имеют одинаковую обязательную силу для СТОРОН и могут быть изменены по взаимному согласию с обязательным составлением письменного документа. Письменный документ с изменениями и дополнениями составляется в двух экземплярах и является неотъемлемой частью Настоящего Договора.

8.5. СТОРОНЫ устанавливают, что все дополнения и изменения, внесенные в Настоящий Договор в одностороннем порядке, не имеют юридической силы.

8.6. После подписания Настоящего Договора все предыдущие переговоры и переписка по нему теряют всякое юридическое значение.

8.7. Ни одна из СТОРОН не вправе передавать свои права и обязанности по Настоящему Договору третьей стороне без письменного согласия другой СТОРОНЫ.

Юридические адреса, банковские реквизиты и подписи сторон

Раздел 6

КОМИССИОННЫЕ И ИНЫЕ ПОСРЕДНИЧЕСКИЕ ОПЕРАЦИИ

Комиссионные коммерческие операции состоят в совершении одной стороной, именуемой КОМИССИОНЕРОМ (ПОСРЕДНИКОМ), от своего имени, за счет и по поручению другой стороны, именуемой КОМИТЕНТОМ (ЗАКАЗЧИКОМ) сделок купли-продажи. В деловом обороте данные операции иногда именуются операцией по передаче товара на реализацию.

Взаимоотношения между КОМИТЕНТОМ и КОМИССИОНЕРОМ регулируются договором комиссии, предметом которого являются услуги, выражающиеся в заключении коммерческих сделок. В соответствии с договором КОМИССИОНЕР-ПОСРЕДНИК не покупает товары КОМИТЕНТА-ЗАКАЗЧИКА, а лишь совершает сделки по приобретению или реализации товаров.

КОМИССИОНЕР-ПОСРЕДНИК заключает договоры купли-продажи с третьими лицами от своего имени и сам получает от них деньги (или расплачивается за них). Таким образом, КОМИССИОНЕР является посредником только со стороны КОМИТЕНТА-ЗАКАЗЧИКА, а для третьих лиц, с которыми он по поручению КОМИТЕНТА заключает сделку, КОМИССИОНЕР является стороной договора купли-продажи.

КОМИТЕНТ всегда остается собственником товара до момента его передачи в распоряжение конечного покупателя, даже в том случае, когда товар передается во владение КОМИССИОНЕРА. В этом случае риск случайной гибели таких товаров лежит на КОМИТЕНТЕ. Однако если у КОМИССИОНЕРА находится имущество КОМИТЕНТА, первый отвечает перед ним за его утрату, недостачу или повреждение.

КОМИССИОНЕР-ПОСРЕДНИК обязан исполнить поручение КОМИТЕНТА в точном соответствии с его указаниями и на условиях, наиболее выгодных для последнего. В случае, если КОМИССИОНЕР совершит сделку на условиях более выгодных, чем те, которые установил КОМИТЕНТ, то, по общему правилу, вся выгода от этого поступает КОМИТЕНТУ, если договором между ними иного предусмотрено не было.

КОМИССИОНЕР-ПОСРЕДНИК не отвечает перед КОМИТЕНТОМ за исполнение договора купли-продажи третьим лицом, кроме случаев, когда КОМИССИОНЕР принимает на себя ручательство за исполнение третьим лицом этой сделки (делькредере). В случае нарушения третьим лицом сделки, совершенной с ним комиссионером, КОМИССИОНЕР обязан без промедления уведомить об этом КОМИТЕНТА, собрать и обеспечить необходимые доказательства.

В то же время права и обязанности по сделке приобретает КОМИССИОНЕР, даже если КОМИТЕНТ и был назван или вступил в непосредственные отношения с этим лицом. Это вызвано тем, что в обороте КОМИССИОНЕР выступает от своего имени.

ДОГОВОР

комиссии на продажу продукции
(договор о передаче продукции на реализацию)

г. _____   «____» _____ 199__ г.

КОМИТЕНТ: _____,
(полное фирменное наименование предприятия)

в лице директора _____,
(Ф. И. О.)

действующего на основании _____,

с одной стороны, и

КОМИССИОНЕР: _____,
(полное фирменное наименование предприятия)

в лице директора _____,
(Ф. И. О.)

действующего на основании _____,

с другой стороны,

заключили Настоящий Договор о нижеследующем:

1. ПРЕДМЕТ ДОГОВОРА

1.1. КОМИССИОНЕР обязуется по поручению КОМИТЕНТА совершить в интересах последнего от своего имени сделку по продаже продукции.

1.2. Конкретные условия сделки, количество, качество и минимальная цена продажи продукции, а также иные условия и указания КОМИТЕНТА приводятся в Приложении № 1 к Настоящему Договору.

1.3. Выступая от своего имени, КОМИССИОНЕР самостоятельно заключает сделку купли-продажи с третьим лицом, которое далее по тексту Настоящего Договора именуется ПОКУПАТЕЛЬ.

2. ОБЯЗАННОСТИ КОМИССИОНЕРА

КОМИССИОНЕР в соответствии с Настоящим Договором обязуется:

2.1. Самостоятельно осуществить необходимую коммерческо-маркетинговую работу, найти ПОКУПАТЕЛЯ продукции КОМИТЕНТА, совершить всю преддоговорную работу и заключить с ПОКУПАТЕЛЕМ договор купли-продажи в соответствии с указаниями КОМИТЕНТА и на наиболее выгодных для него условиях;

2.2. Принять у КОМИТЕНТА имущество, предназначенное для комиссии, и принять все необходимые меры для его сохранности от утраты, недостачи или повреждения;

2.3. Осмотреть имущество, передаваемое на комиссию, проверить его качество и комплектность, удостовериться в его пригодности для продажи;

2.4. В случае обнаружения скрытых недостатков в продукции КОМИТЕНТА, переданной на комиссию, немедленно уведомить КОМИТЕНТА об обнаруженных недостатках;

2.5. В срок _____ информировать КОМИТЕНТА о ходе выполнения поручения, в срок _____ уведомить последнего о заключенной в его интересах сделки и передачи продукции ПОКУПАТЕЛЮ, а также предоставить КОМИТЕНТУ копию заключенного договора;

2.6. Предоставить отчет КОМИТЕНТУ и передать последнему все права и документы в отношении ПОКУПАТЕЛЯ, вытекающие из сделки;

2.7. В случае возникновения непредвиденных обстоятельств, препятствующих заключению сделок на условиях КОМИТЕНТА, в срок _____ известить об этом КОМИТЕНТА.

3. ОБЯЗАННОСТИ КОМИТЕНТА

КОМИТЕНТ в соответствии с Настоящим Договором обязуется:

3.1. Передать КОМИССИОНЕРУ имущество на комиссию в течение _____ с момента подписания Настоящего Договора;

3.2. Освободить КОМИССИОНЕРА от обязательств, принятых им на себя по исполнению поручения перед ПОКУПАТЕЛЕМ и иными лицами, в течение _____ с момента предоставления отчета КОМИССИОНЕРА.

3.3. Принять отчет КОМИССИОНЕРА, рассмотреть и утвердить его в течение _____ дней, а также на его основании возместить расходы, которые произвел КОМИССИОНЕР при исполнении сделки.

4. ПОРЯДОК ПЕРЕДАЧИ ИМУЩЕСТВА НА КОМИССИЮ

Передача имущества производится по акту в следующем порядке:
Место передачи: _____
(адрес склада КОМИТЕНТА или КОМИССИОНЕРА)

Транспортировка: _____

Расходы по транспортировке несет: _____

Время приемки: с _____ по _____ часов.

5. ВОЗНАГРАЖДЕНИЕ КОМИССИОНЕРА

5.1. За исполнение поручения КОМИТЕНТ выплачивает КОМИССИОНЕРУ вознаграждение в размере _____ от суммы сделки с ПОКУПАТЕЛЕМ.

5.2. Денежные средства за продажу продукции КОМИТЕНТА поступают на расчетный счет КОМИССИОНЕРА.

5.1. Основанием получения вознаграждения КОМИССИОНЕРА является получение им денег от ПОКУПАТЕЛЯ.

5.4. Если поручение исполнено КОМИССИОНЕРОМ частично, то вознаграждение ему выплачивается пропорционально исполненному.

Возможен вариант.

1. Размер вознаграждения в случае продажи товара на более выгодных для КОМИТЕНТА условиях может складываться из А процентов от суммы по минимальным ценам, установленным в поручении КОМИТЕНТОМ, и Б процентов (как правило более высоких) от полученной выгоды (премия).

6. ПОРЯДОК РАСЧЕТОВ

6.1. Вознаграждение КОМИССИОНЕРА выплачивается путем удержания причитающихся последнему сумм из денежных средств, перечисленных ПОКУПАТЕЛЕМ КОМИССИОНЕРУ за продажу имущества КОМИТЕНТА.

6.2. Денежные средства КОМИТЕНТУ выплачиваются КОМИССИОНЕРОМ в течение _____ с момента поступления денег на его расчетный счет.

6.3. Порядок оплаты: _____.
(почтовый, телеграфный)

6.4. Вид расчетов: _____
(наличный, безналичный, смешанный)

6.5. Форма расчетов: _____
(платежное требование, чек,
требование-поручение, аккредитив)

6.6. КОМИССИОНЕР обязан известить КОМИТЕНТА об осуществлении платежа в срок _____ с момента _____ путем _____.
(телеграмма с уведомлением, факс и т. д.)

7. ВОЗМЕЩЕНИЕ РАСХОДОВ

7.1. К расходам и издержкам КОМИССИОНЕРА, возмещаемым последнему КОМИТЕНТОМ по Настоящему Договору, относятся:

_____

•_____.

7.2. В любом случае размер расходов КОМИССИОНЕРА не может составлять более _____% от суммы сделки с ПОКУПАТЕЛЕМ.

7.3. Все остальные расходы КОМИССИОНЕРА, не указанные в п. 7.1. договора, возмещаются последним из вознаграждения.

7.4. Все расходы КОМИССИОНЕРА отражаются в его отчете, который составляется и предоставляется КОМИТЕНТУ в письменной форме с приложением всех оправдательных документов.

7.5. Срок предоставления отчета _____ с момента _____.

7.6. Во всех случаях возмещаются расходы КОМИССИОНЕРА, произведенные им с ведома и согласия КОМИТЕНТА, а также допущенные без вины первого в силу непредвиденных обстоятельств.

7.7. Расходы КОМИССИОНЕРА возмещаются путем удержания денежных средств из полученных от ПОКУПАТЕЛЯ.

8. СРОК ДОГОВОРА

8.1. КОМИССИОНЕР обязан исполнить поручение в течение _____ с момента _____.

8.2. Договор может быть пролонгирован по соглашению сторон.

9. ПРАВА КОМИССИОНЕРА ПО ИСПОЛНЕНИЮ ПОРУЧЕНИЯ

9.1. В случае, если КОМИССИОНЕР, несмотря на все принятые им меры, в срок _____ не сможет реализовать продукцию, переданную КОМИТЕНТОМ на комиссию, и это произойдет по причине слишком высокой назначенной КОМИТЕНТОМ цены, то КОМИССИОНЕР имеет право без согласия КОМИТЕНТА снизить его цену на _____%.

9.2. Если подобные обстоятельства повторятся в течение _____ с момента _____, то КОМИССИОНЕР имеет право в том же порядке снизить цену на _____%.

9.3. Во всех случаях КОМИССИОНЕР обязан информировать КОМИТЕНТА о снижении цены немедленно.

10. ОТВЕТСТВЕННОСТЬ СТОРОН

10.1. Если КОМИССИОНЕР реализует имущество по цене ниже назначенной ему КОМИТЕНТОМ, последний, не желающий принять такую, обязан заявить об этом КОМИССИОНЕРУ в _____ срок по получении извещения о заключении сделки с ПОКУПАТЕЛЕМ. В противном случае сделка признается принятой КОМИТЕНТОМ.

10.2. Если КОМИССИОНЕР сообщит, что принимает разницу в цене за свой счет, КОМИТЕНТ не вправе отказаться от заключенной для него сделки.

10.3. Ответственность КОМИССИОНЕРА: _____
_____

10.4. Ответственность КОМИТЕНТА: _____
_____

10.5. За односторонний необоснованный отказ от исполнения своих обязательств в течение действия Настоящего Договора виновная сторона уплачивает штраф в размере _____.

11. ОБЕСПЕЧЕНИЕ ОБЯЗАТЕЛЬСТВ ПО НАСТОЯЩЕМУ ДОГОВОРУ

_____
(могут предусматриваться условия о залоге, страховании или
_____
поручительстве со стороны как КОМИТЕНТА, так и КОМИССИОНЕРА)

12. ПОРЯДОК РАЗРЕШЕНИЯ СПОРОВ

12.1. Все споры между сторонами, по которым не было достигнуто соглашение, разрешаются в соответствии с законодательством Российской Федерации в арбитражном суде (третейском суде с указанием какого конкретно третейского суда, или указать порядок формирования этого третейского суда).

12.2. Стороны устанавливают, что все возможные претензии по Настоящему Договору должны быть рассмотрены сторонами в течение _____ дней с момента получения претензии.

13. ИЗМЕНЕНИЕ УСЛОВИЙ НАСТОЯЩЕГО ДОГОВОРА

13.1. Условия Настоящего Договора имеют одинаковую обязательную силу для сторон и могут быть изменены по взаимному согласию с обязательным составлением письменного документа.

13.2. Ни одна из сторон не вправе передавать свои права по Настоящему Договору третьей стороне без письменного согласия другой стороны.

14. УСЛОВИЯ СОГЛАСОВАНИЯ СВЯЗИ МЕЖДУ СТОРОНАМИ

Полномочными представителями сторон по Настоящему Договору являются:

КОМИССИОНЕР: _____ телефон _____.

КОМИТЕНТ: _____ телефон _____.

15. ОСОБЫЕ УСЛОВИЯ НАСТОЯЩЕГО ДОГОВОРА

_____

_____

_____

_____

16. ПРОЧИЕ УСЛОВИЯ

16.1. Настоящий Договор составлен в двух подлинных экземплярах по одному для каждой из сторон.

16.2. В случаях, не предусмотренных Настоящим Договором, стороны руководствуются действующим гражданским законодательством.

16.3. После подписания Настоящего Договора все предварительные переговоры по нему, переписка, предварительные соглашения и протоколы о намерениях по вопросам, так или иначе касающимся Настоящего Договора, теряют юридическую силу.

16.4. Все исправления по тексту Настоящего Договора имеют юридическую силу только при взаимном их удостоверении представителями сторон в каждом отдельном случае.

16.5. Стороны обязуются при исполнении Настоящего Договора не сводить сотрудничество к соблюдению только содержащихся в Настоящем Договоре требований, поддерживать деловые контакты и принимать все необходимые меры для обеспечения эффективности и развития их коммерческих связей.

16.6. Стороны обязуются немедленно письменно извещать друг друга в случае изменения сведений, указанных в п. 17 Настоящего Договора.

17. ПРИЛОЖЕНИЯ К НАСТОЯЩЕМУ ДОГОВОРУ

17.1. К Настоящему Договору прилагается:

1. Приложение № 1 на _____ стр.

17.2. Приложения к Настоящему Договору составляют его неотъемлемую часть.

Юридические адреса, банковские реквизиты и подписи сторон

ДОГОВОР
консигнации на продажу продукции

г. _____ «____» _____ 199__ г.

КОНСИГНАНТ _____,
(наименование предприятия)
в лице директора _____,
действующего на основании _____,
с одной стороны, и

КОНСИГНАТОР _____,
(наименование предприятия)
в лице директора _____,
действующего на основании _____,
с другой стороны,

заключили Настоящий Договор о нижеследующем:

1. ПРЕДМЕТ ДОГОВОРА

1.1. КОНСИГНАНТ поставляет товары на склад КОНСИГНАТОРА для их реализации последним на своем рынке от своего имени.

1.2. Количество, номенклатура, качество, цена, периодичность поставок и иные характеристики товаров, поставляемых на консигнацию, определяются в Приложении № 1 к Настоящему Договору, которое является его неотъемлемой частью.

2. ДОГОВОРНАЯ ТЕРРИТОРИЯ

2.1. КОНСИГНАТОР имеет право осуществлять реализацию консигнационных товаров на следующей территории:

_____

_____

Указывается регион (регионы) исходя из административно-территориального или национально-государственного деления.

2.2. КОНСИГНАТОР не имеет права продавать товары вне договорной территории без согласия КОНСИГНАНТА.

2.3. КОНСИГНАТОР обязан в договоры купли-продажи с третьими лицами включать условия о том, что последние также не имеют права продавать консигнационные товары за пределами договорной территории без согласия КОНСИГНАНТА.

3. ОБЯЗАННОСТИ КОНСИГНАТОРА

3.1. КОНСИГНАТОР обязуется:

— строго выполнять указания КОНСИГНАНТА, предусмотренные Настоящим Договором, а также данные ему последним дополнительно в письменной форме;

— принимать все необходимые меры и действия для беспрепятственной поставки товаров КОНСИГНАНТА на договорной территории;

— осуществлять бесперебойную приемку продукции КОНСИГНАНТА на своих складах;

— подготовить складские помещения для приемки и соответствующего хранения товаров;

— обеспечить полную сохранность качества товаров на складе на время нахождения их на консигнации;

— провести рекламную кампанию товаров в средствах массовой информации договорной территории способами, каковые он считает нужными;

— предоставлять КОНСИГНАНТУ полную информацию о ходе реализации товаров и об их запасах на складе;

— _____;

— _____

4. ОБЯЗАННОСТИ КОНСИГНАНТА

КОНСИГНАНТ обязуется регулярно поставлять на склад КОНСИГНАТОРА продукцию в ассортименте и в сроки, указанные в Приложении № 1 к Настоящему Договору.

5. СРОК КОНСИГНАЦИИ

5.1. Срок консигнации составляет ⎯⎯⎯⎯⎯⎯⎯⎯⎯⎯⎯⎯⎯⎯⎯.
5.2. Срок начинает течь с момента поставки на склад КОНСИГНАТОРА товаров и заканчивается с момента передачи его ПОКУПАТЕЛЮ.

Срок консигнации — время, в течение которого поставленный на консигнацию товар должен быть продан ПОКУПАТЕЛЮ.

6. СРОК ДЕЙСТВИЯ НАСТОЯЩЕГО ДОГОВОРА

6.1. Настоящий Договор заключен на срок с «⎯⎯⎯» ⎯⎯⎯⎯ 199⎯ г. по «⎯⎯⎯» ⎯⎯⎯⎯ 199⎯ г.
6.2. По истечении вышеуказанного срока условия договора продолжают действовать в отношении всех партий товара, которые к этому моменту находятся на консигнации и расчет по которым не завершен.

7. ПРАВО СОБСТВЕННОСТИ НА КОНСИГНАЦИОННЫЕ ТОВАРЫ

7.1. Товары, переданные КОНСИГНАТОРУ, являются собственностью КОНСИГНАНТА до момента их передачи ПОКУПАТЕЛЮ.
7.2. Риск случайной гибели и случайного повреждения товара лежит на КОНСИГНАТОРЕ с момента получения им имущества на консигнацию.

8. УСЛОВИЯ ЦЕН НА КОНСИГНАЦИОННЫЕ ТОВАРЫ

КОНСИГНАТОР имеет право самостоятельно устанавливать цены на товары, переданные ему на консигнацию исходя из рыночной конъюнктуры в пределах минимальных и максимальных цен, установленных КОНСИГНАНТОМ в Приложении № 1 к Настоящему Договору.

9. ВОЗНАГРАЖДЕНИЕ КОНСИГНАТОРА

Вознаграждение КОНСИГНАТОРУ выплачивается в размере ⎯⎯⎯⎯ от суммы сделок по продаже товаров КОНСИГНАНТА.

Право на вознаграждение КОНСИГНАТОР получает с момента получения денег от ПОКУПАТЕЛЯ.

10. ПОРЯДОК РАСЧЕТОВ

КОНСИГНАТОР получает вознаграждение путем удержания причитающихся ему сумм из средств, полученных после продажи товара, поставленного на консигнацию.

КОНСИГНАТОР обязан перевести денежные средства КОНСИГНАНТУ в срок ———— после получения денег от ПОКУПАТЕЛЯ.

11. ОТЧЕТ КОНСИГНАТОРА

КОНСИГНАТОР обязан ежемесячно к ———— числу представлять письменно КОНСИГНАНТУ отчет о совершенных с его товаром сделках и о совершенных расходах.

КОНСИГНАНТ обязан рассмотреть отчет в срок ———— и представить КОНСИГНАТОРУ свои возражения.

В случае отсутствия возражений КОНСИГНАНТА в течение вышеуказанного срока отчет считается принятым.

12. ВОЗМЕЩЕНИЕ РАСХОДОВ

КОНСИГНАНТ возмещает КОНСИГНАТОРУ следующие расходы связанные с исполнением своих обязательств по Настоящему Договору:

————————————————————————————————

————————————————————————————————

Остальные расходы КОНСИГНАТОРА возмещаются последним из полученного вознаграждения.

Во всех случаях возмещаются расходы КОНСИГНАТОРА, произведенные им с ведома и с согласия КОНСИГНАНТА, а также допущенные им без вины в силу непредвиденных обстоятельств.

Возмещение расходов производится КОНСИГНАНТОМ в срок ———— после истечения срока предъявления возражений по отчету.

13. ОТВЕТСТВЕННОСТЬ СТОРОН

Стороны по Настоящему Договору несут следующую ответственность:

КОНСИГНАНТ ————————————————————.

КОНСИГНАТОР ———————————————————.

14. ПРОЧИЕ УСЛОВИЯ

_____
_____

Юридические адреса, банковские реквизиты
и подписи сторон

ДОГОВОР
поручения на продажу продукции

г. _____   «___» _____ 199__ г.

ПОВЕРЕННЫЙ: _____,
в лице директора _____,
действующего на основании Устава, с одной стороны, и

ДОВЕРИТЕЛЬ: _____,
в лице директора _____,
действующего на основании Устава, с другой стороны,

заключили Настоящий Договор о нижеследующем:

1. ПРЕДМЕТ ДОГОВОРА

1.1. ДОВЕРИТЕЛЬ поручает, а ПОВЕРЕННЫЙ берет на себя обязательство заключить от имени и за счет ДОВЕРИТЕЛЯ договор купли-продажи с третьим лицом, именуемым далее ПОКУПАТЕЛЬ.

1.2. Поручение считается исполненным после заключения ПОВЕРЕННЫМ сделки с ПОКУПАТЕЛЕМ.

1.3. Конкретные условия совершения сделки, количество продукции, минимальная цена продажи, а также иные указания ДОВЕРИТЕЛЯ приводятся в Приложении № 1 к Настоящему Договору. Приложение № 1 является неотъемлемой частью Настоящего Договора.

1.4. ПОКУПАТЕЛЬ должен находиться на следующей территории (договорная территория) _____.

2. ОБЯЗАННОСТИ ПОВЕРЕННОГО

ПОВЕРЕННЫЙ обязан:
— исполнить данное ему поручение в соответствии с указаниями

ДОВЕРИТЕЛЯ, предусмотренными в Настоящем Договоре и Приложении № 1 к нему, а также данными ему последним дополнительно в письменной форме;

— в срок _____ сообщать ДОВЕРИТЕЛЮ о ходе исполнения поручения;

— в срок _____ известить ДОВЕРИТЕЛЯ о заключении договора и передать ему экземпляр подписанного с ПОКУПАТЕЛЕМ договора;

— передать ДОВЕРИТЕЛЮ все полученное в связи с исполнением поручения в срок _____;

— в случае невозможности исполнить поручение по Настоящему Договору ПОВЕРЕННЫЙ обязан в срок _____ сообщить об этом ДОВЕРИТЕЛЮ для принятия последним решения в срок _____ об изменении или прекращении договора.

3. ОБЯЗАННОСТИ ДОВЕРИТЕЛЯ

ДОВЕРИТЕЛЬ обязан:

— в срок _____ после подписания Настоящего Договора обеспечить ПОВЕРЕННОГО всеми необходимыми материалами, сертификатами на продукцию и иными документами, необходимыми для исполнения поручения, в том числе гарантиями наличия товара;

— в срок _____ после подписания Настоящего Договора выдать ПОВЕРЕННОМУ доверенность на право совершения сделки с ПОКУПАТЕЛЕМ с указанием объема полномочий;

— в срок _____ принять от ПОВЕРЕННОГО отчет об исполнении поручения, предоставленные им документы, а также и все полученное по Настоящему Договору;

— выплатить ПОВЕРЕННОМУ вознаграждение, а также возместить его расходы по исполнению поручения.

4. ПЕРЕДОВЕРИЕ

4.1. ПОВЕРЕННЫЙ обязан исполнить данное ему поручение лично.

4.2. Передоверие может иметь место по Настоящему Договору только с письменного согласия ДОВЕРИТЕЛЯ с обязательным указанием всех необходимых сведений о заместителе;

4.3. При передоверии ПОВЕРЕННЫЙ отвечает лишь за выбор замещающего лица, а не за успех переговоров и исполнение поручения.

5. ПРАВА ПОВЕРЕННОГО

ПОВЕРЕННЫЙ имеет право отступить от указаний ДОВЕРИТЕЛЯ только с письменного разрешения последнего.

Без такового ПОВЕРЕННЫЙ вправе отступить от указаний ДОВЕРИТЕЛЯ, если по обстоятельствам дела это необходимо в интересах ДОВЕРИТЕЛЯ и ПОВЕРЕННЫЙ не мог предварительно запросить ДОВЕРИТЕЛЯ или в срок _____ не получил ответа на свой запрос.

6. ВОЗНАГРАЖДЕНИЕ ПОВЕРЕННОГО

За исполнение поручения ПОВЕРЕННЫЙ получает от ДОВЕРИТЕЛЯ вознаграждение в размере _____ от суммы заключенной с ПОКУПАТЕЛЕМ сделки.

В случае частичного исполнения поручения вознаграждение выплачивается пропорционально исполненному.

Право на вознаграждение ПОВЕРЕННЫЙ получает после заключения сделки с ПОКУПАТЕЛЕМ.

(Возможен вариант когда право на вознаграждение у ПОВЕРЕННОГО возникает после получения ДОВЕРИТЕЛЕМ покупной цены от ПОКУПАТЕЛЯ. Соответственно будет решаться вопрос и о порядке расчетов с ПОВЕРЕННЫМ по п. 3 Договора.)

7. ПОРЯДОК РАСЧЕТОВ

ДОВЕРИТЕЛЬ платежным поручением перечисляет ПОВЕРЕННОМУ причитающееся вознаграждение в срок _____ после возникновения у последнего права на вознаграждение.

8. ОТЧЕТ ПОВЕРЕННОГО

8.1. ПОВЕРЕННЫЙ в срок _____ после исполнения поручения обязан предоставить ДОВЕРИТЕЛЮ письменный отчет с приложением подтверждающих документов как финансового, так и иного характера.

Предоставление отчета не зависит требования ДОВЕРИТЕЛЯ и предоставления ему информации о ходе выполнения поручения и о его исполнении.

8.2. ДОВЕРИТЕЛЬ обязан незамедлительно принять отчет ПОВЕРЕННОГО и утвердить его в срок _____. При наличии возражений по отчету ДОВЕРИТЕЛЬ должен известить о них ПОВЕРЕННОГО. В противном случае отчет считается утвержденным по истечении вышеуказанного срока.

8.3. В случае неисполнения поручения ПОВЕРЕННЫЙ представляет ДОВЕРИТЕЛЮ отчет в срок _____ после прекращения действия Настоящего Договора.

9. ВОЗМЕЩЕНИЕ РАСХОДОВ ПОВЕРЕННОГО

9.1. Исполнение поручения ПОВЕРЕННЫМ производится за счет ДОВЕРИТЕЛЯ независимо от успеха действия ПОВЕРЕННОГО и от размера исполненного поручения.

9.2. Возмещение расходов производится ДОВЕРИТЕЛЕМ в срок ─────── после утверждения отчета ПОВЕРЕННОГО в безналичном порядке платежным поручением.

9.3. Подлежат возмещению следующие расходы ПОВЕРЕННОГО:

───────────────────────────────────────.

Остальные расходы ПОВЕРЕННОГО возмещаются им из вознаграждения или производятся за его счет.

9.4. Во всех случаях возмещаются расходы ПОВЕРЕННОГО, произведенные им с ведома и согласия ДОВЕРИТЕЛЯ, а также допущенные без вины первого в силу непредвиденных обстоятельств.

10. СРОК ИСПОЛНЕНИЯ ПОРУЧЕНИЯ

ПОВЕРЕННЫЙ обязан исполнить поручение ДОВЕРИТЕЛЯ в срок ─────── с момента подписания Настоящего Договора.

Срок исполнения поручения является сроком действия Настоящего Договора.

11. ОТВЕТСТВЕННОСТЬ СТОРОН

Стороны по Настоящему Договору несут следующую ответственность:

ПОВЕРЕННЫЙ ────────────────────────────

──────────────────────────────────────.

ДОВЕРИТЕЛЬ ────────────────────────────

──────────────────────────────────────.

12. ПРОЧИЕ УСЛОВИЯ

──────────────────────────────────────

──────────────────────────────────────.

Юридические адреса, банковские реквизиты и подписи сторон

ДОГОВОР
на оказание брокерских услуг

г. _____   «___»_____ 199__ г.

КЛИЕНТ: _____,

в лице _____,

действующего на основании _____,

с одной стороны, и

БРОКЕР: _____,
(наименование предприятия, оказывающего брокерские услуги)

в лице _____,

действующего на основании _____,

с другой стороны,

заключили Настоящий Договор о нижеследующем:

1. ПРЕДМЕТ ДОГОВОРА

1.1. КЛИЕНТ поручает, а БРОКЕР обязуется:
а) совершать сделки от имени и за счет КЛИЕНТА (на основе договора поручения и разовой доверенности);
б) совершать сделки для КЛИЕНТА от имени БРОКЕРА (на основе договора комиссии);
в) оказывать КЛИЕНТУ информационные услуги, связанные с реализацией и приобретением товара.

2. ПОРЯДОК ИСПОЛНЕНИЯ ПОРУЧЕНИЙ

2.1. БРОКЕР гарантирует, что он обладает правом совершения сделок, являющихся предметом Настоящего Договора.
2.2. БРОКЕР выполняет поручения КЛИЕНТА, руководствуясь действующим законодательством.
БРОКЕР обязан информировать КЛИЕНТА о требованиях, предъявляемых к биржевым товарам.
2.3. БРОКЕР исполняет поручения КЛИЕНТА по следующим типам сделок:
2.3.1. Сделка с реальным товаром. В этом случае БРОКЕР или КЛИЕНТ выступают в качестве продавца или покупателя товара, поставляемого в определенный срок с момента регистрации сделки на бирже.

2.3.2. Сделка с условием. В этом случае КЛИЕНТ дает поручение продать реальный товар при условии одновременной покупки для КЛИЕНТА другого реального товара.

При получении такого поручения БРОКЕР имеет право отказаться от его исполнения.

Если БРОКЕР продаст товар, но не исполнит поручение в части покупки другого товара, он лишается права на вознаграждение по сделке с условием.

2.3.3. Сделка с ценными бумагами.

2.3.4. По указанным в пунктах 2.3.1, 2.3.2 типам сделок КЛИЕНТ может давать БРОКЕРУ следующие виды поручений:

1. Купить товар по текущей биржевой цене дня.
2. Продать товар по текущей биржевой цене дня.
3. Купить товар по цене не выше заданной.
4. Продать товар по цене не ниже заданной.
5. Купить товар в момент, когда цена на него достигнет определенного (порогового) значения.
6. Продать товар в момент, когда цена на него достигнет определенного (порогового) значения.

2.4. Кроме того, БРОКЕР оказывает КЛИЕНТУ следующие услуги:

а) информирует о текущей биржевой цене на конкретный товар;
б) информирует о наличии конкретного товара на бирже.

2.5. Сторонами принимается следующий порядок исполнения поручений по продаже реального товара в наличии:

2.5.1. КЛИЕНТ направляет БРОКЕРУ договор поручения или договор комиссии, подписанные с его стороны, представляет гарантию исполнения обязательства, доверенность на право совершения сделки, необходимую при совершении сделки от имени КЛИЕНТА.

КЛИЕНТ обязан за свой счет упаковать, замаркировать товар в соответствии с требованием стандартов, технических условий, а также с требованиями, предъявляемыми к биржевым товарам, отгрузить товар по адресу биржи. С этого момента КЛИЕНТ утрачивает право распоряжаться товаром до получения отчета БРОКЕРА о совершении сделки или извещения о снятии товара с торгов.

2.5.2. БРОКЕР, получив предложение, обязан незамедлительно начать работу по исполнению поручения КЛИЕНТА на бирже.

2.5.3. Исполнив поручение, БРОКЕР обязан в _____ дневный срок представить отчет (Приложение № 1) с документами, полученными от контрагента по совершенной сделке, включая оформленный экземпляр заключенного с контрагентом договора.

2.5.4. По получении отчета БРОКЕРА КЛИЕНТ обязан в _____ дневный срок оплатить БРОКЕРУ вознаграждение за исполненное поручение, стоимость регистрации сделки на бирже, а также выполнить иные свои обязанности, вытекающие из заключенной сделки.

Срок отгрузки товара определяется в договорах поручения, комиссии или поставки.

2.5.5. Если КЛИЕНТ имеет возражения по отчету, он обязан в _____ дневный срок с момента получения отчета сообщить о них БРОКЕРУ. В противном случае отчет считается принятым КЛИЕНТОМ.

2.5.6. Если товар в соответствии с правилами биржевой торговли снят с торгов, БРОКЕР обязан известить об этом КЛИЕНТА в _____

_____ дневный срок по форме, указанной в Приложении № 2. КЛИЕНТ обязан в _____ дневный срок с момента получения извещения БРОКЕРА снизить цену или отозвать предложение.

В случае отзыва предложения КЛИЕНТ в _____ дневный срок с момента получения извещения оплачивает БРОКЕРУ понесенные расходы по исполнению поручения в размере _____ руб.

2.5.7. КЛИЕНТ может в договоре поручения или комиссии предоставить БРОКЕРУ право частичной реализации товара, указанного в договоре.

2.6. При исполнении поручений по покупке при сделках с реальным товаром принимается следующий порядок:

2.6.1. КЛИЕНТ направляет БРОКЕРУ подписанный договор поручения или комиссии, а также предоставляет гарантию своей платежеспособности, доверенность на право совершения сделки, необходимую при совершении сделки от имени КЛИЕНТА.

2.6.2. БРОКЕР, получив поручение, обязан незамедлительно начать работу по его исполнению.

2.6.3. Исполнив поручение, БРОКЕР обязан в _____ дневный срок представить отчет (Приложение № 1) с документами, полученными от контрагента по совершенной сделке, включая оформленный экземпляр заключенного с контрагентом договора.

2.6.4. По получении отчета БРОКЕРА КЛИЕНТ обязан в _____ дневный срок оплатить БРОКЕРУ вознаграждение за исполнение поручения, стоимость регистрации сделки на бирже, а также выполнить иные свои обязательства, вытекающие из заключенной сделки.

2.6.5. Если КЛИЕНТ имеет возражение по отчету, он обязан в _____ дневный срок с момента получения отчета сообщить о них БРОКЕРУ. В противном случае отчет считается принятым КЛИЕНТОМ.

2.6.6. Если по истечении срока действия договора поручения или комиссии БРОКЕР не исполнит поручение по независящим от него причинам, он сообщает об этом КЛИЕНТУ, который в _____ дневный срок с момента получения сообщения обязан оплатить БРОКЕРУ понесенные расходы по исполнению поручения в размере _____ руб.

2.7. КЛИЕНТ может в договоре поручения или комиссии в качестве дополнительного условия предоставить БРОКЕРУ право продажи или покупки товара в меньшем количестве, чем указано в договоре, а также право уменьшать цену предложения без согласования с КЛИЕНТОМ.

2.8. Вид поручения (пункт 2.3.4 договора) может быть оперативно изменен КЛИЕНТОМ телефонограммой, которая подлежит обязательной регистрации каждой стороной.

2.9. Условия Настоящего Договора не подлежат разглашению.

3. ГАРАНТИИ

3.1. Если КЛИЕНТ дает поручение о покупке товара, он обязан представить гарантию оплаты, которая может быть дана в форме:

3.1.1. Предоставления банковской гарантии на оплату товара (оригинал).

3.1.2. В виде справки о наличии средств на расчетном счете КЛИЕНТА, заверенную банком на дату, предшествующую дате поручения.

3.2. Если КЛИЕНТ выступает в качестве продавца товара, он обязан представить заверенную складскую расписку или транспортный документ, подтверждающий отгрузку товара по адресу биржи.

3.3. Неустойка за просрочку поставки или недопоставку товара взыскивается помимо убытков.

Размер неустойки указывается в договоре поручения или комиссии в пункте «Гарантии» и не может быть менее _____ процентов стоимости товара.

3.4. Наличие и виды гарантий должны быть отражены в договоре поручения или комиссии.

При отсутствии гарантий БРОКЕР имеет право отказаться от выполнения поручения, письменно уведомив об этом КЛИЕНТА в _____ дневный срок.

4. УСЛОВИЯ РАСЧЕТОВ

4.1. Сумма вознаграждения БРОКЕРА определяется в процентах от суммы сделки.

4.2. За исполнение поручения по сделке с реальным товаром КЛИЕНТ оплачивает услуги БРОКЕРА в зависимости от вида поручения в следующих размерах (указать прописью):

по поручению 1 _____,

по поручению 2 _____,

по поручению 3 _____,

по поручению 4 _____,

по поручению 5 _____,

по поручению 6 _____.

4.3. За исполнение поручения по сделке с условием вознаграждение исчисляется отдельно по сделке продажи и сделке купли по ставкам, указанным в пункте 4.2. Кроме того, КЛИЕНТ дополнительно оплачивает БРОКЕРУ _____ процентов от общей суммы двух сделок.

4.4. За оказание информационных услуг КЛИЕНТ оплачивает БРОКЕРУ вознаграждение в размере _____ руб.
(сумма прописью)

4.5. Если БРОКЕР купил товар по цене ниже, а продал товар по цене, выше предусмотренной в поручении КЛИЕНТА, последний, кроме вознаграждения, исчисленного в соответствии с пунктом 4.2, уплачивает БРОКЕРУ _____ процентов от разницы между назначенной КЛИЕНТОМ ценой и той более выгодной ценой, по которой БРОКЕР совершил сделку.

4.6. Общая сумма вознаграждения, причитающаяся БРОКЕРУ за исполненное поручение, увеличивается на сумму налога на добавленную стоимость, которая указывается отдельной строкой.

4.7. Взнос за регистрацию сделки устанавливается биржей на основании действующих правил торговли на бирже, о чем письменно сообщается КЛИЕНТУ БРОКЕРОМ.

При оплате взноса сумма платежа увеличивается на сумму налога на добавленную стоимость, которая в расчетных документах указывается отдельной строкой.

4.8. Размеры и расчет суммы, подлежащей оплате КЛИЕНТОМ в пользу БРОКЕРА и биржи, указываются в отчете БРОКЕРА.

4.9. Оплата услуг БРОКЕРА и биржи производится платежным поручением на счет БРОКЕРА.

5. ПОРЯДОК ОСУЩЕСТВЛЕНИЯ СВЯЗИ МЕЖДУ СТОРОНАМИ

5.1. Связь между сторонами осуществляется через ответственных лиц. КЛИЕНТ выделяет для связи с БРОКЕРОМ двух ответственных лиц, которые несут полную ответственность за совершенные ими действия. БРОКЕР связывается с КЛИЕНТОМ непосредственно либо через представителя, имеющего доверенность от БРОКЕРА.

5.2. Технические и другие условия связи оговариваются в Протоколе согласования условий связи, являющемся частью Настоящего Договора (Приложение № 3).

5.3. Обязательным реквизитом при любом обращении КЛИЕНТА к БРОКЕРУ является КОД, который присваивается БРОКЕРОМ. КЛИЕНТ не имеет права сообщать Код третьим лицам.

6. ОТВЕТСТВЕННОСТЬ СТОРОН, ПОРЯДОК РАЗРЕШЕНИЯ СПОРОВ, ЗАКЛЮЧИТЕЛЬНЫЕ ПОЛОЖЕНИЯ

6.1. Стороны обязаны соблюдать действующие правила торговли на бирже и другие правила, регламентирующие деятельность биржи.

6.2. БРОКЕР не отвечает перед КЛИЕНТОМ за исполнение третьим лицом сделки, заключенной им для КЛИЕНТА или от имени КЛИЕНТА.

6.3. В случае неисполнения КЛИЕНТОМ своих обязательств по заключенной сделке БРОКЕР имеет право публично известить об этом участников биржевой торговли.

6.4. В случае уклонения от оплаты или просрочки оплаты брокерского вознаграждения и услуг биржи КЛИЕНТ уплачивает штраф в размере _____ процентов причитающейся суммы за каждый день просрочки, но не более _____ процентов.

6.5. Споры, возникающие в связи с исполнением Настоящего Договора, разрешаются БИРЖЕВЫМ АРБИТРАЖЕМ. Решения БИРЖЕВОГО АРБИТРАЖА исполняются добровольно. При несогласии с решением БИРЖЕВОГО АРБИТРАЖА заинтересованная сторона вправе обратиться в Арбитражный суд.

6.6. За неисполнение поручения по вине БРОКЕРА последний уплачивает КЛИЕНТУ штраф в размере _____ процентов от суммы, указанной в договоре поручения или комиссии.

6.7. За разглашение условий Настоящего Договора виновная сторона уплачивает другой стороне штраф в размере _____ руб.
(сумма прописью)

6.8. В случае отмены поручения до проведения торгов КЛИЕНТ обязан возместить БРОКЕРУ понесенные расходы в фиксированной сумме, составляющей _____ руб.
(сумма прописью)

6.9. Настоящий Договор вступает в силу с момента его подписания и действует до _____

6.10. Изменение условий или прекращение договора осуществляется по соглашению сторон.

6.11. Любая из сторон имеет право расторгнуть договор, письменно предупредив другую сторону не менее чем за _____ срок.

6.12. Приложения к договору.

**Юридические адреса, банковские реквизиты
и подписи сторон**

ДОГОВОР
на оказание посреднических услуг

г. _____ «____» _____ 199__ г.

ЗАКАЗЧИК: _____,

в лице _____,

действующего на основании _____,
с одной стороны, и

ПОСРЕДНИК: _____,

(наименование предприятия,
оказывающего посреднические услуги)

в лице _____,

действующего на основании _____,
с другой стороны,

заключили Настоящий Договор о нижеследующем:

1. ПРЕДМЕТ ДОГОВОРА

1. ЗАКАЗЧИК поручает, а ПОСРЕДНИК обязуется:

— выполнить ряд определенных фактических действий в целях нахождения оптимального контрагента (далее по тексту Настоящего Договора — ПОКУПАТЕЛЯ), готового приобрести продукцию ЗАКАЗЧИКА в соответствии с условиями последнего (Продукция и условия продажи определены ЗАКАЗЧИКОМ в Приложении № 1 к Настоящему Договору. Приложение № 1 является неотъемлемой частью Настоящего Договора);

— оказать ЗАКАЗЧИКУ содействие в заключении договора купли-продажи между ним и ПОКУПАТЕЛЕМ.

2. ОБЯЗАННОСТИ ПОСРЕДНИКА И ПОРЯДОК ИХ ИСПОЛНЕНИЯ

ПОСРЕДНИК выполняет взятые на себя обязательства в два этапа:

I этап: поиск и нахождение ПОКУПАТЕЛЯ;

II этап: содействие в заключении договора между ЗАКАЗЧИКОМ и ПОКУПАТЕЛЕМ.

2.1. Порядок выполнения ПОСРЕДНИКОМ I этапа:

2.1.1. ПОСРЕДНИК, выполняя функции по поиску ПОКУПАТЕЛЯ, обязуется:

— провести соответствующие маркетинговые исследования конъюнктуры рынка;

— использовать собственную и собирать иную коммерческую информацию о потребителях продукции ЗАКАЗЧИКА;

— провести необходимую рекламную работу;

— осуществлять переговоры и переписку с потенциальными ПОКУПАТЕЛЯМИ продукции ЗАКАЗЧИКА.

2.1.2. ПОСРЕДНИК после нахождения ПОКУПАТЕЛЯ, готового приобрести продукцию ЗАКАЗЧИКА, обязан в течение _____ дней представить последнему следующую информацию:

а) наименование лица, готового в основном приобрести продукцию ЗАКАЗЧИКА (далее по тексту Настоящего Договора именуемого ПОКУПАТЕЛЬ) на условиях, указанных в Приложении № 1 к Настоящему Договору;

б) местонахождение ПОКУПАТЕЛЯ;

в) встречные требования ПОКУПАТЕЛЯ по предполагаемой сделке между ним и ЗАКАЗЧИКОМ, которые не совпадают с условиями последнего по Приложению № 1 к Настоящему Договору;

г) предложения ПОКУПАТЕЛЯ по порядку заключения контракта между ним и ЗАКАЗЧИКОМ (срок, место встречи, порядок согласования условий и т.д.).

2.1.3. ПОСРЕДНИК обязан предоставить ЗАКАЗЧИКУ гарантийное письмо ПОКУПАТЕЛЯ о его готовности заключить контракт по приобретению продукции ЗАКАЗЧИКА или иной соответствующий документ.

2.1.4. При передаче информации ЗАКАЗЧИК и ПОСРЕДНИК составляют и подписывают акт сдачи-приемки информации, свидетельствующий об исполнении обязательств ПОСРЕДНИКА перед ЗАКАЗЧИКОМ по I этапу.

2.2. Порядок выполнения ПОСРЕДНИКОМ II этапа:

2.2.1. После предоставления ЗАКАЗЧИКУ информации и подписания акта сдачи-приемки информации ПОСРЕДНИК обязан в течение _____ организовать ЗАКАЗЧИКУ и ПОКУПАТЕЛЮ встречу для переговоров и обсуждения условий предстоящего контракта, а также обеспечить ее проведение в части переводчиков, юридических консультаций и т. д.

2.2.2. ПОСРЕДНИК присутствует на встрече ЗАКАЗЧИКА и ПОКУПАТЕЛЯ и ведет протокол беседы, экземпляр которого остается у ПОСРЕДНИКА.

2.2.3. В случае заключения между ЗАКАЗЧИКОМ и ПОКУПАТЕЛЕМ протокола о намерениях ЗАКАЗЧИК должен обеспечить включение в него сведений о том, что данный протокол подписан при участии и содействии ПОСРЕДНИКА.

2.2.4. После согласования всех основных условий предстоящего договора между ПОКУПАТЕЛЕМ и ЗАКАЗЧИКОМ ПОСРЕДНИК обязуется:

— в течение _____ подготовить проект контракта между ЗАКАЗЧИКОМ и ПОКУПАТЕЛЕМ;

— осуществлять консультирование ЗАКАЗЧИКА по всем основным правовым, экономическим и организационным вопросам предстоящего контракта;

— организовать встречу ЗАКАЗЧИКА и ПОКУПАТЕЛЯ для подписания между ними контракта.

2.2.5. После подписания контракта между ЗАКАЗЧИКОМ и ПОКУПАТЕЛЕМ ЗАКАЗЧИК и ПОСРЕДНИК составляют акт выполнения последним своих обязательств по II этапу.

(Настоящим Договором может предусматриваться и III этап, в соответствии с которым ПОСРЕДНИК будет осуществлять обслуживание ЗАКАЗЧИКА по договору, заключенному с его участием. В частности, ПОСРЕДНИК может осуществлять страхование сделки, арендовать склады, организовывать перевозку, пересылать ЗАКАЗЧИКУ отгрузочные инструкции ПОКУПАТЕЛЯ предоставлять информацию о движении товара или его получении ПОКУПАТЕЛЕМ и т.д.)

3. ОБЯЗАННОСТИ ЗАКАЗЧИКА

ЗАКАЗЧИК в соответствии с Настоящим Договором обязан:

3.1. Обеспечить ПОСРЕДНИКА всей информацией и документацией, необходимой для выполнения им своих обязательств, в том числе выдать по его требованию складскую расписку о наличии товара;

3.2. Выплатить ПОСРЕДНИКУ вознаграждение в соответствии с условиями Настоящего Договора.

4. СРОК ДОГОВОРА

Настоящий Договор заключен на срок с «_____»_____ 199___г. по «_____»_____ 199___г.

5. ВОЗНАГРАЖДЕНИЕ ПОСРЕДНИКА И ПОРЯДОК РАСЧЕТОВ

ПОСРЕДНИК за оказанные услуги получает вознаграждение в следующих размере и порядке:

5.1. За выполнение обязательств по I этапу:

— вознаграждение в размере _____ руб. Основанием к оплате является нахождение ПОКУПАТЕЛЯ и подписание акта сдачи-приемки. Оплата производится в _____ срок с момента подписания акта сдачи-приемки информации.

5.2. За выполнение обязательств по II этапу:

— вознаграждение в размере _____ от суммы сделки. Основанием к оплате является подписание договора между сторонами. Оплата производится _____ после подписания вышеуказанного договора.

ПОСРЕДНИК может получать вознаграждение и в виде разницы цены между той, которую установил ЗАКАЗЧИК и той, по которой продукцию купил ПОКУПАТЕЛЬ, найденный при содействии ПОСРЕДНИКА*.

* Необходимо помнить, что основанием к оплате могут выступать и иные юридические факты:

Вариант 1. Оплата производится только за выполнение вместе I и II этапов после того, как между ЗАКАЗЧИКОМ и ПОКУПАТЕЛЕМ будет подписан контракт.

Вариант 2. Основанием к оплате услуг ПОСРЕДНИКА является оплата продукции ЗАКАЗЧИКА ПОКУПАТЕЛЕМ или поступление денег на расчетный счет ЗАКАЗЧИКА от ПОКУПАТЕЛЯ.

6. ОТВЕТСТВЕННОСТЬ СТОРОН

6.1. ПОСРЕДНИК по Настоящему Договору несет следующую ответственность:

— за просрочку предоставления информации — штрафная неустойка в размере _____ руб.

— за иное нарушение своих обязательств по договору — штраф в размере _____ руб.

6.2. ЗАКАЗЧИК по Настоящему Договору несет следующую ответственность:

— за просрочку оплаты услуг ПОСРЕДНИКА — штрафная неустойка в размере _____ от суммы платежа за каждый день просрочки;

— за досрочное расторжение Настоящего Договора, а также за необоснованный отказ от приемки информации, предоставленной ПОСРЕДНИКОМ в течение сроков по п. 2 Настоящего Договора — штрафная неустойка в размере _____ руб.

6.3. ПОСРЕДНИК не отвечает перед ЗАКАЗЧИКОМ за исполнение контракта, заключенного между ЗАКАЗЧИКОМ и ПОКУПАТЕЛЕМ.

7. ГАРАНТИИ ДЛЯ ПОСРЕДНИКА ПО НАСТОЯЩЕМУ ДОГОВОРУ

7.1. ПОСРЕДНИК имеет исключительные права на выполнение поручения ЗАКАЗЧИКА. ЗАКАЗЧИК обязуется в течение срока действия Настоящего Договора не заключать подобные соглашения с любыми другими посредниками в отношении продукции, по реализации которой дано поручение ПОСРЕДНИКУ.

7.2. ЗАКАЗЧИК признает, что любая сделка купли-продажи, предметом которой будет являться имущество, указанное в Приложении № 1, будет считаться заключенной при содействии ПОСРЕДНИКА, если она заключена в течение срока действия Настоящего Договора. В этом случае ПОСРЕДНИК имеет бесспорное право на вознаграждение по Настоящему Договору.

8. ПРОЧИЕ УСЛОВИЯ НАСТОЯЩЕГО ДОГОВОРА

_____
_____
_____

Юридические адреса, банковские реквизиты и подписи сторон

Приложение № 1 к договору
от «____»_____199__г.

УСЛОВИЯ ЗАКАЗЧИКА

1. Наименование поставляемой продукции: _____.

2. Единица измерения: _____.

3. Количество поставляемой продукции: _____.

4. Минимальная партия: _____.

5. Ассортимент поставляемой продукции: _____

6. Сорт (фасон): _____.

7. Марка (модель): _____.

8. Качество продукции: _____.

9. Комплектность: _____.

10. Тара и упаковка: _____.

11. Условия возврата и использования тары: _____.

12. Маркировка продукции: _____.

13. Срок поставки: _____.

14. Порядок транспортировки: _____.

15. Базисные условия поставки: _____.

16. Минимальная цена за единицу продукции (без НДС): ___.

17. Порядок расчетов: _____.

18. Местонахождение продукции: _____.

ДОГОВОР

на оказание информационных (консультационных) услуг

г. _____   «___» _____ 199__ г.

ИСПОЛНИТЕЛЬ: _____,
в лице директора _____,
                                (ф. и. о.)
действующего на основании Устава, с одной стороны, и

ЗАКАЗЧИК: _____,
в лице _____,
            (наименование должности, ф. и. о.)
действующего на основании доверенности № _____
от «___»_____199__г., с другой стороны,

заключили Настоящий Договор о нижеследующем:

1. ПРЕДМЕТ ДОГОВОРА

ЗАКАЗЧИК поручает, а ИСПОЛНИТЕЛЬ обязуется предоставить ему, в соответствии с условиями Настоящего Договора, специальную информацию (квалифицированную консультацию), а ЗАКАЗЧИК обязуется принять услугу и оплатить ее.

2. СОДЕРЖАНИЕ ИНФОРМАЦИИ (КОНСУЛЬТАЦИИ)

2.1. ИСПОЛНИТЕЛЬ информирует (консультирует) ЗАКАЗЧИКА по следующим вопросам: _____
_____.

2.2. Информация (консультирование) обязательно включает в себя дачу ЗАКАЗЧИКУ рекомендаций по поводу совершенствования и организации своей деятельности в рамках предмета консультирования.

3. ОБЯЗАННОСТИ ЗАКАЗЧИКА

ЗАКАЗЧИК в течение _____ с момента подписания настоящего договора предоставляет ИСПОЛНИТЕЛЮ необходимые документы и информацию для качественного консультирования.

4. ВОЗНАГРАЖДЕНИЕ ИСПОЛНИТЕЛЯ

4.1. ЗАКАЗЧИК выплачивает ИСПОЛНИТЕЛЮ вознаграждение в размере _____ руб.

4.2. Расходы ИСПОЛНИТЕЛЯ возмещаются им из вознаграждения, выплачиваемого ЗАКАЗЧИКОМ.

4.3. За досрочное выполнение работ более чем на _____ дней ЗАКАЗЧИК производит ИСПОЛНИТЕЛЮ доплату в размере _____ от стоимости работ.

5. ПОРЯДОК РАСЧЕТОВ

5.1. Сроки оплаты:
— в течение _____ с момента подписания Настоящего Договора — аванс в размере _____ руб.;
— в течение _____ с момента подписания акта сдачи-приемки работ — окончательный расчет.

5.2. Вид расчетов: _____
(наличный, безналичный, смешанный)

5.3. Форма расчетов: _____
(платежное поручение, чек, требование-поручение)

5.4. ЗАКАЗЧИК обязан известить ИСПОЛНИТЕЛЯ об осуществлении платежа в срок _____ с момента _____ путем _____.
(телеграмма с уведомлением, факс и т. д.)

6. СРОК ВЫПОЛНЕНИЯ РАБОТ

6.1. ИСПОЛНИТЕЛЬ обязуется приступить к выполнению работ в течение _____ с момента предоставления необходимой документации.

6.2. ИСПОЛНИТЕЛЬ обязуется выполнить работу в течение _____ с правом досрочного выполнения.

7. ПОРЯДОК СДАЧИ-ПРИЕМКИ РАБОТ

7.1. Сдача-приемка выполненных работ производится сторонами по акту сдачи-приемки в месте нахождения ИСПОЛНИТЕЛЯ.

7.2. Информация (консультирование) должна(но) быть представлена(но) ЗАКАЗЧИКУ _____.
(устно, письменно на ____ стр.)

8. ГАРАНТИЙНЫЕ СРОКИ

Гарантийный срок по настоящему договору составляет _____ с момента подписания акта сдачи-приемки. В течение гарантийного срока ИСПОЛНИТЕЛЬ обязуется осуществлять текущее консультирование по вопросам п.1 Настоящего Договора бесплатно.

9. ОТВЕТСТВЕННОСТЬ СТОРОН

9.1. ИСПОЛНИТЕЛЬ по настоящему договору несет следующую ответственность: _____
_____.

9.2. ЗАКАЗЧИК по Настоящему Договору несет следующую ответственность: _____

9.3. За односторонний необоснованный отказ от исполнения своих обязательств в течение действия Настоящего Договора виновная сторона уплачивает штраф в размере _____.

10. УСЛОВИЯ СОГЛАСОВАНИЯ СВЯЗИ МЕЖДУ СТОРОНАМИ

Полномочными представителями сторон по Настоящему Договору являются:

ИСПОЛНИТЕЛЬ _____ телефон _____ .

ЗАКАЗЧИК _____ телефон _____ .

11. ОСОБЫЕ УСЛОВИЯ НАСТОЯЩЕГО ДОГОВОРА

_____

_____

12. ПРОЧИЕ УСЛОВИЯ

12.1. Настоящий Договор составлен в двух подлинных экземплярах, по одному для каждой из сторон.

12.2. В случаях, не предусмотренных Настоящим Договором, стороны руководствуются действующим гражданским законодательством.

12.3. После подписания Настоящего Договора все предварительные переговоры по нему — переписка, предварительные соглашения и протоколы о намерениях по вопросам, так или иначе касающимся Настоящего Договора, теряют юридическую силу.

12.4. Стороны устанавливают, что все возможные претензии по Настоящему Договору должны быть рассмотрены сторонами в течение _____ дней с момента получения претензии.

Юридические адреса, банковские реквизиты и подписи сторон

Д О Г О В О Р
на оказание маркетинговых услуг

г. _____   «___» _____ 199__ г.

ИСПОЛНИТЕЛЬ: _____,

в лице директора _____,
(ф. и. о.)

действующего на основании Устава, с одной стороны, и

ЗАКАЗЧИК: _____,

в лице _____,
(наименование должности, ф. и. о.)

действующего на основании доверенности № _____

от «___» _____ 199__ г., с другой стороны,

заключили Настоящий Договор о нижеследующем:

1. ПРЕДМЕТ ДОГОВОРА

ЗАКАЗЧИК поручает, а ИСПОЛНИТЕЛЬ обязуется оказать последнему услуги по проведению маркетинговых исследований по направлениям, интересующим ЗАКАЗЧИКА.

2. ТЕРРИТОРИЯ ПРОВЕДЕНИЯ ИССЛЕДОВАНИЙ

_____
(указывается соответствующий регион или территория)

3. ПРЕДМЕТ МАРКЕТИНГОВЫХ ИССЛЕДОВАНИЙ

_____
(указывается конкретная продукция или перечень
и общая характеристика продукции)

4. НАПРАВЛЕНИЯ МАРКЕТИНГОВЫХ ИССЛЕДОВАНИЙ

Маркетинговые исследования осуществляются по следующим направлениям:
— возможности и перспективы ведения коммерческих операций;
— определение действующих и потенциальных конкурентов;
— общая характеристика условий работы конкурентов (источники сырья и комплектующих, наличие снабженческо-сбытовой сети и т. д.);
— общая характеристика обращения продукции конкурентов (объем предложения, качество, цены, сервис, расчеты и т. д.);
— расчеты цен, сведения о их динамике за период _____;
— степень развития рыночной инфраструктуры (транспорт, склады, сети, связи и т. д.);
— степень развития коммерческой инфраструктуры (биржи, оптовые торги, аукционы, посредники);
— спрос на продукцию, перспективы его развития;
— сведения о потенциальных потребителях;
— возможность, целесообразность и эффективность проведения рекламных компаний;
— прогноз состояния конъюнктуры на _____ срок;
— состояние и практика применения хозяйственного законодательства.

5. ОБЯЗАННОСТИ ИСПОЛНИТЕЛЯ

ИСПОЛНИТЕЛЬ обязан:
— предоставить результаты исследований в срок _____ с момента подписания Настоящего Договора;

— предоставить результаты исследований с подробным и полным описанием всех вопросов в соответствии с согласованными направлениями исследований;
— привести в результатах исследований адреса, примеры расчетов, схемы и т.д.;
— в случае привлечения к проведению исследований 3-х лиц, обеспечить полную конфиденциальность полученной от ЗАКАЗЧИКА информации.

6. ОБЯЗАННОСТИ ЗАКАЗЧИКА

ЗАКАЗЧИК обязан:
— предоставить ИСПОЛНИТЕЛЮ по его требованию всю имеющуюся у ЗАКАЗЧИКА информацию, которая необходима для результативного проведения исследований;
— принять результаты исследований у ИСПОЛНИТЕЛЯ немедленно;
— выплатить ИСПОЛНИТЕЛЮ вознаграждение.

7. ПОРЯДОК ПРОВЕДЕНИЯ ИССЛЕДОВАНИЯ И ПЕРЕДАЧА РЕЗУЛЬТАТОВ

7.1. ИСПОЛНИТЕЛЬ самостоятельно организует работу по проведению исследований.

7.2. ИСПОЛНИТЕЛЬ предоставляет результаты исследований в письменном виде.

7.3. При сдаче результатов исследований стороны составляют в 2-х экземплярах акт сдачи-приемки работы, по одному экземпляру которых хранится у сторон.

7.4. ЗАКАЗЧИК имеет право в срок _____ после сдачи результатов исследований потребовать доработки некоторых положений, которые ИСПОЛНИТЕЛЬ обязан провести в срок _____. Если в течение срока _____ ЗАКАЗЧИК не потребует доработки результатов исследований, они считаются сданными без претензий со стороны ЗАКАЗЧИКА. Сдача-приемка доработанных положений осуществляется по акту.

8. ВОЗНАГРАЖДЕНИЕ ИСПОЛНИТЕЛЯ И ПОРЯДОК РАСЧЕТОВ

8.1. ЗАКАЗЧИК выплачивает ИСПОЛНИТЕЛЮ вознаграждение в размере _____ руб.

8.2. Сроки оплаты:
— в течение _____ с момента подписания Настоящего Договора — аванс в размере _____ руб.;

— в течение _____, с момента подписания акта сдачи-приемки работ — окончательный расчет.

Вид расчетов: _____.
(наличный, безналичный, смешанный)

Форма расчетов: _____.

8.3. Основанием к оплате является акт сдачи-приемки результатов исследований, а в случае их доработки — соответствующий акт сдачи-приемки.

8.4. Оплата производится в безналичном порядке путем перечисления ЗАКАЗЧИКОМ необходимых сумм платежным поручением на расчетный счет ИСПОЛНИТЕЛЯ.

8.5. Срок, в течение которого ЗАКАЗЧИК обязан перечислить ИСПОЛНИТЕЛЮ вознаграждение составляет _____ после подписания акта сдачи-приемки, а в случае их доработки — в срок _____ после подписания акта сдачи-приемки доработок.

9. ГАРАНТИЙНЫЕ СРОКИ

Гарантийный срок по Настоящему Договору составляет _____ с момента подписания акта сдачи-приемки. В течение гарантийного срока ИСПОЛНИТЕЛЬ обязуется осуществлять текущее консультирование по вопросам п.1 Настоящего Договора бесплатно.

10. ОТВЕТСТВЕННОСТЬ СТОРОН

10.1. ИСПОЛНИТЕЛЬ по Настоящему Договору несет следующую ответственность: _____
_____

10.2. ЗАКАЗЧИК по Настоящему Договору несет следующую ответственность: _____
_____

10.3. За односторонний необоснованный отказ от исполнения своих обязательств в течение действия Настоящего Договора виновная сторона уплачивает штраф в размере _____

11. УСЛОВИЯ СОГЛАСОВАНИЯ СВЯЗИ МЕЖДУ СТОРОНАМИ

Полномочными представителями сторон по Настоящему Договору являются:

ИСПОЛНИТЕЛЬ _____, телефон _____ .
ЗАКАЗЧИК _____, телефон _____ .

12. ОСОБЫЕ УСЛОВИЯ НАСТОЯЩЕГО ДОГОВОРА

_____
_____
_____

13. ПРОЧИЕ УСЛОВИЯ

13.1. Настоящий Договор составлен в двух подлинных экземплярах, по одному для каждой из сторон.

13.2. В случаях, не предусмотренных Настоящим Договором, стороны руководствуются действующим гражданским законодательством.

13.3. После подписания Настоящего Договора все предварительные переговоры по нему — переписка, предварительные соглашения и протоколы о намерениях по вопросам, так или иначе касающимся Настоящего Договора, теряют юридическую силу.

13.4. Стороны устанавливают, что все возможные претензии по Настоящему Договору должны быть рассмотрены сторонами в течение _____ дней с момента получения претензии.

**Юридические адреса, банковские реквизиты
и подписи сторон**

ДОГОВОР
на оказание юридических услуг

г. _____   «___» _____ 199__ г.

ЗАКАЗЧИК: _____,

в лице _____,

действующего на основании _____,

с одной стороны, и

ЮРИДИЧЕСКАЯ ФИРМА: _____,

в лице _____,

действующего на основании _____,

с другой стороны,

заключили Настоящий Договор о нижеследующем:

1. ПРЕДМЕТ ДОГОВОРА

ЗАКАЗЧИК поручает, а ЮРИДИЧЕСКАЯ ФИРМА принимает на себя обязанности оказывать юридическую помощь в объеме и на условиях, предусмотренных Настоящим Договором.

2. ОБЯЗАННОСТИ ЮРИДИЧЕСКОЙ ФИРМЫ

2.1. ЮРИДИЧЕСКАЯ ФИРМА принимает на себя выполнение следующей правовой работы:

а) проверяет соответствие требованиям законодательства внутренних документов ЗАКАЗЧИКА, визирует их, оказывает помощь ЗАКАЗЧИКУ в подготовке и правильном оформлении указанных документов;

б) принимает участие в подготовке и заключении различного рода договоров, заключаемых ЗАКАЗЧИКОМ с иными предприятиями и гражданами, визирует их, оказывает помощь в организации контроля за исполнением этих договоров, следит за применением предусмотренных законом и договором санкций в отношении контрагентов, не выполняющих договорных обязательств;

в) организует и ведет претензионную работу по материалам, подготавливаемым ЗАКАЗЧИКОМ;

г) участвует в рассмотрении вопросов о числящейся на балансе хозяйства дебиторской и кредиторской задолженности и принимает совместно с другими подразделениями меры к ликвидации этой задолженности;

д) оказывает помощь в организации и осуществлении контроля за соблюдением ЗАКАЗЧИКОМ установленного действующим законодательством порядка продажи и приемки продукции и товаров по количеству и качеству, проводит инструктаж работников, ведающих отправкой и приемкой товарно-материальных ценностей, о порядке оформления этих операций и активирования в случае недостачи, некомплектности, порчи товаров и грузов, дает заключение о законности списания материальных ценностей;

е) представляет в установленном порядке интересы ЗАКАЗЧИКА в суде, а также в других органах при рассмотрении правовых вопросов;

ж) обобщает и анализирует рассмотрение судебных, иных дел и совместно с другими подразделениями ЗАКАЗЧИКА — результаты рассмотрения претензий, практику заключения и исполнения договоров, представляет ЗАКАЗЧИКУ предложения об устранении выявленных недостатков;

з) дает консультации, заключения, справки по правовым вопросам, возникающим в деятельности ЗАКАЗЧИКА;

и) по поручению ЗАКАЗЧИКА принимает участие в заседании балансовой комиссии и разработке предложений по итогам финансово-хозяйственной деятельности;

к) подготавливает по поручению ЗАКАЗЧИКА материалы о хищениях, растратах, недостачах, выпуске недоброкачественной и нестандартной продукции и об иных правонарушениях для передачи следственным, судебным органам, а также принимает меры к возмещению ущерба, причиненного ЗАКАЗЧИКУ;

л) организует систематический учет и хранение поступающих ЗАКАЗЧИКУ и издаваемых им нормативных актов, создает библиотеку юридической литературы;

м) информирует ЗАКАЗЧИКА о новом законодательстве, организует совместно с другими подразделениями изучение руководящими работниками и специалистами ЗАКАЗЧИКА нормативных актов, относящихся к их деятельности, регулярно проводит личный прием работников ЗАКАЗЧИКА и консультирует их по правовым вопросам.

2.2. При выполнении указанных в п.2.1 обязанностей ЮРИДИЧЕСКАЯ ФИРМА руководствуется действующим законодательством и Настоящим Договором.

2.3. Для выполнения поручений, указанных в п.2.1. Настоящего Договора, ЮРИДИЧЕСКАЯ ФИРМА назначает _____
(должность,

_____.
Ф. И. О.)

3. ОБЯЗАННОСТИ ЗАКАЗЧИКА

ЗАКАЗЧИК обязуется:

а) своевременно обеспечивать ЮРИДИЧЕСКУЮ ФИРМУ всем необходимым для выполнения данных ей поручений, предусмотренных Настоящим Договором, в том числе документами в требуемом количестве экземпляров, нормативными актами, регулирующими деятельность ЗАКАЗЧИКА, канцелярскими принадлежностями, рабочим местом, транспортными средствами;

б) оплачивать расходы, необходимые для выполнения его поручений;

в) оплачивать услуги ЮРИДИЧЕСКОЙ ФИРМЫ.

4. ПОРЯДОК ОПЛАТЫ УСЛУГ ЮРИДИЧЕСКОЙ ФИРМЫ

4.1. За работу, выполненную ЮРИДИЧЕСКОЙ ФИРМОЙ, ЗАКАЗЧИК ежемесячно перечисляет _____.
(сумма прописью)

4.2. Расчеты за выполненную работу производятся ЗАКАЗЧИКОМ не позднее _____ числа каждого месяца.

5. ЗАКЛЮЧИТЕЛЬНЫЕ ПОЛОЖЕНИЯ

Настоящий Договор заключен на срок до _____ и вступает в законную силу с момента его подписания. Договор может быть расторгнут каждой из сторон досрочно, с предупреждением другой стороны за один месяц.

После истечения срока действия договора, если стороны продолжают выполнять его условия, договор считается возобновленным на неопределенный срок, но каждая из сторон вправе прекратить его действие, предупредив о том другую сторону за один месяц.

Настоящий Договор составлен в двух экземплярах: по одному экземпляру для каждой стороны.

Юридические адреса, банковские реквизиты и подписи сторон

ДОГОВОР
на оказание рекламных услуг

г. _____   «____» _____ 199__ г.

РЕКЛАМИСТ: _____,
в лице _____,
действующего на основании _____
с одной стороны, и

РЕКЛАМОДАТЕЛЬ: _____,
в лице _____,
действующего на основании _____,
с другой стороны,

заключили Настоящий Договор о нижеследующем:

1. ПРЕДМЕТ ДОГОВОРА

РЕКЛАМОДАТЕЛЬ поручает, а РЕКЛАМИСТ обязуется выполнить следующую работу по рекламе _____.

Описание объекта рекламы: _____.

Описание рекламы (способ) или услуги: _____.

Дата оказания услуги (проведения рекламного мероприятия) ____.

Объем: _____

Условия: _____

Примечание:
При большом описании всех этих параметров составляется отдельное описание. В этом случае в тексте договора указывается «Описание _____ содержится в приложении № _____ к Настоящему Договору и является его неотъемлемой частью».

2. ОБЯЗАННОСТИ РЕКЛАМИСТА

РЕКЛАМИСТ принимает на себя выполнение следующих работ:

2.1. Представляет на утверждение рекламодателю в _____ дневный срок со дня подписания договора подробную программу работ по рекламе продукции или оказанию услуг, с указанием временных интервалов, отчетных материалов и ориентировочных сумм, необходимых для выполнения работ.
Программа после ее утверждения является неотъемлемой частью данного договора.

2.2. Своими силами и из своих материалов, на своей материальной базе изготавливает необходимые эскизы, тексты, оригинал-макеты (слайды, фильмы, видеокассеты, магнитные записи).

2.3. Представляет на утверждение РЕКЛАМОДАТЕЛЮ эскизы, оригинал-макеты и другие материалы, необходимые для проведения работ. Запуск в производство или публикация не утвержденных РЕКЛАМОДАТЕЛЕМ материалов не допускается.

2.4. Знакомит РЕКЛАМОДАТЕЛЯ по его требованию с ходом работ по изготовлению рекламы.

2.5. Размещает рекламу: _____

_____

(указать какую и где)

3. ОБЯЗАННОСТИ РЕКЛАМОДАТЕЛЯ

РЕКЛАМОДАТЕЛЬ принимает на себя следующие обязанности:
3.1. Утверждает программу работ по рекламе.
3.2. Утверждает образцы рекламной продукции, подлежащей тиражированию.
3.3. Представляет информацию, необходимую для изготовления рекламы (технические данные, описание продукции, услуг).

4. ПОРЯДОК ОПЛАТЫ РАБОТЫ РЕКЛАМИСТА

4.1. Работу, выполненную РЕКЛАМИСТОМ, РЕКЛАМОДАТЕЛЬ оплачивает в сумме _____ руб. путем перечисления на расчетный счет РЕКЛАМИСТА.

4.2. Расчеты за выполненную работу производятся РЕКЛАМОДАТЕЛЕМ путем перечисления на расчетный счет РЕКЛАМИСТА 100% предоплаты.

5. СРОК ДЕЙСТВИЯ ДОГОВОРА

5.1. Настоящий Договор действителен с _____ по _____ .
Согласовываются следующие промежуточные этапы:

5.1.1. Разработка эскизов _____.

5.1.2. Утверждение эскизов _____.

5.1.3. Разработка оригинал-макета _____.

5.1.4. Тиражирование _____.
5.1.5. Утверждение сроков и перечня средств массовой информации для размещения рекламы _____.

5.1.6. Размещение рекламы _____ в соответствии с п.2.5.

5.2. Договор может быть расторгнут по требованию РЕКЛАМОДАТЕЛЯ досрочно в случаях:

а) неудовлетворительного содержания, художественного, эстетического и т.п. качества рекламы. Право оценки качества рекламы принадлежит РЕКЛАМОДАТЕЛЮ, который в случае досрочного расторжения договора по названному основанию не будет использовать отвергнутую им рекламу;

б) нарушения сроков размещения рекламы в средствах массовой информации, утвержденных РЕКЛАМОДАТЕЛЕМ, а также промежуточных сроков, если такое нарушение ставит под угрозу срыва окончательный срок исполнения договора.

6. ОТВЕТСТВЕННОСТЬ СТОРОН

6.1. За неисполнение или ненадлежащее исполнение обязательств по Настоящему Договору РЕКЛАМОДАТЕЛЬ и РЕКЛАМИСТ несут ответственность в соответствии с действующим законодательством.

6.2. В случае досрочного расторжения договора по основаниям, названным в п.5.2 Настоящего Договора, расходы, понесенные РЕКЛАМИСТОМ, возмещению не подлежат.

6.3. РЕКЛАМИСТ не несет ответственности за фактическое качество рекламируемого товара (услуг).

Юридические адреса, банковские реквизиты и подписи сторон

ДОГОВОР
на изготовление и установку наружной рекламы

г. _____   «____» _____ 199__ г.

РЕКЛАМИСТ: _____,
в лице _____,
действующего на основании _____,
с одной стороны, и

РЕКЛАМОДАТЕЛЬ: _____,
в лице _____,
действующего на основании _____,
с другой стороны,

заключили Настоящий Договор о нижеследующем:

1. ПРЕДМЕТ ДОГОВОРА

1.1. РЕКЛАМИСТ берет на себя обязанности по изготовлению, аренде места и установке наружной рекламы (далее по тексту — РЕКЛАМЫ) _____ в интересах РЕКЛАМОДАТЕЛЯ.

1.2. РЕКЛАМИСТ разрабатывает эскизы РЕКЛАМЫ (не менее 3-х оригинальных эскизов, не являющихся вариантами одного изображения) и предоставляет их РЕКЛАМОДАТЕЛЮ в срок до _____.

1.3. Окончательный эскиз утверждается РЕКЛАМОДАТЕЛЕМ в срок до _____.

1.4. РЕКЛАМА должна быть выполнена в строгом соответствии с утвержденным РЕКЛАМОДАТЕЛЕМ эскизом.

1.5. Цвета РЕКЛАМЫ должны соответствовать утвержденным РЕКЛАМОДАТЕЛЕМ и прилагаемым к эскизу.

1.6. Несущая конструкция РЕКЛАМЫ изготавливается из материалов:

_____,
(металла/бетона — указать конкретно)

рама изготавливается из _____
(металла/бетона — указать конкретно)

1.7. Поверхность РЕКЛАМЫ изготавливается из следующих материалов:

(металл, пластик, ткань, бумага — указать конкретно)

1.8. Нанесение рисунка производится _____

_____
(краской, планкой — указать конкретно состав, марку)

1.9. Освещение должно быть выполнено в виде _____.
1.10. Место для установки РЕКЛАМЫ утверждается РЕКЛАМОДАТЕЛЕМ только после визуального ознакомления на местности представителем РЕКЛАМОДАТЕЛЯ.

2. ОБЯЗАННОСТИ СТОРОН

2.1. РЕКЛАМИСТ представляет РЕКЛАМОДАТЕЛЮ для наблюдения за ходом выполнения работ копию утвержденного эскиза с образцами красок и других необходимых материалов.

2.2. РЕКЛАМИСТ представляет РЕКЛАМОДАТЕЛЮ копии всех документов по аренде места, подробный план места, изометрическое изображение щита на местности, тактико-технические условия на изготовление несущих конструкций. При отсутствии или ненадлежащем оформлении каких-либо документов, связанных с арендой места, разработкой, изготовлением и установкой РЕКЛАМЫ, вина ложится полностью на РЕКЛАМИСТА, как специалиста в данной области, взявшего на себя выполнение работ, в которых РЕКЛАМОДАТЕЛЬ не является специалистом. В этом случае вся полнота ответственности и возмещение ущерба ложится на РЕКЛАМИСТА.

2.3. РЕКЛАМИСТ изготавливает РЕКЛАМУ в соответствии с утвержденными РЕКЛАМОДАТЕЛЕМ образцами и описанием РЕКЛАМЫ.

2.4. РЕКЛАМОДАТЕЛЬ оплачивает стоимость изготовления РЕКЛАМЫ. Оплата производится на условиях 100% предоплаты в течение 3-х дней после подписания Настоящего Договора обеими сторонами.

2.5. Все представляемые на рассмотрение материалы РЕКЛАМОДАТЕЛЬ утверждает или отклоняет в 5-дневный срок.

3. ПРАВА СТОРОН

3.1. РЕКЛАМОДАТЕЛЬ имеет право в процессе производства продукции знакомиться с состоянием работ.

4. СРОКИ ДЕЙСТВИЯ ДОГОВОРА

4.1. Настоящий Договор действителен с _____
по _____.

Согласовываются следующие промежуточные этапы:

1. Разработка эскизов _____.

2. Утверждение эскизов _____

3. Установка РЕКЛАМЫ _____

4.2. Договор может быть расторгнут по требованию РЕКЛАМОДАТЕЛЯ досрочно в случаях:

а) неудовлетворительного содержания, художественного, эстетического и т. п. качества рекламы. Право оценки качества рекламы принадлежит РЕКЛАМОДАТЕЛЮ, который в случае досрочного расторжения договора по названному основанию не будет использовать отвергнутую им рекламу;

б) нарушения РЕКЛАМИСТОМ промежуточных сроков, если такое нарушение ставит под угрозу срыва окончательный срок исполнения договора.

5. ОСОБЫЕ УСЛОВИЯ

5.1. Все исходные материалы по продукции передаются РЕКЛАМОДАТЕЛЮ.

5.2. Стороны договорились, что условия данного договора являются коммерческой тайной и разглашению не подлежат.

6. ОПЛАТА РАБОТ

6.1. Оплата работ производится на условиях 100% предоплаты в сумме: _____.

7. ОТВЕТСТВЕННОСТЬ СТОРОН

7.1. При нарушении сроков оплаты РЕКЛАМОДАТЕЛЬ выплачивает РЕКЛАМИСТУ 0,1% от суммы договора за каждый день просрочки.

7.2. При нарушении сроков выполнения работ РЕКЛАМИСТУ начисляются штрафные санкции в размере 0,1% от суммы Настоящего Договора за каждый день просрочки.

7.3. В случае досрочного на основании причин по п. 4.2 расторжения Настоящего Договора, расходы, понесенные РЕКЛАМИСТОМ, возмещению не подлежат.

7.4. За неисполнение или ненадлежащее исполнение обязательств по Настоящему Договору РЕКЛАМОДАТЕЛЬ и РЕКЛАМИСТ несут ответственность в соответствии с действующим законодательством.

8. ФОРС-МАЖОРНЫЕ ОБСТОЯТЕЛЬСТВА

8.1. К форс-мажорным обстоятельствам по данному договору относятся: стихийные бедствия (молнии, смерчи, наводнения, ураганы, землетрясения).

8.2. К форс-мажорным обстоятельствам не относятся: дорожно-транспортные происшествия, оползни, так как при разработке тактикотехнических условий на конструкции и установку РЕКЛАМЫ такие возможности повреждения РЕКЛАМЫ должны быть исключены.

Юридические адреса, банковские реквизиты и подписи сторон

ДОГОВОР
поручения на ведение дел в Арбитражном суде

г. _____   «____» _____ 199 __ г.

ИСПОЛНИТЕЛЬ: _____
в лице _____
действующего на основании Устава, с одной стороны, и

ЗАКАЗЧИК: _____
в лице _____
действующего на основании Устава, с другой стороны,

заключили Настоящий Договор о нижеследующем:

1. ПРЕДМЕТ ДОГОВОРА

1.1. ИСПОЛНИТЕЛЬ обязуется оказать ЗАКАЗЧИКУ консультационные и юридические услуги по поводу защиты интересов последнего (представительство) в государственных органах и в Арбитражном суде по вопросу _____

2. ПОРЯДОК И СРОКИ ВЫПОЛНЕНИЯ ОБЯЗАТЕЛЬСТВ ИСПОЛНИТЕЛЕМ

2.1. Услуги оказываются ЗАКАЗЧИКУ путем:
— устного и письменного консультирования по юридическим вопросам;
— составления проектов необходимых процессуальных документов, жалоб, претензии и искового заявления;
— оказания консультационных услуг по поводу защиты интересов ЗАКАЗЧИКА в органах Арбитражного суда;
— личного участия и представительства ЗАКАЗЧИКА в органах арбитражного суда.

2.2. Сроки консультирования и подготовки документов:
НАЧАЛО выполнения работ определяется моментом вступления Настоящего Договора в силу.

ОКОНЧАНИЕ работ по консультированию определяется моментом подписания акта-приемки выполненных работ; по арбитражному представительству — моментом вступления в силу решения Арбитражного суда или самостоятельной отменой ГНИ обжалуемого акта.

2.3. При наступлении обстоятельств, предусмотренных в ч. 2 п. 2.2. Настоящего Договора, ИСПОЛНИТЕЛЬ считается полностью выполнившим свои обязательства перед ЗАКАЗЧИКОМ.

3. ОБЯЗАННОСТИ ЗАКАЗЧИКА

3.1. ЗАКАЗЧИК обязуется предоставлять ИСПОЛНИТЕЛЮ по его указанию необходимые документы и информацию.

3.2. ЗАКАЗЧИК обязан (в случае необходимости) выдать ИСПОЛНИТЕЛЮ доверенности на следующих лиц, являющихся сотрудниками ИСПОЛНИТЕЛЯ, для участия в арбитражном процессе:

1. _____.
2. _____.

4. ЦЕНА ДОГОВОРА

4.1. За услуги по п. 1.1 Настоящего Договора, ЗАКАЗЧИК уплачивает ИСПОЛНИТЕЛЮ вознаграждение в размере: _____.

4.1.1. За оказание консультационных услуг фиксированная сумма в размере _____ (_____) рублей;

4.1.2. Плюс дополнительно _____ (_____) процентов от суммы, по которой для ЗАКАЗЧИКА принято положительное решение и получен положительный экономический эффект.

4.2. В случае, если услуги ИСПОЛНИТЕЛЯ по п. 4.1.2 Настоящего Договора окажутся безрезультатными для ЗАКАЗЧИКА, то ИСПОЛНИТЕЛЬ не имеет права требовать уплаты себе какого-либо вознаграждения или возмещения расходов.

5. ПОРЯДОК РАСЧЕТОВ

5.1. ЗАКАЗЧИК производит оплату по Настоящему Договору единовременно в безналичном порядке платежным поручением на расчетный счет ИСПОЛНИТЕЛЯ:

— по п. 4.1.1 Настоящего Договора предоплата в течение _____ дней с момента его подписания;

— по п. 4.1.2 Настоящего Договора в течение _____ дней с момента вступления в силу решения Арбитражного суда или отмены ГНИ обжалуемого акта (с правом поэтапной оплаты в течение вышеуказанного срока).

6. КОНФИДЕНЦИАЛЬНОСТЬ

ИСПОЛНИТЕЛЬ обязан сохранить в тайне информацию, которая стала ему известна при оказании ЗАКАЗЧИКУ представительских услуг.

7. ПРОЧИЕ УСЛОВИЯ

7.1. Настоящий Договор составлен в 2-х подлинных экземплярах, по одному для каждой из сторон.

7.2. В случае просрочки по уплате вознаграждения по п. 5.1 Настоящего Договора ЗАКАЗЧИК уплачивает штрафную пеню в размере _____ (_____) процента от суммы долга за каждый день просрочки.

7.3. В случаях, не предусмотренных Настоящим Договором, стороны руководствуются действующим гражданским законодательством.

**Юридические адреса, банковские реквизиты
и подписи сторон**

ДОГОВОР

на сопровождение кассира с деньгами и документами

г. _____   «___» _____ 199 __ г.

ЗАКАЗЧИК: _____,

в лице _____,

действующего на основании _____,
с одной стороны, и

ОХРАННАЯ ФИРМА: _____,

в лице _____,

действующего на основании _____,
с другой стороны,

заключили Настоящий Договор о нижеследующем:

1. ПРЕДМЕТ ДОГОВОРА

1.1. ЗАКАЗЧИК поручает, а ОХРАННАЯ ФИРМА принимает на себя обязательства по сопровождению кассира с деньгами и документами при получении ЗАКАЗЧИКОМ денежных сумм в банке, а также исполнять все иные права и обязанности по данному договору.

2. ДНИ, ВРЕМЯ, МАРШРУТ И ПОРЯДОК СОПРОВОЖДЕНИЯ

2.1. Дни и время сопровождения кассира с денежными средствами и документами:

Месяц	Дни сопровождения	Время сопровождения	Примечание

2.2. При совпадении дней сопровождения с праздничными и выходными днями дни перевозки денежных средств определяются графиком (месячным, квартальным), который ЗАКАЗЧИК направляет ОХРАННОЙ ФИРМЕ не позднее чем за _____ дней до перевозки. График является неотъемлемой частью договора.

2.3. Маршрут сопровождения: _____

_____

2.4. Порядок сопровождения: _____

_____

3. ОБЯЗАННОСТИ И ОТВЕТСТВЕННОСТЬ СТОРОН

3.1. ЗАКАЗЧИК:

3.1.1. Своевременно доводит до сведения ОХРАННОЙ ФИРМЫ график перевозки денежных средств, произошедшие изменения о днях и времени сопровождения.

3.1.2. Производит своевременную оплату оказанных ОХРАННОЙ ФИРМОЙ услуг.

3.1.3. _____

_____

3.2. ОХРАННАЯ ФИРМА:

3.2.1. Выделяет для сопровождения кассира с деньгами транспорт в технически исправном состоянии, а также необходимое для исполнения договора количество (не менее _____) экипированных работников.

3.2.2. Берет на себя ответственность за безопасность кассира и сохранность денежных средств.
3.2.3. Неуклонно выполняет график и маршрут сопровождения.

3.2.4. _____

4. СТОИМОСТЬ УСЛУГ И ПОРЯДОК РАСЧЕТОВ

4.1. За выполнение работ (услуг) по сопровождению кассира с деньгами согласно условиям Настоящего Договора ЗАКАЗЧИК перечисляет ОХРАННОЙ ФИРМЕ ежемесячно, не позднее _____, _____ рублей.

4.2. Счета ОХРАННОЙ ФИРМЫ на дополнительные услуги оплачиваются ЗАКАЗЧИКОМ в установленном порядке.

4.3. _____.

5. ОТВЕТСТВЕННОСТЬ СТОРОН

5.1. За невыполнение или ненадлежащее выполнение обязательств по Настоящему Договору стороны несут следующую ответственность:

5.1.1. ОХРАННАЯ ФИРМА: за каждое нарушение любого из условий п. 3.2. выплачивает штраф в размере _____

5.1.2. ЗАКАЗЧИК: за просрочку исполнения п. 4.1 ЗАКАЗЧИК выплачивает неустойку в размере _____ за каждый день просрочки.

5.1.3. _____.

6. СРОК ДЕЙСТВИЯ ДОГОВОРА

6.1. Договор вступает в силу с «_____» _____ 199__ г. и действует по «_____» _____ 199 __ г.

6.2. В случае расторжения договора одной из сторон, она обязана предупредить письменно об этом вторую сторону не позднее чем за _____ месяца.

7. ПРОЧИЕ УСЛОВИЯ

7.1. _____.

Юридические адреса, банковские реквизиты и подписи сторон

ДОГОВОР
об охране производственных (хозяйственных) объектов

г. _____ «___» _____ 199__ г

ЗАКАЗЧИК: _____,

в лице _____

действующего на основании _____,
с одной стороны, и

ОХРАННАЯ ФИРМА: _____,

в лице _____

действующего на основании _____,
с другой стороны,

заключили Настоящий Договор о нижеследующем:

1. ОБЩИЕ ПОЛОЖЕНИЯ

1.1. ЗАКАЗЧИК передает, а ОХРАННАЯ ФИРМА принимает под охрану объекты, перечисленные в прилагаемых к договору перечне и плане (схеме) охраняемых объектов.

1.2. Объекты, передаваемые под охрану, должны отвечать следующим требованиям:

а) территория по периметру предприятий, производственные цехи, склады, базы, строительные площадки и подступы к ним, а также витрины магазинов, ателье, павильонов и иные охраняемые помещения с наступлением темноты должны освещаться _____

(вид, тип освещения)

_____),
чтобы они были доступны наблюдению нарядов охраны.

Освещение территории охраняемого объекта не производится в случаях _____,

Складирование каких-либо материалов внутри охраняемого объекта может производиться не ближе _____ от ограждения;

б) стены, крыши, потолки, чердачные, слуховые окна, люки и двери помещений, в которых хранятся товарно-материальные ценности, должны находиться в исправном состоянии. На окнах нижних этажей следующих помещений (за исключением витринных окон магазинов, предприятий общественного питания и ателье): _____

_____устанавливаются металлические решетки или ставни с запорами. Тип решеток и ставен согласовывается ЗАКАЗЧИКОМ с местными органами Государственного пожарного надзора;

в) объекты должны быть оборудованы следующими техническими средствами охраны _____

_____
(связь, сигнализация, приборы охранно-пожарной
_____
сигнализации, освещение, ограждение, замки,
_____
запоры, турникеты, механизированные ворота, смотровые площадки,
_____
комнаты досмотра и хранения личных вещей рабочих
_____
и служащих)

и средствами пожаротушения.

На объектах должен быть обеспечен свободный доступ ОХРАННОЙ ФИРМЫ к установленным приборам охранно-пожарной сигнализации и средствам пожаротушения.

Техническое состояние принимаемых под охрану объектов, средств охраны и пожаротушения, дополнительная потребность в этих средствах, а также сроки их внедрения указываются в двустороннем акте, составляемом в момент заключения договора и являющемся его неотъемлемой частью.

1.3. ОХРАННАЯ ФИРМА совместно с ЗАКАЗЧИКОМ и местными органами Государственного пожарного надзора не реже двух раз в год производит обследование технического состояния охраняемых объектов, средств охраны, в том числе приборов охранно-пожарной сигнализации, перечисленных в п. 2 Настоящего Договора, о чем составляется акт за подписью лиц, уполномоченных на то ОХРАННОЙ ФИРМОЙ, ЗАКАЗЧИКОМ и местным органом Государственного пожарного надзора с указанием сроков устранения ЗАКАЗЧИКОМ выявленных недостатков и сроков уведомления об этом ОХРАННОЙ ФИРМЫ и местного органа Государственного пожарного надзора.

1.4. Охрана объектов осуществляется в дни и часы, указанные в прилагаемом к договору перечне объектов.

Система охраны объектов и дислокация постов определяются ОХРАННОЙ ФИРМОЙ и сообщаются ЗАКАЗЧИКУ.

1.5. Ежедневный прием под охрану каждого объекта и сдача его ЗАКАЗЧИКУ, в том числе и объектов, оборудованных сигнализацией и подключенных к пультам централизованного наблюдения, производится в следующем порядке: _____

_____

1.6. Указания ОХРАННОЙ ФИРМЫ по соблюдению установленного режима охраны, внедрению и содержанию технических средств охраны в соответствии с требованиями действующих инструкций, наставлений и других документов являются обязательными для ЗАКАЗЧИКА. Оборудование объектов техническими средствами охраны и ремонт этих средств производятся за счет средств ЗАКАЗЧИКА, за исключением случаев выхода их из строя по вине ОХРАННОЙ ФИРМЫ.

1.7. Сумма договора _____.
Оплата за охрану согласно установленным тарифам производится ежемесячно платежными поручениями ЗАКАЗЧИКА, сдаваемыми в учреждения банка за _____ дней до начала следующего месяца.

2. ОБЯЗАННОСТИ ОХРАННОЙ ФИРМЫ

2.1. ОХРАННАЯ ФИРМА обязана:

а) организовать и обеспечить охрану товарно-материальных ценностей и денежных сумм ЗАКАЗЧИКА, принятых под охрану, от расхищения и не допускать проникновения посторонних лиц на охраняемые объекты;

б) осуществлять на объектах пропускной режим, контролировать ввоз и вывоз (внос и вынос) товарно-материальных ценностей на территорию и с территории охраняемого объекта по материальным пропускам установленной формы;

в) совместно с ЗАКАЗЧИКОМ осуществлять мероприятия по внедрению технических средств охраны;

г) осуществлять эксплуатационное обслуживание приборов охранной сигнализации и устранять неисправности по заявлению ЗАКАЗЧИКА в технически возможный срок;

д) обеспечивать соблюдение установленных правил пожарной безопасности на постах силами работников охраны во время несения ими службы, а в случае обнаружения на охраняемом объекте пожара или срабатывания охранно-пожарной сигнализации вследствие технической неисправности немедленно сообщать об этом в пожарную часть и принимать меры к ликвидации пожара и последствий технической неисправности охранно-пожарной сигнализации;

е) принимать от ЗАКАЗЧИКА печати и пломбы в следующих случаях: _____

3. ОБЯЗАННОСТИ ЗАКАЗЧИКА

3.1. ЗАКАЗЧИК обязан:

а) осуществлять определенные договором мероприятия по оборудованию объектов техническими средствами охраны, создавать надлежащие условия для обеспечения сохранности товарно-материальных ценностей и содействовать ОХРАННОЙ ФИРМЕ при выполнении ею своих задач, а также в совершенствовании организации охраны объектов и улучшении пропускного и внутриобъектового режимов;

б) перед сдачей объекта под охрану проверять, чтобы в охраняемом помещении в нерабочее время не остались посторонние лица, включенные электрогазоприборы и другие источники огня;

в) закрывать на замки и пломбировать (опечатывать) наружные двери складов, баз, производственных цехов, магазинов, ателье, павильонов и иных производственных и служебных помещений. Пломбировать (опечатывать) при наличии тамбура внутренние двери. Запирать снаружи на висячие замки помимо внутренних запоров и пломбировать (опечатывать) двери запасных ходов.

Денежные средства, изделия с драгоценными камнями, из золота, платины и палладия, часы в золотых, платиновых и серебряных корпусах должны храниться в сейфах или металлических шкафах (ящиках), прикрепленных к полу, а особо дорогостоящие изделия по окончании рабочего времени — в обособленных закрытых помещениях, а также с соблюдением иных действующих правил;

г) устанавливать на объектах, где имеется внутренняя телефонная связь, телефоны в местах нахождения постов; в нерабочее для объектов время один из телефонов городской линии устанавливать на месте, доступном для работников охраны;

д) включать охранную сигнализацию по окончании рабочего дня на объекте, а в случае ее неисправности немедленно уведомлять об этом ОХРАННУЮ ФИРМУ и не покидать объект до устранения неисправностей или передачи объекта ОХРАННОЙ ФИРМЕ в установленном порядке. Через 5 минут после сообщения на пульт централизованной охраны о сдаче объекта под охрану удостовериться в том, что объект под охрану принят.

4. ОТВЕТСТВЕННОСТЬ ОХРАННОЙ ФИРМЫ

4.1. ОХРАННАЯ ФИРМА несет материальную ответственность за ущерб:

а) причиненный кражами товарно-материальных ценностей, совершенными посредством взлома на охраняемых объектах помещений, запоров, замков, окон, витрин и ограждений, иными способами в результате необеспечения надлежащей охраны или вследствие невыполнения ОХРАННОЙ ФИРМОЙ установленного на охраняемом объекте порядка вывоза (выноса) товарно-материальных ценностей, а также хищениями, совершенными путем грабежа или при разбойном нападении;

б) нанесенный уничтожением или повреждением имущества (в том числе путем поджога) посторонними лицами, проникшими на охраняемый объект в результате ненадлежащего выполнения ОХРАННОЙ ФИРМОЙ принятых по договору обязательств;

в) причиненный пожарами или в силу других причин по вине работников, осуществляющих охрану объектов.

Факты кражи, грабежа, разбоя, а также факты уничтожения или повреждения имущества посторонними лицами, проникшими на охраняемый объект, либо вследствие пожара или в силу других причин по вине работников, осуществляющих охрану объектов, устанавливаются органами дознания, следствия или судом.

4.2. О факте нарушения целостности охраняемых помещений или причинения ущерба повреждением имущества ОХРАННАЯ ФИРМА сообщает в дежурную часть органа внутренних дел и ЗАКАЗЧИКУ. До прибытия представителей органа внутренних дел или следствия ОХРАННАЯ ФИРМА обеспечивает неприкосновенность места происшествия.

Снятие остатков товарно-материальных ценностей должно быть произведено немедленно по прибытии представителей сторон на место происшествия.

4.3. Возмещение ЗАКАЗЧИКУ причиненного по вине ОХРАННОЙ ФИРМЫ ущерба производится по представлении ЗАКАЗЧИКОМ постановления органов дознания, следствия или приговора суда, установившего факт кражи, грабежа, разбоя, а также факт уничтожения или повреждения имущества посторонними лицами, проникшими на охраняемый объект, либо вследствие пожара или в силу других причин по вине работников, осуществляющих охрану объекта. Размер ущерба должен быть подтвержден соответствующими документами и расчетом стоимости похищенных, уничтоженных или поврежденных товарно-материальных ценностей и похищенных денежных сумм, составленным с участием ОХРАННОЙ ФИРМЫ и сверенным с бухгалтерскими данными. В возмещаемый ущерб включаются стоимость похищенного или уничтоженного имущества, размер уценки поврежденных товарно-материальных ценностей, расходы, произведенные на восстановление поврежденного имущества, а также похищенные денежные суммы.

4.4. В случае обнаружения виновных лиц имущественный ущерб взыскивается с них ОХРАННОЙ ФИРМОЙ.

5. СРОК ДЕЙСТВИЯ ДОГОВОРА

5.1. Настоящий Договор заключается сроком на _____ и вступает в силу со дня подписания.

5.2. Все споры по Настоящему Договору подлежат разрешению в установленном законом порядке.

Договор с приложениями составляется в двух экземплярах, из которых первый находится у ОХРАННОЙ ФИРМЫ, второй — у ЗАКАЗЧИКА.

Юридические адреса, банковские реквизиты и подписи сторон

ДОГОВОР
на техническое обслуживание и ремонт техники

г. _____   «___» _____ 199__ г.

ЗАКАЗЧИК: _____,

в лице _____,

действующего на основании _____,

с одной стороны, и

ИСПОЛНИТЕЛЬ: _____,

в лице _____,

действующего на основании _____,

с другой стороны,

заключили Настоящий Договор о нижеследующем:

1. ПРЕДМЕТ ДОГОВОРА

1.1. ЗАКАЗЧИК поручает, а ИСПОЛНИТЕЛЬ принимает на себя техническое обслуживание и ремонт техники согласно прилагаемому к договору списку с указанием в нем номеров, типов и моделей машин (технических средств), места их нахождения.

1.2. К обслуживанию принимаются машины и технические средства, находящиеся в эксплуатации в исправном состоянии. Техническое состояние машин и технических средств определяется представителями ИСПОЛНИТЕЛЯ в присутствии представителя ЗАКАЗЧИКА.

1.3. ЗАКАЗЧИК обязан выполнять все указания механика ИСПОЛНИТЕЛЯ по правильной эксплуатации и хранению машин и допускать к работе на них только работников, прошедших специальный курс обучения. Персонал ЗАКАЗЧИКА, эксплуатирующий машины, обязан также выполнять правила эксплуатации, предписанные заводом-изготовителем. В случае нарушения данного пункта Настоящего Договора ИСПОЛНИТЕЛЬ не несет ответственности за работу машин и технических средств.

2. ПОРЯДОК ТЕХНИЧЕСКОГО ОБСЛУЖИВАНИЯ И РЕМОНТА ТЕХНИКИ

2.1. Техническое обслуживание и мелкий ремонт производятся на месте у ЗАКАЗЧИКА и включают в себя ───────────────────
──
(указать перечень работ по техническому обслуживанию и мелкому ремонту)

2.2. Средний и капитальный ремонт машин и технических средств осуществляется на предприятии ИСПОЛНИТЕЛЯ.

Примечание: договором может быть предусмотрено, что осуществление среднего и капитального ремонта ИСПОЛНИТЕЛЬ на себя не берет.

2.3. ЗАКАЗЧИК обязан выделить для связи с ИСПОЛНИТЕЛЕМ и для оформления необходимой документации ответственное лицо по месту нахождения обслуживаемых машин и технических средств.

2.4. ЗАКАЗЧИК имеет право вызывать механика ИСПОЛНИТЕЛЯ во всех случаях остановки машин (технических средств) из-за неисправности. Механик ИСПОЛНИТЕЛЯ обязан явиться к ЗАКАЗЧИКУ не позднее ─────────── часов с момента вызова.

2.5. При изменении количества включенных в список на техническое обслуживание и ремонт машин (технических средств) в сторону увеличения или уменьшения ЗАКАЗЧИК обязан незамедлительно сообщить об этом ИСПОЛНИТЕЛЮ для внесения соответствующих изменений в договор. Обслуживание и ремонт машин (технических средств), вновь включенных в список, производится на условиях Настоящего Договора.

2.6. Механик ИСПОЛНИТЕЛЯ при каждом посещении ЗАКАЗЧИКА передает его представителю специальную карточку, в которой последний проставляет дату посещения, время прибытия и убытия и заверяет указанные данные своей подписью.

2.7. В случае постоянного присутствия механика ИСПОЛНИТЕЛЯ в месте нахождения обслуживаемых машин (технических средств) он подчиняется правилам трудового распорядка, действующим на предприятии ЗАКАЗЧИКА.

2.8. Исполнитель гарантирует бесперебойную работу обслуживаемых машин (технических средств) и несет ответственность за нарушение нормальной их работы только в том случае, если ЗАКАЗЧИКОМ выполняется пункт 1.3 Настоящего Договора.

3. СТОИМОСТЬ ОБСЛУЖИВАНИЯ И РЕМОНТА, ПОРЯДОК РАСЧЕТОВ

3.1. ЗАКАЗЧИК оплачивает ИСПОЛНИТЕЛЮ за техническое обслуживание и ремонт машин и технических средств _____

_____
(указывается порядок, сроки, размер оплаты

_____
за техническое обслуживание и ремонт)

3.2. Оплата за техническое обслуживание и ремонт машин (технических средств), не включенных в список, прилагаемый к договору, обусловливается дополнительными соглашениями.

3.3. В случае нарушения ЗАКАЗЧИКОМ сроков платежа ИСПОЛНИТЕЛЬ вправе приостановить техническое обслуживание машин и технических средств до уплаты задолженности.

4. СРОК ДЕЙСТВИЯ ДОГОВОРА

4.1. Настоящий Договор заключен на срок
с «___» _____ 199 ___ г. по «___» _____ 199 ___ г.

4.2. Договор может быть расторгнут до истечения срока с предупреждением одной из сторон за _____ месяцев.

Юридические адреса, банковские реквизиты и подписи сторон

Раздел 7

АРЕНДА, ЛИЗИНГ

По договору а р е н д ы (имущественного найма) АРЕНДОДАТЕЛЬ (наймодатель) обязуется предоставить АРЕНДАТОРУ (нанимателю) имущество во временное владение и пользование либо пользование за плату для самостоятельного осуществления предпринимательской деятельности и иных целей.

Продукция, плоды и иные доходы, полученные АРЕНДАТОРОМ в результате использования арендуемого имущества в соответствии с договором, являются его собственностью. АРЕНДОДАТЕЛЬ отвечает за недостатки сданного в аренду имущества, препятствующие пользованию им, даже если во время заключения договора не знал об этих недостатках. Произведенные АРЕНДАТОРОМ отделимые улучшения арендованного имущества являются его собственностью, если иное не предусмотрено договором.

В случае, когда АРЕНДАТОР произвел за свой счет и с согласия АРЕНДОДАТЕЛЯ улучшения, неотделимые без вреда для арендованного имущества, он имеет право после прекращения договора на возмещение стоимости этих улучшений, поскольку иное не предусмотрено договором. Стоимость неотделимых улучшений, произведенных АРЕНДАТОРОМ без согласия АРЕНДОДАТЕЛЯ, возмещению не подлежит, если иное не предусмотрено законодательными актами.

Переход права собственности (полного хозяйственного ведения и оперативного управления) на сданное в аренду имущество к другому лицу не является основанием для изменения или расторжения договора аренды.

По истечении срока аренды АРЕНДАТОР, надлежащим образом исполнявший свои обязанности, имеет, при прочих равных условиях, преимущественное перед другими лицами право на возобновление договора. Разновидностей договора аренды существует в деловом обороте довольно много.

Л и з и н г — это особый договор аренды, предусматривающий предоставление ЛИЗИНГОДАТЕЛЕМ (АРЕНДОДАТЕЛЕМ) ЛИЗИНГОПОЛУЧАТЕЛЮ (АРЕНДАТОРУ) принадлежащих ему оборудования, машин, ЭВМ, оргтехники, транспортных средств, сооружений производственного, торгового и складского назначения в исключительное пользование на установленный срок за определенное вознаграждение — арендную плату, которая включает процентную ставку, покрывающую стоимость привлечения средств АРЕНДОДАТЕЛЕМ на денежном рынке с учетом необходимой прибыли банка, и амортизацию имущества.

Лизинговые операции приравниваются к кредитным операциям со всеми вытекающими из этого правами и нормами.

Лизинг отличается от кредита тем, что после окончания срока лизинга и выплаты всей обусловленной суммы договора объект лизинга остается собственностью ЛИЗИНГОДАТЕЛЯ (если договором не предусмотрен выкуп объекта лизинга по остаточной стоимости или передача в собственность ЛИЗИНГОПОЛУЧАТЕЛЯ).

Некоторые варианты сотрудничества договаривающихся сторон при лизинге:

1. АРЕНДАТОР может выбрать необходимый товар у поставщика и затем обратиться к АРЕНДОДАТЕЛЮ, который приобретает от своего имени и за свой счет этот товар и сдает его в аренду АРЕНДАТОРУ.

2. АРЕНДАТОР непосредственно обращается к АРЕНДОДАТЕЛЮ с тем, чтобы воспользоваться его ноу-хау при решении технических вопросов, разработке того или иного товара (наиболее часто при лизинге новой недвижимости). В этом случае АРЕНДОДАТЕЛЬ приобретает объект лизинга, который является новым и может быть использован, и сдает его в аренду АРЕНДАТОРУ.

3. Производитель сотрудничает с лизинговой компанией и, ведя переговоры с клиентом, дает возможность лизинговой компании купить отобранный товар и сдать его в аренду заинтересованному клиенту.

ДОГОВОР

аренды здания, строения
(иного объекта недвижимости)

г. _____   «___» _____ 199 __ г.

АРЕНДОДАТЕЛЬ: _____,
в лице директора _____,
действующего на основании Устава, с одной стороны, и

АРЕНДАТОР: _____,
в лице директора _____,
действующего на основании Устава, с другой стороны,

заключили Настоящий Договор о нижеследующем:

1. ПРЕДМЕТ ДОГОВОРА

АРЕНДОДАТЕЛЬ передает, а АРЕНДАТОР принимает во временное владение и пользование следующее строение (далее по тексту — "арендуемый объект"):

1.1. Арендуемый объект представляет собой отдельно стоящее здание с подсобными (вспомогательными) строениями.

1.2. Адрес: _____

1.3. Общая площадь: _____.

1.4. Площадь подвальных помещений: _____.

1.5. Размер земельного участка передаваемого в пользование вместе с арендуемым объектом: _____.

1.6. Стоимость арендуемого объекта: _____.

1.7. Количество этажей: _____.

1.8. Состояние арендуемого объекта на момент передачи в аренду:
_____
_____

1.9. Недостатки арендуемого имущества: _____
_____

1.10. Сопутствующие строения и подсобные помещения общей площадью:
1. _____ кв. м.
2. _____ кв. м.

2. ЦЕЛЬ АРЕНДЫ

_____
_____

3. ПОРЯДОК ПЕРЕДАЧИ ОБЪЕКТА В АРЕНДУ

3.1. Приемка-передача арендуемого объекта осуществляется двусторонней комиссией, состоящей из представителей сторон.

3.2. Стороны должны назначить своих представителей в двустороннюю комиссию и приступить к передаче арендуемого объекта в течение _____ с момента подписания Настоящего Договора.

3.3. В течение срока по п. 3.2 Настоящего Договора АРЕНДОДАТЕЛЬ обязан выехать из арендуемого объекта и подготовить его к передаче АРЕНДАТОРУ.

3.4. Арендуемый объект должен быть передан АРЕНДОДАТЕЛЕМ и принят АРЕНДАТОРОМ в течение _____ с момента начала работы двусторонней комиссии.

3.5. При передаче арендуемого объекта составляется акт сдачи-приемки, который подписывается членами двусторонней комиссии.

3.6. Арендуемый объект считается переданным в аренду с момента подписания акта сдачи-приемки.

4. СРОК АРЕНДЫ

4.1. Срок аренды составляет _____ лет с момента принятия арендуемого объекта по акту сдачи-приемки.

4.2. Если ни одна сторона в срок _____ до истечения Настоящего Договора не заявит о намерении его расторгнуть, Настоящий Договор автоматически пролонгируется на срок _____.

4.3. Срок аренды может быть сокращен только по соглашению сторон.

4.4. АРЕНДАТОР вправе отказаться от Настоящего Договора, предупредив АРЕНДОДАТЕЛЯ в срок _____, при этом уплаченная вперед арендная плата АРЕНДАТОРУ не возвращается.

5. АРЕНДНАЯ ПЛАТА И ПОРЯДОК РАСЧЕТОВ

5.1. Размер арендной платы за весь арендуемый объект в целом составляет _____ руб. за _____.
(срок)

5.2. Арендная плата уплачивается в безналичном порядке на расчетный счет АРЕНДОДАТЕЛЯ вперед не позднее _____ числа каждого _____ (месяца, квартала, полугодия).

5.3. АРЕНДАТОР обязан в течение _____ с момента принятия арендуемого объекта перечислить арендную плату за _____
(срок)
_____ авансом.

5.4. Размер арендной платы может пересматриваться сторонами 1 раз в течение _____ по соглашению сторон.
(срок)

(Вариант: Размер арендной платы является фиксированным и пересмотру не подлежит.)

5.5. Арендная плата по согласованию сторон может вноситься в натуральной или смешанной форме продуктами питания, товарами, услугами.

5.6. АРЕНДАТОР имеет право вносить арендную плату вперед за любой срок в размере, определяемом на момент оплаты. В этом случае порядок пересмотра арендной платы по п. 5.4 Настоящего Договора на срок оплаты не применяется.

6. ПРАВА И ОБЯЗАННОСТИ АРЕНДОДАТЕЛЯ

6.1. АРЕНДОДАТЕЛЬ имеет право 1 (один) раз в квартал осуществлять проверку порядка использования АРЕНДАТОРОМ арендуемого объекта в соответствии с условиями Настоящего Договора.

6.2. АРЕНДОДАТЕЛЬ по Настоящему Договору теряет право распоряжения арендуемым объектом на срок аренды без письменного согласия АРЕНДАТОРА.

7. ПРАВА И ОБЯЗАННОСТИ АРЕНДАТОРА

7.1. АРЕНДАТОР обязуется:
— использовать арендуемый объект по его целевому назначению в соответствии с п. 2 Настоящего Договора;
— своевременно производить арендные платежи;
— самостоятельно и за свой счет производить капитальный ремонт арендуемого объекта в течение срока аренды;
— нести все расходы по эксплуатации арендуемого объекта;
— содержать арендуемый объект в полной исправности;
— производить за свой счет текущий ремонт арендуемого объекта в срок _____;
— не осуществлять без письменного согласия АРЕНДОДАТЕЛЯ перестройку, достройку и перепланировку арендуемого объекта;
— поддерживать прилегающие к арендуемому объекту территории и земельный участок в надлежащем санитарном состоянии;
— за свой счет устранять неисправности и поломки коммуникаций арендуемого объекта;
— застраховать арендуемый объект на срок аренды по всем обычно принятым рискам;
— беспрепятственно допускать на арендуемый объект представителей АРЕНДОДАТЕЛЯ с целью проверки его использования в соответствии с условиями Настоящего Договора;
— нести иные обязанности как владельца арендуемого объекта:
— _____
— _____

7.2. АРЕНДАТОР имеет право:
— оборудовать арендуемый объект по своему усмотрению;
— благоустроить прилегающую к арендуемому объекту территорию по своему усмотрению;
— сдавать арендуемый объект в субаренду с согласия АРЕНДОДАТЕЛЯ;
— _____
— _____

7.3. АРЕНДАТОР самостоятельно и от своего имени заключает договоры на оказание коммунальных услуг в полном объеме со специализированными организациями.

8. ПОРЯДОК ВОЗВРАЩЕНИЯ АРЕНДУЕМОГО ОБЪЕКТА АРЕНДОДАТЕЛЮ

8.1. Возврат арендуемого объекта АРЕНДОДАТЕЛЮ осуществляется двусторонней комиссией, состоящей из представителей сторон.

8.2. Стороны должны назначить своих представителей в двустороннюю комиссию и приступить к передаче арендуемого объекта в течение _____ с момента окончания срока аренды.

8.3. В течение срока по п. 8.2 Настоящего Договора АРЕНДАТОР обязан выехать из арендуемого объекта и подготовить его к передаче АРЕНДОДАТЕЛЮ.

8.4. Арендуемый объект должен быть передан АРЕНДАТОРОМ и принят АРЕНДОДАТЕЛЕМ в течение _____ с момента начала работы двусторонней комиссии.

8.5. При передаче арендуемого объекта составляется акт сдачи-приемки, который подписывается членами двусторонней комиссии.

8.6. Арендуемый объект считается фактически переданным АРЕНДОДАТЕЛЮ с момента подписания акта сдачи-приемки.

8.7. Арендованный объект должен быть передан АРЕНДОДАТЕЛЮ в том же состоянии, в котором он был передан в аренду с учетом нормального износа.

8.8. Произведенные АРЕНДАТОРОМ отделимые улучшения арендованного объекта являются собственностью АРЕНДАТОРА.

8.9. В случае, когда АРЕНДАТОР произвел за свой счет и с согласия АРЕНДОДАТЕЛЯ улучшения, неотделимые без вреда для арендованного объекта, он _____ право после прекращения договора на возмещение стоимости этих улучшений.
(имеет, не имеет)

9. ОТВЕТСТВЕННОСТЬ СТОРОН

9.1. АРЕНДАТОР несет следующую ответственность по Настоящему Договору:

— в случае просрочки в принятии арендуемого объекта пеня в размере _____ от стоимости объекта за каждый день просрочки;

— в случае просрочки по уплате арендных платежей пеня в размере _____ от суммы долга за каждый день просрочки;

— в случае нецелевого использования арендуемого объекта штраф в размере _____ от суммы договора;

— за передачу арендуемого объекта или его части в субаренду без письменного и предварительного согласия АРЕНДОДАТЕЛЯ штраф в размере _____ от суммы договора.

9.2. АРЕНДОДАТЕЛЬ несет следующую ответственность по Настоящему Договору:

— в случае просрочки по сдаче арендуемого объекта АРЕНДАТОРУ пеня в размере _____ от его стоимости за каждый день просрочки.

10. ОСНОВАНИЯ ДОСРОЧНОГО РАСТОРЖЕНИЯ НАСТОЯЩЕГО ДОГОВОРА

10.1 Настоящий Договор расторжению в одностороннем порядке не подлежит, за исключением случаев, когда одна из сторон систематически нарушает условия Настоящего Договора и свои обязательства.

10.2. Иные основания:

_____

11. ОСОБЫЕ УСЛОВИЯ НАСТОЯЩЕГО ДОГОВОРА

_____
_____

12. ПРОЧИЕ УСЛОВИЯ

12.1 Настоящий Договор составлен в двух подлинных экземплярах по одному для каждой из сторон.

12.2. В случаях, не предусмотренных Настоящим Договором, стороны руководствуются действующим гражданским законодательством.

12.3. После подписания Настоящего Договора все предварительные переговоры по нему, переписка, предварительные соглашения и протоколы о намерениях по вопросам, так или иначе касающимся Настоящего Договора, теряют юридическую силу.

12.4. Все исправления по тексту Настоящего Договора имеют юридическую силу только при взаимном их удостоверении представителями сторон в каждом отдельном случае.

13. ПРИЛОЖЕНИЯ К НАСТОЯЩЕМУ ДОГОВОРУ

13.1. К Настоящему Договору прилагается:

_____

14.3. Приложения к Настоящему Договору составляют его неотъемлемую часть.

Юридические адреса, банковские реквизиты и подписи сторон

ДОГОВОР

аренды комнаты
для офиса малого предприятия

г. _____   «____» _____ 199___ г.

АРЕНДОДАТЕЛЬ: _____),

в лице директора _____),
действующего на основании Устава, с одной стороны, и

АРЕНДАТОР: _____),

в лице _____),
действующего на основании доверенности № _____
от «____» _____ 199____ г., с другой стороны,

заключили Настоящий Договор о нижеследующем:

1. ПРЕДМЕТ ДОГОВОРА

АРЕНДОДАТЕЛЬ передает, а АРЕНДАТОР принимает во **временное владение и пользование следующее помещение (далее по тексту — «арендуемое помещение»):**

1.1. Адрес дома, в котором находится арендуемое помещение:

_____

1.2. Общая площадь арендуемого помещения: _____ кв. м.

1.3. Номер комнаты: _____ . Этаж: _____

1.4. Состояние арендуемого помещения на момент передачи в аренду: пригодное для использования по п. 2 Настоящего Договора.

1.5. Недостатки арендуемого помещения на момент передачи в аренду: помещение требует текущего ремонта.

1.6. АРЕНДАТОРУ на срок действия Настоящего Договора предоставляется в пользование 1 (один) телефонный номер: № _____ .

1.7. В аренду также сдается следующее имущество, находящееся в арендуемом помещении:

_____

2. ЦЕЛЬ АРЕНДЫ

Арендуемое помещение предоставляется АРЕНДАТОРУ для размещения делового офиса.

3. ПОРЯДОК ПЕРЕДАЧИ ПОМЕЩЕНИЯ В АРЕНДУ

3.1. Арендуемое помещение и имущество должны быть переданы АРЕНДОДАТЕЛЕМ и приняты АРЕНДАТОРОМ в течение _____ с момента заключения Настоящего Договора.

3.2. В течение срока по п. 3.1 Настоящего Договора АРЕНДОДАТЕЛЬ обязан выехать из арендуемого помещения и подготовить его для передачи АРЕНДАТОРУ.

3.3. Передача арендуемого помещения и имущества осуществляется по акту сдачи-приемки, подписание которого свидетельствует о фактической передаче таковых в аренду.

3.4. В момент подписания акта приемки АРЕНДОДАТЕЛЬ передает АРЕНДАТОРУ ключи от арендуемого помещения, после чего персоналу АРЕНДАТОРА должен быть обеспечен беспрепятственный доступ в арендуемое помещение.

4. СРОК АРЕНДЫ

4.1. Срок аренды составляет _____ лет с момента принятия арендуемого помещения по акту приемки.

4.2. Если ни одна сторона в срок _____ до истечения Настоящего Договора не заявит о намерении его расторгнуть, Настоящий Договор автоматически пролонгируется на срок _____.

4.3. Срок аренды может быть сокращен только по соглашению сторон.

4.4. АРЕНДАТОР вправе отказаться от Договора, предупредив АРЕНДОДАТЕЛЯ в срок _____. При этом уплаченная вперед арендная плата АРЕНДАТОРУ не возвращается.

5. АРЕНДНАЯ ПЛАТА И ПОРЯДОК РАСЧЕТОВ

5.1. Размер арендной платы составляет (с учетом НДС): _____ руб. за 1 (один) кв. м. в месяц.

5.2. Арендная плата уплачивается в безналичном порядке на расчетный счет АРЕНДОДАТЕЛЯ вперед не позднее _____ числа каждого _____ месяца.

5.3. АРЕНДАТОР обязан в течение _____ с момента принятия арендуемого помещения и имущества перечислить арендную плату за _____ авансом.

5.4. Размер арендной платы может пересматриваться сторонами только в случае изменения размера коммунальных платежей.

5.5. Арендная плата по согласованию сторон может вноситься в натуральной или смешанной форме продуктами питания, товарами, услугами.

5.6. АРЕНДАТОР имеет право вносить арендную плату вперед за любой срок в размере, определяемом на момент оплаты. В этом случае порядок пересмотра арендной платы по п. 5.4 Настоящего Договора на срок оплаты не применяется.

5.7. Стоимость коммунальных услуг входит в арендную плату.

5.8. Все расходы за пользование телефонами оплачиваются АРЕНДАТОРОМ самостоятельно согласно счетов телефонной станции на предоставленный в пользование телефон.

5.9. Другие виды платежей, не согласованные в Настоящем Договоре, АРЕНДАТОРОМ не оплачиваются.

6. ПРАВА И ОБЯЗАННОСТИ АРЕНДОДАТЕЛЯ

6.1. АРЕНДОДАТЕЛЬ обязан:
— обеспечивать беспрепятственное использование АРЕНДАТОРОМ арендуемого помещения на условиях Настоящего Договора;
— обеспечить персоналу АРЕНДАТОРА беспрепятственный вход в здание, в котором находится арендуемое помещение;
— выдавать АРЕНДАТОРУ документы свидетельствующие о заключении между сторонами Настоящего Договора, а также подтверждающие его местонахождение;
— выдавать в необходимом количестве по заявкам АРЕНДАТОРА постоянные и разовые пропуска в здание, где расположено арендуемое помещение;
— за свой счет устранять неисправности, поломки и последствия аварий коммуникаций в арендуемом помещении, произошедшие не по вине АРЕНДАТОРА.

7. ПРАВА И ОБЯЗАННОСТИ АРЕНДАТОРА

7.1. АРЕНДАТОР обязуется:
— использовать арендуемое помещение исключительно по его целевому назначению в соответствии с п. 2 Настоящего Договора;
— своевременно производить арендные платежи;
— содержать арендуемое помещение в надлежащем санитарном состоянии;
— соблюдать противопожарные правила, а также правила пользования тепловой и электрической энергией, не допускать перегрузки электросетей;
— производить за свой счет текущий ремонт арендуемого помещения;
— не осуществлять без письменного согласия АРЕНДОДАТЕЛЯ перестройку и перепланировку арендуемого помещения.

7.2. АРЕНДАТОР имеет право:
— пользоваться системами коммуникаций, находящимися в здании;
— оборудовать и оформить арендуемое помещение по своему усмотрению;
— сдавать имущество в субаренду с согласия АРЕНДОДАТЕЛЯ;
— обозначать свое местонахождение в арендуемом помещении путем размещения соответствующих вывесок, указательных табличек, рекламных стендов на входе в здание и перед входом в помещение;
— устанавливать замки на входную дверь в арендуемое помещение;
— устанавливать сигнализацию и иные системы охраны.

8. ПОРЯДОК ВОЗВРАЩЕНИЯ АРЕНДУЕМОГО ПОМЕЩЕНИЯ И ИМУЩЕСТВА АРЕНДОДАТЕЛЮ

8.1. По истечении срока аренды АРЕНДАТОР обязан передать АРЕНДОДАТЕЛЮ арендуемое помещение в течение _____ с момента окончания срока аренды по акту передачи.

8.2. В течение срока по п. 8.1 Настоящего Договора АРЕНДАТОР обязан покинуть арендуемое помещение и подготовить его и имущество к передаче АРЕНДОДАТЕЛЮ.

8.3. В момент подписания акта приемки АРЕНДАТОР передает АРЕНДОДАТЕЛЮ ключи от арендуемого помещения.

8.4. Арендованное помещение и имущество должны быть переданы АРЕНДОДАТЕЛЮ в том же состоянии, в котором они были переданы в аренду с учетом нормального износа.

9. ОТВЕТСТВЕННОСТЬ СТОРОН

9.1. АРЕНДАТОР несет следующую ответственность по Настоящему Договору:
— в случае просрочки по уплате арендных платежей пеня в размере _____ от суммы долга за каждый день просрочки;
— в случае нецелевого использования арендуемого помещения штраф в размере _____ от суммы фактически уплаченных арендных платежей;
— за передачу арендуемого помещения в субаренду без согласия АРЕНДОДАТЕЛЯ штраф в размере _____ от суммы фактически уплаченных арендных платежей.

9.2. АРЕНДОДАТЕЛЬ несет следующую ответственность по Настоящему Договору:
— в случае просрочки по сдаче арендуемого помещения АРЕНДАТОРУ пеня в размере _____ руб. за каждый день просрочки.

10. ОСНОВАНИЯ ДОСРОЧНОГО РАСТОРЖЕНИЯ НАСТОЯЩЕГО ДОГОВОРА

10.1. Настоящий Договор расторжению в одностороннем порядке не подлежит за исключением случаев, когда одна из сторон систематически нарушает условия договора и свои обязательства.

10.2. Иные основания:
_____

11. ОСОБЫЕ УСЛОВИЯ НАСТОЯЩЕГО ДОГОВОРА

_____
_____

12. ПРОЧИЕ УСЛОВИЯ

12.1 Настоящий Договор составлен в двух подлинных экземплярах, имеющих одинаковую юридическую силу, по одному для каждой из сторон.

12.2. В случаях, не предусмотренных Настоящим Договором, стороны руководствуются действующим гражданским законодательством.

12.3. После подписания Настоящего Договора все предварительные переговоры по нему, переписка, соглашения и протоколы о намерениях по вопросам, так или иначе касающимся Настоящего Договора, теряют юридическую силу.

12.4. Все исправления по тексту Настоящего Договора имеют юридическую силу только при взаимном их удостоверении представителями сторон в каждом отдельном случае.

Юридические адреса, банковские реквизиты и подписи сторон

ДОГОВОР
аренды квартиры у частного лица

г. _____   «___» _____ 199__ г.

АРЕНДОДАТЕЛЬ: _____,
(ф. и. о.)
с одной стороны, и

АРЕНДАТОР: _____,
в лице директора _____,
действующего на основании Устава, с другой стороны,

заключили Настоящий Договор о нижеследующем:

1. ПРЕДМЕТ ДОГОВОРА

АРЕНДОДАТЕЛЬ передает, а АРЕНДАТОР принимает во временное владение и пользование квартиру:

1.1. Адрес: _____.

1.2. Полезная площадь _____ кв. м.

1.3. Этаж: _____.

1.4. Количество комнат: _____.

1.5. Недостатки арендуемой квартиры на момент передачи: квартира требует текущего ремонта .

1.6. Наличие телефона: тел. № _____.

1.7. Квартира принадлежит АРЕНДОДАТЕЛЮ на праве собственности согласно _____.

1.8. АРЕНДОДАТЕЛЬ также передает в аренду имущество, находящееся в квартире, согласно Приложению № 1.

2. ЦЕЛЬ АРЕНДЫ

Квартира предоставляется АРЕНДАТОРУ для проживания сотрудников последнего.

3. ПОРЯДОК ПЕРЕДАЧИ КВАРТИРЫ И ИМУЩЕСТВА В АРЕНДУ

3.1. Квартира и имущество должны быть переданы АРЕНДОДАТЕЛЕМ и приняты АРЕНДАТОРОМ в течение _____ с момента заключения Настоящего Договора.

3.2. В течение срока по п. 3.1 Настоящего Договора АРЕНДОДАТЕЛЬ обязан выехать из квартиры и подготовить ее для передачи АРЕНДАТОРУ.

3.3. Передача квартиры в аренду оформляется актом сдачи-приемки.

3.4. Квартира и имущество считаются фактически переданными в аренду с момента подписания акта сдачи-приемки.

3.5. В момент подписания акта приемки АРЕНДОДАТЕЛЬ передает АРЕНДАТОРУ ключи от квартиры и от комнат.

4. СРОК АРЕНДЫ

4.1. Срок аренды составляет _____ лет с момента принятия квартиры по акту приемки.
4.2. Срок аренды может быть сокращен только по соглашению сторон.
4.3. АРЕНДАТОР вправе отказаться от Настоящего Договора, предупредив АРЕНДОДАТЕЛЯ в срок _____. При этом уплаченная вперед арендная плата АРЕНДАТОРУ не возвращается.

5. АРЕНДНАЯ ПЛАТА И ПОРЯДОК РАСЧЕТОВ

5.1. Арендная плата за пользование имуществом составляет _____ руб. в месяц.
5.2. Арендная плата уплачивается наличными деньгами через кассу АРЕНДАТОРА или по заявлению АРЕНДОДАТЕЛЯ в безналичном порядке на лицевой счет последнего в учреждении Сбербанка не позднее _____ числа каждого _____ месяца.
5.3. АРЕНДАТОР обязан в течение _____ с момента _____ перечислить арендную плату за срок _____ авансом.
5.4. Размер арендной платы подлежит пересмотру в случае изменения минимального размера заработной платы в следующем порядке:
_____.

6. РАСХОДЫ ПО КОММУНАЛЬНЫМ УСЛУГАМ

6.1. Коммунальные услуги оплачиваются АРЕНДАТОРОМ самостоятельно на основании счетов соответствующих организаций.
6.2. Все расходы за пользование телефоном оплачиваются АРЕНДАТОРОМ самостоятельно согласно счетам телефонной станции.

7. ПРАВА И ОБЯЗАННОСТИ АРЕНДОДАТЕЛЯ

7.1. АРЕНДОДАТЕЛЬ имеет право 1 (один) раз в квартал осуществлять проверку порядка использования АРЕНДАТОРОМ и состояния арендуемой квартиры и имущества.

8. ПРАВА И ОБЯЗАННОСТИ АРЕНДАТОРА

8.1. АРЕНДАТОР обязуется:
— использовать арендуемые помещения исключительно по его целевому назначению в соответствии с п. 2 Настоящего Договора;

— своевременно производить арендные платежи;
— содержать арендуемые помещения в чистоте и исправности;
— бережно относиться к имуществу, находящемуся в квартире;
— устранять последствия аварий, произошедших в квартире;
— соблюдать противопожарные правила;
— производить текущий ремонт квартиры в срок _____;
— не осуществлять перестройку и перепланировку арендуемой квартиры;
— соблюдать правила проживания в доме, в котором находится квартира;
— беспрепятственно допускать АРЕНДОДАТЕЛЯ в квартиру с целью проверки ее использования в соответствии с Настоящим Договором.

8.2. АРЕНДАТОР имеет право:
— оборудовать и оформить квартиру по своему усмотрению;
— менять замки входной двери и комнат, укреплять входные двери;
— сдавать квартиру в субаренду с согласия АРЕНДОДАТЕЛЯ (за исключением передачи квартиры в пользование своим сотрудникам);
— самостоятельно устанавливать порядок, условия и сроки проживания в квартире конкретных лиц из числа своих сотрудников;
— устанавливать сигнализацию и иные системы охраны квартиры.

9. ПОРЯДОК ВОЗВРАЩЕНИЯ КВАРТИРЫ АРЕНДОДАТЕЛЮ

9.1. По истечении срока аренды АРЕНДАТОР обязан передать АРЕНДОДАТЕЛЮ арендуемую квартиру и имущество в течение _____ с момента окончания срока аренды по акту передачи.

9.2. В течение срока по п. 9.1 Настоящего Договора АРЕНДАТОР обязан выехать из квартиры и подготовить ее к передаче АРЕНДОДАТЕЛЮ.

9.3. Квартира и имущество считаются фактически переданными АРЕНДОДАТЕЛЮ с момента подписания акта сдачи-приемки.

9.4. В момент подписания акта приемки АРЕНДАТОР передает АРЕНДОДАТЕЛЮ ключи от квартиры и комнат.

9.5. Квартира и имущество должны быть переданы АРЕНДОДАТЕЛЮ в том же состоянии, в котором они были переданы в аренду с учетом нормального износа.

9.6. Неотделимые улучшения, произведенные в квартире АРЕНДАТОРОМ, переходят к АРЕНДОДАТЕЛЮ без возмещения произведенных затрат.

10. ОТВЕТСТВЕННОСТЬ СТОРОН

10.1. АРЕНДАТОР несет следующую ответственность по Настоящему Договору:

— в случае просрочки в принятии квартиры в аренду пеня в размере _____ руб. за каждый день просрочки;

— в случае просрочки по уплате арендных платежей пеня в размере _____ от суммы долга за каждый день просрочки;

— в случае нецелевого использования квартиры штраф в размере _____ от суммы фактически уплаченных арендных платежей;

— за передачу квартиры или комнат в субаренду без согласия АРЕНДОДАТЕЛЯ штраф в размере _____ от суммы фактически уплаченных арендных платежей.

10.2. АРЕНДОДАТЕЛЬ несет следующую ответственность по Настоящему Договору:

— в случае просрочки по передаче квартиры АРЕНДАТОРУ пеня в размере _____ руб. за каждый день просрочки.

11. ОСНОВАНИЯ ДОСРОЧНОГО РАСТОРЖЕНИЯ НАСТОЯЩЕГО ДОГОВОРА

11.1. Настоящий Договор расторжению в одностороннем порядке не подлежит за исключением случаев, когда одна из сторон систематически нарушает условия договора и свои обязательства.

11.2. Иные основания: _____.

12. ОСОБЫЕ УСЛОВИЯ НАСТОЯЩЕГО ДОГОВОРА

_____

_____

13. ПРОЧИЕ УСЛОВИЯ

13.1 Настоящий Договор составлен в двух подлинных экземплярах по одному для каждой из сторон.

13.2. В случаях, не предусмотренных Настоящим Договором, стороны руководствуются действующим гражданским законодательством.

13.3. Все исправления по тексту Настоящего Договора имеют юридическую силу только при взаимном их удостоверении представителями сторон в каждом отдельном случае.

14. АДРЕСА И РЕКВИЗИТЫ СТОРОН

14.1 АРЕНДОДАТЕЛЬ:

Почтовый адрес и индекс: _____.

Данные паспорта: серия _____ № _____ выданный «____» _____ 19___ г. _____

14.2. АРЕНДАТОР:
Почтовый адрес и индекс: _____.

Телефон _____, телетайп _____, факс _____.

Расчетный счет № _____ в банке _____

МФО _____, КОД _____.

15. ПРИЛОЖЕНИЯ К НАСТОЯЩЕМУ ДОГОВОРУ

15.1. К Настоящему Договору прилагается:
Приложение № 1 — Перечень имущества, находящегося в квартире.
15.2. Приложения к Настоящему Договору составляют его неотъемлемую часть.

АРЕНДОДАТЕЛЬ   АРЕНДАТОР

_____   _____

                                 М. П.

ДОГОВОР
аренды оборудования

г. _____   «____» _____ 199___ г.

АРЕНДОДАТЕЛЬ: _____,
в лице директора _____,
действующего на основании Устава, с одной стороны, и

АРЕНДАТОР: _____,
в лице _____,
действующего на основании доверенности № _____ от «____» _____ 199___ г., с другой стороны,

заключили Настоящий Договор о нижеследующем:

1. ПРЕДМЕТ ДОГОВОРА

АРЕНДОДАТЕЛЬ передает, а АРЕНДАТОР принимает во временное владение и пользование следующее оборудование (далее по тексту — «арендуемое имущество»):

1.1. Наименование: согласно Приложения № 1.

1.2. Состояние (качество) арендуемого имущества на момент передачи в аренду: _____

2. ЦЕЛЬ АРЕНДЫ

Промышленное использование.

3. ПОРЯДОК ПЕРЕДАЧИ ИМУЩЕСТВА В АРЕНДУ

3.1. Арендуемое имущество должно быть передано АРЕНДОДАТЕЛЕМ и принято АРЕНДАТОРОМ в течение 10 дней с момента подписания Настоящего Договора.

3.2. Передача имущества в аренду осуществляется соответствующими специалистами сторон по акту передачи.

4. СРОК АРЕНДЫ

4.1. Арендуемое имущество считается переданным АРЕНДАТОРУ с момента подписания акта приемки арендуемого имущества.

4.2. Срок аренды составляет _____ с момента принятия арендуемого имущества по акту приемки.

4.3. Срок аренды может быть сокращен только по соглашению сторон.

5. АРЕНДНАЯ ПЛАТА И ПОРЯДОК РАСЧЕТОВ

5.1. Размер арендных платежей составляет _____ руб. в _____ (с НДС).
(срок)

5.2. Арендная плата уплачивается в безналичном порядке на расчетный счет АРЕНДОДАТЕЛЯ вперед не позднее _____.

5.3. Размер арендной платы может пересматриваться по соглашению сторон 1 раз в течение _____.
(срок)

6. ПРАВА И ОБЯЗАННОСТИ АРЕНДОДАТЕЛЯ

6.1. АРЕНДОДАТЕЛЬ имеет право осуществлять проверку порядка использования АРЕНДАТОРОМ арендуемого имущества в соответствии с условиями Настоящего Договора.

6.2. АРЕНДОДАТЕЛЬ обязан:

— ознакомить АРЕНДАТОРА с правилами технической эксплуатации арендуемого имущества и при необходимости направить своего специалиста для проведения соответствующего инструктажа на месте эксплуатации;

— оказывать информационное и консультационное содействие АРЕНДАТОРУ по порядку правильной эксплуатации арендуемого имущества.

7. ПРАВА И ОБЯЗАННОСТИ АРЕНДАТОРА

7.1. АРЕНДАТОР обязуется:

— использовать арендуемое имущество по его целевому назначению в соответствии с п. 2 Настоящего Договора;

— своевременно производить арендные платежи;

— соблюдать надлежащий режим эксплуатации и хранения арендуемого имущества в соответствии с технической документацией;

— исключить доступ к арендуемому имуществу некомпетентных лиц;

— содержать арендуемое имущество в полной исправности.

8. ПОРЯДОК ВОЗВРАЩЕНИЯ ИМУЩЕСТВА АРЕНДОДАТЕЛЮ

8.1. По окончании срока аренды АРЕНДАТОР обязан в течение _____ возвратить арендуемое имущество АРЕНДОДАТЕЛЮ
(срок)

вместе с тарой, упаковкой и технической документацией (комплектно) по акту передачи.

8.2. Возврат арендуемого имущества осуществляется соответствующими специалистами сторон.

8.3. Арендованное имущество должно быть передано АРЕНДОДАТЕЛЮ в исправном состоянии с учетом нормального износа.

8.4. Арендуемое имущество может быть выкуплено АРЕНДАТОРОМ (полностью или частично) в порядке и на условиях, предусмотренных соглашением сторон.

9. ОТВЕТСТВЕННОСТЬ СТОРОН

9.1 АРЕНДАТОР несет следующую ответственность по Настоящему Договору:

— в случае просрочки в принятии арендуемого имущества пеня в размере _____ от стоимости имущества за каждый день просрочки;
— в случае просрочки по уплате арендных платежей пеня в размере _____ от суммы долга за каждый день просрочки;
— в случае нецелевого использования арендуемого имущества штраф в размере _____ от суммы годовой арендной платы;
— за передачу арендуемого имущества или его части в субаренду без согласия АРЕНДОДАТЕЛЯ штраф в размере _____ руб.

9.2. АРЕНДОДАТЕЛЬ несет следующую ответственность по Настоящему Договору:
— в случае просрочки по сдаче арендуемого имущества АРЕНДАТОРУ пеня в размере _____ от его договорной стоимости за каждый день просрочки.

10. ОСНОВАНИЯ ДОСРОЧНОГО РАСТОРЖЕНИЯ НАСТОЯЩЕГО ДОГОВОРА

10.1. Настоящий Договор расторжению в одностороннем порядке не подлежит, за исключением случаев, когда одна из сторон систематически нарушает условия договора и свои обязательства.

10.2. Иные основания:
_____

11. УСЛОВИЯ СОГЛАСОВАНИЯ СВЯЗИ МЕЖДУ СТОРОНАМИ

Полномочными представителями сторон по Настоящему Договору являются:

АРЕНДАТОР: _____ телефон _____.

АРЕНДОДАТЕЛЬ: _____ телефон _____.

12. ОСОБЫЕ УСЛОВИЯ НАСТОЯЩЕГО ДОГОВОРА

_____
_____

13. ПРОЧИЕ УСЛОВИЯ

13.1. Настоящий Договор составлен в двух подлинных экземплярах по одному для каждой из сторон.

13.2. В случаях, не предусмотренных Настоящим Договором, стороны руководствуются действующим гражданским законодательством.

13.3. После подписания Настоящего Договора все предварительные переговоры по нему, переписка, предварительные соглашения и протоколы о намерениях по вопросам, так или иначе касающимся Настоящего Договора, теряют юридическую силу.

13.4. Все исправления по тексту Настоящего Договора имеют юридическую силу только при взаимном их удостоверении представителями сторон в каждом отдельном случае.

14. ПРИЛОЖЕНИЯ К НАСТОЯЩЕМУ ДОГОВОРУ

14.1. К Настоящему Договору прилагается:

_____.

14.2. Приложения к Настоящему Договору составляют его неотъемлемую часть.

**Юридические адреса, банковские реквизиты
и подписи сторон**

ДОГОВОР
аренды легкового автомобиля у частного лица

г. _____   «___» _____ 199__ г.

АРЕНДОДАТЕЛЬ: _____,
                                  (ф. и. о.)

с одной стороны, и

АРЕНДАТОР: _____,
в лице директора _____,
действующего на основании Устава, с другой стороны,

заключили Настоящий Договор о нижеследующем:

1. ПРЕДМЕТ ДОГОВОРА

АРЕНДОДАТЕЛЬ передает, а АРЕНДАТОР принимает во временное пользование следующее имущество:

1.1. Легковой автомобиль марки: _____.

1.2. Государственный номер: _____

1.3. Стоимость автомобиля: _____

2. ЦЕЛЬ И ПОРЯДОК АРЕНДЫ

2.1. Арендуемый автомобиль будет использоваться АРЕНДАТОРОМ для служебных поездок персонала последнего, а также для грузовой перевозки мелких вещей.

2.2. Территория служебных поездок определяется административно-территориальными границами _____ области.

3. ПОРЯДОК ПЕРЕДАЧИ АВТОМОБИЛЯ В АРЕНДУ

3.1. Арендуемый автомобиль передается АРЕНДАТОРУ в течение _____ с момента подписания Настоящего Договора.

3.2. Передача автомобиля в аренду осуществляется по акту передачи.

4. СРОК АРЕНДЫ

4.1. Срок аренды составляет _____ лет с «___» _____ 199__ г. по «___» _____ 199__ г.

5. АРЕНДНАЯ ПЛАТА И ПОРЯДОК РАСЧЕТОВ

5.1. Арендная плата устанавливается в размере _____ руб. в месяц.

5.2. Арендная плата уплачивается наличными деньгами через кассу АРЕНДАТОРА или по заявлению АРЕНДОДАТЕЛЯ в безналичном порядке на лицевой счет последнего в учреждении Сбербанка не позднее _____ числа каждого _____ месяца.

5.3. Размер арендной платы подлежит пересмотру в случае изменения минимального размера заработной платы.

5.4. Платежи, не обусловленные Настоящим Договором, АРЕНДАТОРОМ не производятся.

6. ПРАВА И ОБЯЗАННОСТИ АРЕНДОДАТЕЛЯ

6.1. АРЕНДОДАТЕЛЬ по Настоящему Договору обязуется:
— предоставить в аренду автомобиль в технически исправном состоянии;
— производить ремонт и техническое обслуживание автомобиля;
— осуществлять заправку автомобиля ГСМ;
— предоставить АРЕНДАТОРУ необходимую документацию на арендуемый автомобиль и необходимые принадлежности;
— самостоятельно производить обязательные для владельца автомобиля платежи в бюджет.

7. ПРАВА И ОБЯЗАННОСТИ АРЕНДАТОРА

7.1. АРЕНДАТОР обязуется:
— использовать арендуемый автомобиль по его целевому назначению в соответствии с п. 2 Настоящего Договора;
— своевременно производить арендные платежи;
— финансировать профилактическое обслуживание и текущий ремонт арендуемого автомобиля;
— финансировать устранение неисправностей и поломок автомобиля;
— оказывать содействие АРЕНДОДАТЕЛЮ в приобретении необходимых деталей к автомобилю и запасных частей;
— осуществлять замену деталей и частей автомобиля;
— осуществлять за свой счет заправку автомобиля ГСМ в период использования автомобиля по Настоящему Договору;
— устранять последствия аварий и повреждений автомобиля, которые возникли во время эксплуатации его АРЕНДАТОРОМ;
— застраховать арендуемый автомобиль на срок аренды за свой счет.

7.2. АРЕНДАТОР имеет право сдавать автомобиль в субаренду только с согласия АРЕНДОДАТЕЛЯ.

8. ПОРЯДОК ВОЗВРАЩЕНИЯ АВТОМОБИЛЯ АРЕНДОДАТЕЛЮ

8.1. Автомобиль должен быть возвращен АРЕНДОДАТЕЛЮ по окончании срока аренды по п. 4 Настоящего Договора в исправном состоянии с учетом нормального износа, возникшего в период эксплуатации.

8.2. Возвращение автомобиля производится по акту.

9. ОТВЕТСТВЕННОСТЬ СТОРОН

9.1. АРЕНДАТОР несет следующую ответственность по договору:
— в случае просрочки по уплате арендных платежей пеня в размере _____ от суммы долга за каждый день просрочки;
— в случае нецелевого использования автомобиля штраф в размере _____ от его стоимости;

9.2. АРЕНДОДАТЕЛЬ несет следующую ответственность по договору:
— в случае просрочки по сдаче автомобиля в аренду АРЕНДАТОРУ штраф в размере _____ , который удерживается из арендных платежей причитающихся АРЕНДОДАТЕЛЮ.

10. ОСНОВАНИЯ ДОСРОЧНОГО РАСТОРЖЕНИЯ НАСТОЯЩЕГО ДОГОВОРА

10.1. Настоящий Договор расторжению в одностороннем порядке не подлежит, за исключением случаев, когда одна из сторон систематически нарушает условия договора и свои обязательства.

11. ОСОБЫЕ УСЛОВИЯ НАСТОЯЩЕГО ДОГОВОРА

_____

_____.

12. ПРОЧИЕ УСЛОВИЯ

12.1. Настоящий Договор составлен в двух подлинных экземплярах по одному для каждой из сторон.

12.2. Настоящий Договор вступает в силу с момента начала срока аренды по п. 4 Настоящего Договора.

12.3. В случаях, не предусмотренных Настоящим Договором, стороны руководствуются действующим гражданским законодательством.

13. АДРЕСА И РЕКВИЗИТЫ СТОРОН

13.1. АРЕНДОДАТЕЛЬ:

Почтовый адрес и индекс: _____.

Данные паспорта: серия _____ № _____ выданный

«___» _____ 19 __ г. _____

(кем)

13.2. АРЕНДАТОР:

Почтовый адрес и индекс: _____.

Телефон _____.

Расчетный счет № _____ в банке _____

МФО _____, КОД _____

АРЕНДОДАТЕЛЬ   АРЕНДАТОР

_____(......)   _____(......)

М. П.

ДОГОВОР
аренды имущества с правом выкупа

г. _____   «____» _____ 199__ г.

АРЕНДОДАТЕЛЬ: _____,
в лице директора _____,
действующего на основании Устава, с одной стороны, и

АРЕНДАТОР: _____,
в лице _____,
действующего на основании доверенности № _____
от «____» _____ 199____ г., с другой стороны,

заключили Настоящий Договор о нижеследующем:

1. ПРЕДМЕТ ДОГОВОРА

АРЕНДОДАТЕЛЬ передает, а АРЕНДАТОР принимает во временное владение и пользование следующее имущество:

1.1. Наименование: _____.

1.2. Стоимость арендуемого имущества: _____

1.3. Срок амортизации: _____

1.4. Состояние арендуемого имущества на момент передачи в аренду:
_____.

1.5. Недостатки арендуемого имущества: _____
_____.

2. ЦЕЛЬ И ПОРЯДОК АРЕНДЫ

_____.

3. ПОРЯДОК ПЕРЕДАЧИ ИМУЩЕСТВА В АРЕНДУ

3.1. Указанное в п. 1 Настоящего Договора имущество должно быть передано АРЕНДОДАТЕЛЕМ и принято АРЕНДАТОРОМ в течение _____ с момента подписания Настоящего Договора.

3.2. Передача имущества в аренду осуществляется по акту передачи.

3.3. Стороны при передаче имущества обязаны проверить исправность арендуемого имущества, о чем в акте передачи должно быть указано.

4. СРОК АРЕНДЫ

4.1. Срок аренды составляет _____ лет с момента принятия арендуемого имущества по акту приемки.

5. АРЕНДНАЯ ПЛАТА И ПОРЯДОК РАСЧЕТОВ

5.1. АРЕНДАТОР обязуется своевременно производить арендные платежи в размере _____ руб. в _____.
(срок)

5.2. Арендная плата уплачивается в безналичном порядке на расчетный счет АРЕНДОДАТЕЛЯ не позднее, _____ числа каждого _____ (месяца, квартала, полугодия).

5.3. АРЕНДАТОР обязан в течение _____ с момента _____ перечислить арендную плату за _____ авансом.

5.4. Размер арендной платы может пересматриваться сторонами 1 раз в течение _____.
(срок)

(Вариант. Размер арендной платы является фиксированным и пересмотру не подлежит.)

5.5. В состав арендной платы амортизационные отчисления _____.
(включаются, не включаются)

5.6. Арендная плата по согласованию сторон может вноситься в натуральной или смешанной форме продуктами питания, товарами, услугами.

6. ПРАВА И ОБЯЗАННОСТИ АРЕНДОДАТЕЛЯ

6.1. АРЕНДОДАТЕЛЬ имеет право осуществлять проверку порядка использования АРЕНДАТОРОМ арендуемого имущества в соответствии с условиями Настоящего Договора.

7. ПРАВА И ОБЯЗАННОСТИ АРЕНДАТОРА

7.1. АРЕНДАТОР обязуется:
— использовать арендуемый объект по его целевому назначению в соответствии с п. 2 Настоящего Договора;

— производить за свой счет профилактическое обслуживание и текущий ремонт арендуемого имущества;
— производить капитальный ремонт арендуемого имущества;
— за свой счет устранять неисправности и поломки имущества.

8. ПОРЯДОК ВЫКУПА АРЕНДУЕМОГО ИМУЩЕСТВА

8.1. Арендуемое имущество переходит в собственность АРЕНДАТОРА, если он внес АРЕНДОДАТЕЛЮ всю причитающуюся ему арендную плату со стоимости сданного на полный амортизационный срок имущества, а также внес АРЕНДОДАТЕЛЮ арендные платежи с остаточной стоимости имущества, аренда которого согласно договора прекращена до завершения амортизационного срока.

8.2. Порядок передачи и оформления права собственности на арендуемое имущество осуществляется сторонами по акту в течение _____ с момента _____.

9. ОТВЕТСТВЕННОСТЬ СТОРОН

9.1. АРЕНДАТОР несет следующую ответственность по договору:
— в случае просрочки в принятии арендуемого имущества пеня в размере _____ от стоимости имущества за каждый день просрочки;
— в случае просрочки по уплате арендных платежей пеня в размере _____ от суммы долга за каждый день просрочки;
— в случае нецелевого использования арендуемого имущества штраф в размере _____ от суммы договора.

9.2. АРЕНДОДАТЕЛЬ несет следующую ответственность по договору:
— в случае просрочки по сдаче арендуемого имущества АРЕНДАТОРУ пеня в размере _____ от его договорной стоимости за каждый день просрочки.

10. ОСНОВАНИЯ ДОСРОЧНОГО РАСТОРЖЕНИЯ НАСТОЯЩЕГО ДОГОВОРА

10.1. Настоящий Договор расторжению в одностороннем порядке не подлежит, за исключением случаев, когда одна из сторон систематически нарушает условия договора и свои обязательства.

10.2. Иные основания:

11. УСЛОВИЯ СОГЛАСОВАНИЯ СВЯЗИ МЕЖДУ СТОРОНАМИ

Полномочными представителями сторон по Настоящему Договору являются:

АРЕНДАТОР: _____ телефон _____.

АРЕНДОДАТЕЛЬ: _____ телефон _____.

12. ОСОБЫЕ УСЛОВИЯ НАСТОЯЩЕГО ДОГОВОРА

_____

13. ПРОЧИЕ УСЛОВИЯ

13.1. Настоящий Договор составлен в двух подлинных экземплярах по одному для каждой из сторон.

13.2. В случаях, не предусмотренных Настоящим Договором, стороны руководствуются действующим гражданским законодательством.

13.3. После подписания Настоящего Договора все предварительные переговоры по нему, переписка, предварительные соглашения и протоколы о намерениях, по вопросам, так или иначе касающимся Настоящего Договора, теряют юридическую силу.

13.4. Все исправления по тексту Настоящего Договора имеют юридическую силу только при взаимном их удостоверении представителями сторон в каждом отдельном случае.

Юридические адреса, банковские реквизиты и подписи сторон

ДОГОВОР
субаренды

г. _____   «___» _____ 199__ г.

АРЕНДАТОР: _____,

в лице директора _____,

действующего на основании Устава, с одной стороны, и

СУБАРЕНДАТОР: _____,
в лице _____,
действующего на основании доверенности № _____
от «____» _____ 199____ г., с другой стороны,

заключили Настоящий Договор о нижеследующем:

1. ПРЕДМЕТ ДОГОВОРА

1.1. АРЕНДАТОР передает, а СУБАРЕНДАТОР принимает во временное владение и пользование имущество согласно перечню, прилагаемому к Настоящему Договору (Приложение № 1).

1.2. Арендуемое имущество находится во владении и пользовании АРЕНДАТОРА в соответствии с договором аренды № _____ от «____» _____ 199___ г. между АРЕНДАТОРОМ и _____, который далее по тексту именуется АРЕНДОДАТЕЛЬ.

2. ЦЕЛЬ И ПОРЯДОК АРЕНДЫ

_____

3. ПОРЯДОК ПЕРЕДАЧИ ИМУЩЕСТВА В АРЕНДУ

3.1. Указанное в п. 1 Настоящего Договора имущество должно быть передано АРЕНДАТОРОМ и принято СУБАРЕНДАТОРОМ в течение _____ с момента _____.

3.2. Передача имущества в аренду осуществляется по акту передачи.

3.3. Стороны при передаче имущества обязаны проверить исправность арендуемого имущества, о чем в акте передачи должно быть указано.

4. СРОК АРЕНДЫ

4.1. Срок аренды составляет _____ с момента принятия арендуемого объекта по акту приемки.

4.2. Срок аренды может быть сокращен только по соглашению сторон.

5. АРЕНДНАЯ ПЛАТА И ПОРЯДОК РАСЧЕТОВ

5.1. СУБАРЕНДАТОР уплачивает арендную плату в размере руб. в _____ (с НДС).
(срок)

5.2. Арендная плата уплачивается в безналичном порядке на расчетный счет АРЕНДАТОРА не позднее ____ числа каждого месяца.

5.3. Арендная плата по согласованию сторон может вноситься в натуральной или смешанной форме продуктами питания, товарами, услугами.

6. ПРАВА И ОБЯЗАННОСТИ АРЕНДАТОРА

6.1. АРЕНДАТОР имеет право осуществлять проверку порядка использования СУБАРЕНДАТОРОМ арендуемого имущества в соответствии с условиями Настоящего Договора.

7. ПРАВА И ОБЯЗАННОСТИ СУБАРЕНДАТОРА

7.1. СУБАРЕНДАТОР обязуется:
— использовать арендуемое имущество по его целевому назначению в соответствии с п. 2 Настоящего Договора;
— содержать арендуемое имущество в полной исправности;
— производить за свой счет профилактическое обслуживание и текущий ремонт арендуемого имущества;
— за свой счет устранять неисправности и поломки имущества.

7.2. Дополнительные обязанности СУБАРЕНДАТОРА:

_____

8. ПОРЯДОК ВОЗВРАЩЕНИЯ ИМУЩЕСТВА АРЕНДАТОРУ

8.1. По окончании срока аренды по Настоящему Договору СУБАРЕНДАТОР обязан в течение _____ возвратить арендуемое имущество АРЕНДАТОРУ по акту.

8.2. Арендованное имущество должно быть передано АРЕНДАТОРУ в исправном состоянии с учетом нормального износа.

9. ОТВЕТСТВЕННОСТЬ СТОРОН

9.1. АРЕНДАТОР несет следующую ответственность по Настоящему Договору:

_____

9.2. СУБАРЕНДАТОР несет следующую ответственность по Настоящему Договору:

_____

10. ОСНОВАНИЯ ДОСРОЧНОГО РАСТОРЖЕНИЯ НАСТОЯЩЕГО ДОГОВОРА

10.1. Настоящий Договор расторжению в одностороннем порядке не подлежит за исключением случаев, когда одна из сторон систематически нарушает условия договора и свои обязательства.

10.2. Настоящий Договор прекращает свое действие в случае расторжения договора аренды между АРЕНДАТОРОМ и АРЕНДОДАТЕЛЕМ от «_____» _____ 199___ г. по любому основанию. В этом случае СУБАРЕНДАТОР имеет право требовать от АРЕНДАТОРА возмещения убытков, вызванных досрочным прекращением Настоящего Договора.

11. ОСОБЫЕ УСЛОВИЯ НАСТОЯЩЕГО ДОГОВОРА

_____

12. ПРОЧИЕ УСЛОВИЯ

12.1. Настоящий Договор составлен в двух подлинных экземплярах по одному для каждой из сторон.

12.2. В случаях, не предусмотренных Настоящим Договором, стороны руководствуются действующим гражданским законодательством, а также условиями договора аренды № _____ от «_____» _____ 199___ г. между АРЕНДАТОРОМ и АРЕНДОДАТЕЛЕМ.

12.3. Настоящий Договор не изменяет условия договора аренды № _____ от «_____» _____ 199___ г. между АРЕНДАТОРОМ и АРЕНДОДАТЕЛЕМ.

13. ПРИЛОЖЕНИЯ К НАСТОЯЩЕМУ ДОГОВОРУ

13.1. К Настоящему Договору прилагается Приложение № 1 «Перечень имущества, предоставляемого в субаренду».

13.2. Приложения к Настоящему Договору составляют его неотъемлемую часть.

Юридические адреса, банковские реквизиты и подписи сторон

СОГЛАСОВАНО

АРЕНДОДАТЕЛЬ: _____,
(полное фирменное наименование предприятия)

в лице директора _____,
(Ф. И. О.)

действующего на основании Устава

_____ (. . . . .)

«____» _____ 199___ г.   М. П.

ДОГОВОР
аренды оборудования (лизинга)

г. _____   «____» _____ 199___ г.

БАНК: _____,

в лице директора _____,

действующего на основании Устава, с одной стороны, и

АРЕНДАТОР: _____,

в лице _____,

действующего на основании доверенности № _____

от «____» _____ 199___ г., с другой стороны,

заключили Настоящий Договор о нижеследующем:

1. ПРЕДМЕТ ДОГОВОРА

1.1. БАНК передает, а АРЕНДАТОР принимает во временное владение и пользование следующее имущество:

Наименование	Кол-во	Стоимость за ед. (в руб.)	Срок аморт.
1.			
2.			
3.			
4.			
5.			
6.			

Итого в аренду передается указанное имущество на общую сумму _____ руб.

1.2. Имущество, указанное в пункте 1.1 Настоящего Договора, БАНК приобретает у предприятия-поставщика за свой счет на условиях, ранее согласованных между АРЕНДАТОРОМ и предприятием-поставщиком.

1.3. Передаваемое в аренду имущество является собственностью БАНКА.

2. ЦЕЛЬ И ПОРЯДОК АРЕНДЫ

3. ПОРЯДОК ПЕРЕДАЧИ ИМУЩЕСТВА В АРЕНДУ

3.1. БАНК передает АРЕНДАТОРУ права предъявлять требования к предприятию-поставщику по срокам, качеству и комплектности поставки арендуемого оборудования.

3.2. После заключения договора поставки имущества БАНК своевременно извещает об этом АРЕНДАТОРА и передает последнему всю необходимую для получения имущества документацию.

3.3. АРЕНДАТОР в течение _____ дней со дня получения арендуемого оборудования представляет БАНКУ копию акта о его приемке и вводе в эксплуатацию.

3.4. Нарушение предприятием-поставщиком требований по качеству и комплектности поставки арендуемого оборудования не освобождает АРЕНДАТОРА от исполнения обязательств по Настоящему Договору.

4. СРОК АРЕНДЫ

4.1. Имущество считается переданным АРЕНДАТОРУ с момента подписания акта приемки.
4.2. Срок аренды составляет _____ лет с момента принятия арендуемого имущества по акту приемки.
4.3. Срок аренды может быть сокращен только по соглашению сторон.

5. ПОРЯДОК РАСЧЕТОВ

5.1. Арендная плата вносится АРЕНДАТОРОМ в следующем порядке (с учетом НДС):

199___ г.	_____	руб.
199___ г.	_____	руб.
199___ г.	_____	руб.
199___ г.	_____	руб.
199___ г.	_____	руб.
Итого:	_____	руб.

5.2. Внесение арендных платежей АРЕНДАТОРОМ производится ежеквартально равными долями в размере 1/4 от годовой суммы арендной платы не позднее _____ числа последнего месяца квартала.
5.3. Арендная плата уплачивается в безналичном порядке на расчетный счет БАНКА.
5.4. Арендная плата по согласованию сторон может вноситься в натуральной или смешанной форме, продуктами питания, товарами, услугами.
5.5. Размер арендной платы может быть изменен по соглашению сторон и в других случаях, предусмотренных законодательством.

6. ПРАВА И ОБЯЗАННОСТИ БАНКА

6.1. БАНК имеет право осуществлять проверку порядка использования АРЕНДАТОРОМ арендуемого имущества в соответствии с условиями Настоящего Договора.

7. ПРАВА И ОБЯЗАННОСТИ АРЕНДАТОРА

7.1. Риск случайной полной или частичной утраты или порчи арендуемого имущества лежит на АРЕНДАТОРЕ.

7.2. АРЕНДАТОР обязан застраховать арендуемое имущество в течение _____ дней после его получения.

7.3. АРЕНДАТОР также обязуется:
— использовать арендуемое имущество по его целевому назначению в соответствии с п. 2 Настоящего Договора;
— своевременно вносить арендные платежи;
— содержать арендуемое имущество в соответствии со стандартами, техническими условиями и иной документацией предприятия-изготовителя;
— нести все расходы по эксплуатации, техническому обслуживанию, ремонту имущества;
— производить за свой счет капитальный и текущий ремонт арендуемого имущества.

7.4. АРЕНДАТОР имеет право сдавать арендуемое имущество в субаренду с согласия АРЕНДОДАТЕЛЯ.

8. ПОРЯДОК ВОЗВРАЩЕНИЯ ИМУЩЕСТВА АРЕНДОДАТЕЛЮ

8.1. По окончании срока аренды по Настоящему Договору АРЕНДАТОР обязан в течение _____ возвратить арендуемое имущество АРЕНДОДАТЕЛЮ по акту.

8.2. Арендуемое имущество должно быть передано АРЕНДОДАТЕЛЮ в исправном состоянии с учетом нормального износа.

8.3. Арендуемое имущество может быть также приобретено АРЕНДАТОРОМ у БАНКА в собственность по цене, устанавливаемой дополнительным соглашением сторон.

8.4. В случае, когда АРЕНДАТОР произвел за свой счет и с согласия АРЕНДОДАТЕЛЯ улучшения, неотделимые без вреда для арендуемого имущества он _____ право после
(имеет, не имеет)
прекращения договора на возмещение стоимости этих улучшений.

9. ОТВЕТСТВЕННОСТЬ СТОРОН

9.1. АРЕНДАТОР несет перед БАНКОМ следующую ответственность по Настоящему Договору:
— в случае несообщения БАНКУ в течение _____ дней о получении арендуемого имущества уплачивает штраф в размере ___ ;
— в случае просрочки в принятии арендуемого имущества уплачивает пеню в размере _____ от стоимости имущества за каждый день просрочки;

— в случае просрочки по уплате арендных платежей уплачивает пеню в размере _____ от суммы долга за каждый день просрочки;
— в случае нецелевого использования арендуемого имущества уплачивает штраф в размере _____ от суммы договора.

10. ОСНОВАНИЯ ДОСРОЧНОГО РАСТОРЖЕНИЯ НАСТОЯЩЕГО ДОГОВОРА

10.1. Настоящий Договор расторжению в одностороннем порядке не подлежит, за исключением случаев, когда одна из сторон систематически нарушает условия договора и свои обязательства.
10.2. Иные основания:
_____

11. ОСОБЫЕ УСЛОВИЯ НАСТОЯЩЕГО ДОГОВОРА

_____

12. ПРОЧИЕ УСЛОВИЯ

12.1. Настоящий Договор составлен в двух подлинных экземплярах по одному для каждой из сторон.
12.2. В случаях, не предусмотренных Настоящим Договором, стороны руководствуются действующим гражданским законодательством.
12.4. Все исправления по тексту Настоящего Договора имеют юридическую силу только при взаимном их удостоверении представителями сторон в каждом отдельном случае.

Юридические адреса, банковские реквизиты и подписи сторон

Раздел 8

ПОДРЯД

Договор подряда является наряду с договором купли-продажи самым распространенным в деловом обороте, поскольку может использоваться практически в любой сфере хозяйственной деятельности.

По договору подряда ПОДРЯДЧИК обязуется за свой риск выполнить определенную работу по заданию ЗАКАЗЧИКА с использованием своих или его материалов, а ЗАКАЗЧИК обязуется принять работу и оплатить ее.

Предметом договора подряда является определенный результат выполненной работы (например, новая, преобразованная или отремонтированная вещь). Именно это обстоятельство отличает договор подряда от договора по оказанию услуг, предметом которого является сама услуга как непередаваемое, неразрывно связанное с деятельностью услугодателя благо (см. раздел 6).

Если предмет подряда до сдачи его ЗАКАЗЧИКУ случайно погиб или окончание работы стало невозможным не по вине ЗАКАЗЧИКА, ПОДРЯДЧИК не вправе требовать вознаграждения за работу.

Предмет договора подряда определяется заданием ЗАКАЗЧИКА, которое фиксируется либо в тексте договора, либо в приложении к нему.

При выполнении работ по договору подряда может быть составлена твердая или приблизительная смета. По общему правилу смета составляется ПОДРЯДЧИКОМ как специалистом в области определенной деятельности и согласовывается с ЗАКАЗЧИКОМ.

Работу по выполнению заказа ПОДРЯДЧИК огранизует по своему усмотрению. Он вправе привлечь к исполнению договора других лиц (субподрядчиков). При этом он отвечает перед ЗАКАЗЧИКОМ за результаты работ и выступает перед ним в качестве генерального подрядчика, а перед субподрядчиком — в качестве ЗАКАЗЧИКА.

Если ПОДРЯДЧИК допустил недостатки в работе, ЗАКАЗЧИК вправе потребовать безвозмездного исправления недостатков, или возмещения необходимых расходов по их исправлению, или соответствующего уменьшения вознаграждения за работу.

Важнейшая обязанность ПОДРЯДЧИКА — обеспечение сохранности вверенного ему ЗАКАЗЧИКОМ имущества. Он несет ответственность за всякое упущение, повлекшее за собой утрату или повреждение этого имущества.

Нижепредлагаемые договоры подряда содержат в себе довольно большое количество условий, тем не менее, в зависимости от конкретной ситуации, некоторые условия можно сформулировать по-иному, а от некоторых условий можно отказаться.

ДОГОВОР
подряда

г. _____   «____» _____ 199 ___ г.

ЗАКАЗЧИК: _____,
　　　　　　(полное фирменное наименование предприятия)
в лице директора _____,
действующего на основании _____,
с одной стороны, и

ПОДРЯДЧИК: _____,
　　　　　　(полное фирменное наименование предприятия)
в лице _____,
действующего на основании доверенности № _____
от «____» _____ 199 ___ г., с другой стороны,

заключили Настоящий Договор о нижеследующем:

1. ПРЕДМЕТ ДОГОВОРА

ЗАКАЗЧИК поручает, а ПОДРЯДЧИК обязуется за свой риск выполнить в соответствии с условиями Настоящего Договора работу, а ЗАКАЗЧИК обязуется принять эту работу и оплатить ее.

2. ХАРАКТЕР ВЫПОЛНЯЕМЫХ ПОДРЯДЧИКОМ РАБОТ

_____
(указываются точное наименование работы, которую выполняет ПОДРЯДЧИК)
_____

_____

3. ТРЕБОВАНИЯ ЗАКАЗЧИКА К ПРЕДМЕТУ ПОДРЯДА

3.1. Предметом подряда (результатом выполненных работ по Настоящему Договору) является: _____

_____

3.2. Количественные характеристики предмета подряда:

_____

3.3. Качество предмета подряда должно отвечать следующим условиям: _____
_____

3.4. ПОДРЯДЧИК обязан строго выполнять все указания **ЗАКАЗЧИКА** по поводу выполнения работы.

3.5. ПОДРЯДЧИК обязан немедленно информировать **ЗАКАЗЧИКА** в том случае, если соблюдение им указаний **ЗАКАЗЧИКА** грозит годности или прочности выполняемой работы.

4. ИНСТРУМЕНТ, МАТЕРИАЛЫ И УСЛОВИЯ ВЫПОЛНЕНИЯ РАБОТ

4.1. Работы выполняются из материалов **ЗАКАЗЧИКА** за исключением тех материалов, которые по условиям Настоящего Договора предоставил **ПОДРЯДЧИК**.

4.2. Работа выполняется из следующих материалов **ПОДРЯДЧИКА**:

1. _____ в количестве _____ цена _____.

2. _____ в количестве _____ цена _____.

3. _____ в количестве _____ цена _____.

4.3. Качество материалов **ПОДРЯДЧИКА** должно соответствовать _____
_____

4.4. Риск случайной гибели или порчи материалов **ПОДРЯДЧИКА** с момента передачи несет _____
(ЗАКАЗЧИК или ПОДРЯДЧИК)

4.5. ЗАКАЗЧИК на срок действия договора предоставляет **ПОДРЯДЧИКУ** следующий инструмент и оборудование для выполнения работ:

1. _____ в количестве _____ цена _____.

2. _____ в количестве _____ цена _____.

4.6. ЗАКАЗЧИК в течение _____ с момента подписания Настоящего Договора предоставляет **ПОДРЯДЧИКУ** необходимую проектную документацию: чертежи, образцы, а также иные необходимые документы для выполнения работ.

4.7. ЗАКАЗЧИК обязуется обеспечить **ПОДРЯДЧИКУ** необходимые условия для выполнения работ, включающие в себя _____
_____

4.8. Материал, инструмент, оборудование и необходимые условия по п п. 4.5–4.7 должны быть предоставлены ПОДРЯДЧИКУ для выполнения работ по акту в течение _____ с момента подписания Настоящего Договора.

4.9. В случае недоброкачественности предоставленного материала ЗАКАЗЧИК обязан произвести замену материала в срок _____ с момента уведомления его ПОДРЯДЧИКОМ.

5. ВОЗНАГРАЖДЕНИЕ ПОДРЯДЧИКА

5.1. Стоимость и расходы по выполнению работ определяются согласно приблизительной смете (Приложение № 1 к Настоящему Договору).

5.2. В случае необходимости превысить приблизительную смету ПОДРЯДЧИК обязан письменно известить об этом ЗАКАЗЧИКА в течение _____ дней.

К извещению должны быть приложены документы, обосновывающие повышение сметы.

5.3. ЗАКАЗЧИК обязан в течение _____ дней после извещения дать ПОДРЯДЧИКУ соответствующий ответ о подтверждении заказа или об отказе от договора.

5.4. Значительным считается превышение приблизительной сметы более чем на _____ от общей суммы приблизительной сметы.

5.5. Расходы ПОДРЯДЧИКА возмещаются им из вознаграждения, выплачиваемого ЗАКАЗЧИКОМ.

5.6. Стоимость работ по Настоящему Договору указаны без учета НДС (с учетом НДС).

6. ДОПЛАТЫ

6.1. За досрочное выполнение работ более чем на _____ дней ЗАКАЗЧИК производит ПОДРЯДЧИКУ доплату в размере _____ от стоимости работ.

7. ПОРЯДОК РАСЧЕТОВ

7.1. Сроки оплаты:

— в течение _____ с момента подписания Настоящего Договора аванс (задаток) в размере _____;

— в течение _____ с момента подписания акта сдачи-приемки работ окончательный расчет.

7.2. Порядок оплаты: _____
(почтовый, телеграфный)

7.3. Вид расчетов _____
(наличный, безналичный, смешанный)

7.4. Форма расчетов: _____
(платежное требование, чек,
требование-поручение, аккредитив)

7.5. ЗАКАЗЧИК обязан известить ПОДРЯДЧИКА об осуществлении платежа в срок _____ с момента _____ путем _____.
(телеграмма с уведомлением, факс и т. д.)

7.6. Доплата по п. 6 Настоящего Договора выплачивается в том же порядке, что и основная сумма платежа.

8. СРОК ВЫПОЛНЕНИЯ РАБОТ

8.1. ПОДРЯДЧИК обязуется приступить к выполнению работ в течение _____ с момента предоставления материалов, инструмента и необходимой документации.

8.2. ПОДРЯДЧИК обязуется выполнить работу в течение _____ с правом досрочного выполнения.

8.3. Промежуточные сроки: _____

8.4. По окончании выполнения работ ПОДРЯДЧИК обязан письменно известить ЗАКАЗЧИКА о готовности предмета к сдаче в течение _____.

9. КОНТРОЛЬ ЗАКАЗЧИКА ЗА ХОДОМ ВЫПОЛНЕНИЯ РАБОТ

9.1. ПОДРЯДЧИК обязуется в срок _____ информировать о ходе выполнения работ.

9.2. ЗАКАЗЧИК имеет право беспрепятственного доступа к работам ПОДРЯДЧИКА для проверки хода и качества выполняемых работ.

10. ПОРЯДОК СДАЧИ-ПРИЕМКИ ПРЕДМЕТА ПОДРЯДА

10.1. Сдача-приемка выполненных работ производится сторонами по акту в течение _____ с момента извещения ЗАКАЗЧИКА о готовности предмета подряда к приемке.

10.2. Пункт сдачи-приемки: _____
10.3. Предмет подряда должен быть представлен ЗАКАЗЧИКУ в виде _____.

10.4. Доставка предмета подряда осуществляется _____
_____
(ЗАКАЗЧИКОМ или ПОДРЯДЧИКОМ)
за счет _____ в следующем порядке _____

10.5. В срок _____ после подписания акта сдачи приемки ПОДРЯДЧИК обязан предоставить ЗАКАЗЧИКУ остатки материала, отчет об использовании материала, а также передать последнему всю документацию и чертежи, предоставленные по п. 4.6 Настоящего Договора.

11. ГАРАНТИЙНЫЕ СРОКИ

Гарантийный срок по Настоящему Договору составляет _____
с момента передачи предмета подряда.

12. СРОК ДЕЙСТВИЯ НАСТОЯЩЕГО ДОГОВОРА

12.1. Настоящий Договор вступает в силу с момента подписания его сторонами и действует до момента его окончательного исполнения, но в любом случае до «____» _____ 199___ г.
12.2. Настоящий Договор может быть пролонгирован по соглашению сторон.

13. ОТВЕТСТВЕННОСТЬ СТОРОН

13.1. За нарушение условий Настоящего Договора виновная сторона возмещает причиненные этим убытки, в том числе упущенную выгоду, в порядке, предусмотренном действующим законодательством.
13.2. ПОДРЯДЧИК по Настоящему Договору несет следующую ответственность: _____.
13.3. ЗАКАЗЧИК по Настоящему Договору несет следующую ответственность: _____.
13.4. За односторонний необоснованный отказ от исполнения своих обязательств в течение действия Настоящего Договора виновная сторона уплачивает штраф в размере _____
13.5. За нарушение иных условий Настоящего Договора виновная сторона несет следующую ответственность _____

14. ОБЕСПЕЧЕНИЕ ОБЯЗАТЕЛЬСТВ ПО НАСТОЯЩЕМУ ДОГОВОРУ

_____

(могут предусматриваться условия о залоге, страховании или поручительстве со стороны как ЗАКАЗЧИКА, так и ПОДРЯДЧИКА)

15. ПОРЯДОК РАЗРЕШЕНИЯ СПОРОВ

15.1. Все споры между сторонами, по которым не было достигнуто соглашение, разрешаются в соответствии с законодательством Российской Федерации в Арбитражном суде (третейском суде с указанием конкретного третейского суда или указать порядок формирования этого третейского суда).

15.2. Стороны устанавливают, что все возможные претензии по Настоящему Договору должны быть рассмотрены сторонами в течение _____ дней с момента получения претензии.

16. ИЗМЕНЕНИЕ УСЛОВИЙ НАСТОЯЩЕГО ДОГОВОРА

16.1. Условия Настоящего Договора имеют одинаковую обязательную силу для сторон и могут быть изменены по взаимному согласию с обязательным составлением письменного документа.

16.2. Ни одна из сторон не вправе передававть свои права по Настоящему Договору третьей стороне без письменного согласия другой стороны.

17. УСЛОВИЯ СОГЛАСОВАНИЯ СВЯЗИ МЕЖДУ СТОРОНАМИ

Полномочными представителями сторон по Настоящему Договору являются:

ПОДРЯДЧИК: _____ телефон _____

ЗАКАЗЧИК: _____ телефон _____.

18. ОСОБЫЕ УСЛОВИЯ НАСТОЯЩЕГО ДОГОВОРА

_____

_____

19. ПРОЧИЕ УСЛОВИЯ

19.1. Настоящий Договор составлен в двух подлинных экземплярах по одному для каждой из сторон.

19.2. В случаях, не предусмотренных Настоящим Договором, стороны руководствуются действующим гражданским законодательством.

19.3. После подписания Настоящего Договора все предварительные переговоры по нему, переписка, предварительные соглашения и протоколы о намерениях по вопросам, так или иначе касающимся Настоящего Договора, теряют юридическую силу.

19.4. Все исправления по тексту Настоящего Договора имеют юридическую силу только при взаимном их удостоверении представителями сторон в каждом отдельном случае.

19.5. Стороны обязуются при исполнении Настоящего Договора не сводить сотрудничество к соблюдению только содержащихся в Настоящем Договоре требований, поддерживать деловые контакты и принимать все необходимые меры для обеспечения эффективности и развития их коммерческих связей.

20. ПРИЛОЖЕНИЯ К НАСТОЯЩЕМУ ДОГОВОРУ

20.1. К Настоящему Договору прилагаются:

1. Приложение № 1 «Приблизительная смета» на _____ стр.

20.2. Приложение № 1 к Настоящему Договору составляет его неотъемлемую часть.

Юридические адреса, банковские реквизиты и подписи сторон

ДОГОВОР
подряда на капитальное строительство

г. _____   «____» _____ 199__ г.

ЗАКАЗЧИК: _____),

в лице _____),

действующего на основании _____),

с одной стороны, и

ПОДРЯДЧИК: _____,

в лице _____,

действующего на основании _____,

с другой стороны,

заключили Настоящий Договор о нижеследующем:

1. **ПОДРЯДЧИК** принимает на себя _____
(строительство новых,

_____
расширение, реконструкцию, техническое перевооружение действующих

_____
предприятий, зданий, сооружений или их очередей)

по проекту, утвержденному _____.
(кем утвержден проект, дата утверждения)

2. **ПОДРЯДЧИК** принимает на себя обязательство произвести работы, указанные в п. 1 Настоящего Договора, в соответствии с утвержденной проектно-сметной документацией, титульным списком, утвержденным _____
(кем утвержден список, дата

_____, графиком производства строительно-монтаж-
его утверждения)

ных работ в срок с _____ 199__ г. по _____ 199__ г.; обес-
(месяц)   (месяц)

печить выполнение строительно-монтажных работ в соответствии со строительными нормами и правилами; произвести индивидуальное испытание смонтированного им оборудования; принять участие в комплексном опробовании оборудования; сдать рабочей комиссии работы по Настоящему Договору; совместно с **ЗАКАЗЧИКОМ** и субподрядными организациями ввести в действие _____
(наименование

_____
предприятия, здания, сооружения, их очередей)

в целом, в том числе производственные мощности и объекты по годам:

Наименование мощности (объекта), ед. измерения	Количество	Срок ввода (год, месяц)

3. ЗАКАЗЧИК обязуется передать ПОДРЯДЧИКУ в установленном порядке утвержденную проектно-сметную документацию, оборудование, материалы и изделия, обеспечить открытие и непрерывность финансирования строительства, своевременно укомплектовать подлежащие вводу в действие объекты кадрами, обеспечить эти объекты сырьем и энергоресурсами, провести комплексное опробование оборудования подлежащих вводу в действие объектов, принять от ПОДРЯДЧИКА по акту рабочей комиссии законченное строительство _____,

(наименование предприятия, здания, сооружения или их очередей)

совместно с генеральным подрядчиком и субподрядными организациями ввести его действие в установленные сроки и произвести на него расчеты.

4. Стоимость поручаемых ПОДРЯДЧИКУ работ по Настоящему Договору подряда определена на основании договорной цены и составляет _____ рублей, в том числе строительно-монтажных работ _____ рублей.

5. Особые условия к Настоящему Договору подряда на капитальное строительство: _____

_____

6. Настоящий Договор подряда составлен в трех экземплярах: по одному для каждой стороны и один финансирующему строительство банку.

7. Приложения к Настоящему Договору: Документация, передаваемая ЗАКАЗЧИКОМ ПОДРЯДЧИКУ для заключения договора подряда на капитальное строительство, график производства строительно-монтажных работ и т.д.

Юридические адреса, банковские реквизиты и подписи сторон

ДОГОВОР

подряда на производство работ по капитальному ремонту

г. _____   «___»_____ 199__г.

ЗАКАЗЧИК: _____,

в лице _____,

действующего на основании _____,
с одной стороны, и

ПОДРЯДЧИК: _____,

в лице _____,

действующего на основании _____,
с другой стороны,

заключили Настоящий Договор о нижеследующем:

1. ЗАКАЗЧИК поручает, а ПОДРЯДЧИК принимает на себя производство работ по капитальному ремонту _____
(наименование объекта
_____ согласно утвержденным проектам, сметам, а также рабочим чертежам на эти объекты.
кап. ремонта)

2. ПОДРЯДЧИК обязан выполнить все обусловленные договором работы и сдать их в законченном виде в срок до «___»_____ 199__г. в полном соответствии с проектами, сметами, а также рабочими чертежами, передаваемыми ПОДРЯДЧИКУ ЗАКАЗЧИКОМ.

3. ЗАКАЗЧИК обязан передать ПОДРЯДЧИКУ в установленном порядке утвержденную проектно-сметную документацию, необходимые для производства работ оборудование и материалы, принять от ПОДРЯДЧИКА по акту объект капитального ремонта и оплатить выполненные работы.

4. Стоимость всех поручаемых ПОДРЯДЧИКУ по Настоящему Договору работ составляет _____ руб.

5. При выполнении Настоящего Договора стороны руководствуются действующими Правилами о подрядных договорах по строительству, нормативными актами по вопросам капитального строительства, а также Особыми условиями к Настоящему Договору.

Приложения:
1. Особые условия к Настоящему Договору.
2. Документация, передаваемая ЗАКАЗЧИКОМ ПОДРЯДЧИКУ при заключении Настоящего Договора.
3. График производства работ.
4. Перечень оборудования и материалов, предоставляемых ЗАКАЗЧИКОМ, порядок и сроки их поставки.

Юридические адреса, банковские реквизиты и подписи сторон

ДОГОВОР
на проведение научно-исследовательских, опытно-конструкторских и технологических работ

г. _____   «___» _____ 199__ г.

ЗАКАЗЧИК: _____,
в лице _____,
действующего на основании _____
с одной стороны, и

ИСПОЛНИТЕЛЬ: _____,
в лице _____,
действующего на основании _____,
с другой стороны,

заключили Настоящий Договор о нижеследующем:

1. ПРЕДМЕТ ДОГОВОРА

1.1. ЗАКАЗЧИК поручает, а ИСПОЛНИТЕЛЬ принимает на себя проведение следующих научно-исследовательских, опытно-конструкторских и технологических работ: _____
_____
_____

1.2. Содержание и объем работы в целом и по этапам (разделам) определяются прилагаемой к договору согласованной сторонами Программой, составляющей неотъемлемую часть Настоящего Договора.

По работам, выполняемым в срок более года, Программа составляется на весь объем работы с обязательным выделением объема стоимости работ текущего года, а также с указанием ориентировочной стоимости работ каждого последующего года.

1.3. Работа по Настоящему Договору выполняется в соответствии с согласованными сторонами техническим заданием, техническими, научными и экономическими и другими требованиями.

1.4. Срок выполнения всей работы с _____ по _____.
Срок выполнения отдельных этапов (разделов, частей) работы определяется календарным планом (приложение).

В случае досрочного выполнения работы ИСПОЛНИТЕЛЕМ стороны определяют порядок приемки и оплаты выполненных работ.

1.5. Если в процессе выполнения работы выясняется неизбежность получения отрицательного результата или нецелесообразность дальнейшего проведения работы, ИСПОЛНИТЕЛЬ вправе приостановить ее, поставив об этом в известность ЗАКАЗЧИКА в трехдневный срок после остановки.

В этом случае стороны обязаны в 5-дневный срок рассмотреть вопрос о целесообразности продолжения работ и в случае необходимости войти с ходатайством в соответствующие организации о прекращении работы.

1.6. Использование законченной научно-исследовательской, опытно-конструкторской, технологической работы осуществляется ЗАКАЗЧИКОМ на _____ путем _____
(указать предприятие, организацию)

_____.
(указать, каким образом будет использоваться результат работы)

Все расходы по освоению результатов исследования оплачиваются непосредственно ЗАКАЗЧИКОМ в установленном порядке. ИСПОЛНИТЕЛЬ никаких затрат по освоению не несет, кроме расходов по авторскому надзору за освоением, включаемых в сметную стоимость работы.

2. СТОИМОСТЬ РАБОТЫ И ПОРЯДОК РАСЧЕТОВ

2.1. За выполненные работы, указанные в п. 1 договора, ЗАКАЗЧИК уплачивает ИСПОЛНИТЕЛЮ _____ (_____) руб. согласно прилагаемым к договору сметным расчетам (калькуляциям).

2.2. Не позднее месячного срока со дня подписания договора ЗАКАЗЧИК обязан перечислить ИСПОЛНИТЕЛЮ аванс в размере 20% от сметной стоимости работ, т. е. _____ (_____) руб.

В случае, если выполнение работы предусмотрено договором в срок более года, ЗАКАЗЧИК перечисляет ИСПОЛНИТЕЛЮ аванс в размере 25% от стоимости работ текущего года.

2.3. Промежуточные платежи ЗАКАЗЧИК производит по счетам ИСПОЛНИТЕЛЯ на основании актов, составляемых сторонами по мере готовности отдельных этапов работы.

При нецелесообразности вызова представителя ЗАКАЗЧИКА (дальность расстояния, небольшой объем и т. п.) порядок оформления актов для сдачи и приемки отдельных этапов работы определяется соглашением сторон в «Прочих условиях».

При оплате промежуточных счетов ЗАКАЗЧИКОМ удерживается часть аванса, соответствующая стоимости выполненной работы. Первое удержание аванса производится при первой оплате после 50% готовности научно-исследовательской, опытно-конструкторской, технологической работы.

Окончательный расчет производится после сдачи и приемки всей работы с зачетом оставшейся части аванса, а также после доработки темы, если она имела место.

Счета ИСПОЛНИТЕЛЯ с приложенными к ним актами о проделанной работе оплачиваются ЗАКАЗЧИКОМ в установленном порядке.

3. ПОРЯДОК СДАЧИ И ПРИЕМКИ РАБОТ

3.1. Об окончании выполнения каждого этапа работ, а также работы в целом, ИСПОЛНИТЕЛЬ обязан уведомить ЗАКАЗЧИКА, после чего стороны составляют двусторонний акт приемки и сдачи в двух или трех экземплярах по одному для каждой стороны и для приложения к счету в случаях, предусмотренных указаниями банка. В случае необеспечения ЗАКАЗЧИКОМ приемки этапа работы в течение 5 дней после получения уведомления ИСПОЛНИТЕЛЬ вправе составить односторонний акт, который является основанием для расчета. Приемка работы по этапам и в целом производится по согласованной Программе.

3.2. При завершении научно-исследовательских работ ИСПОЛНИТЕЛЬ представляет ЗАКАЗЧИКУ научно-технический отчет о выполненной работе, заключения экспертов и другие документы (по требованию ЗАКАЗЧИКА), оговоренные договором. В случае, если у ЗАКАЗЧИКА выявляются замечания или претензии по выполненной работе, ему предоставляется право заявить их ИСПОЛНИТЕЛЮ в течение 10 дней после вручения ему научно-технического отчета и других документов.

3.3. Если при приемке результатов опытно-конструкторских или технологических работ (разработок) будет обнаружено несоответствие изготовленного образца техническому заданию, техническим и другим требованиям вследствие неудовлетворительного изготовления, плохого качества материала или несоответствия чертежей и технической документации представленному образцу, сторонами составляется двухсторонний акт с перечнем необходимых доработок. Претензии о проведении доработок должны быть предъявлены ЗАКАЗЧИКОМ в течение 5 дней.

3.4. Если при приемке образцов будет выявлена необходимость доработки или конструктивных изменений отдельных узлов и опытного образца в отличие от первоначального технического задания, технических и других требований, а в соответствии с этим изменения чертежей и технических условий по требованию ЗАКАЗЧИКА, эти работы производятся по дополнительному соглашению с указанием срока исполнения работ и их стоимости.

3.5. Если во время выполнения работы ЗАКАЗЧИК или ИСПОЛНИТЕЛЬ найдут необходимым заменить один вид работы другим, то такая замена допускается по письменному соглашению между сторонами в пределах данной работы.

4. ОТВЕТСТВЕННОСТЬ СТОРОН

За нарушение принятых по договору обязательств стороны несут ответственность в соответствии с Типовым положением о порядке заключения хозяйственных договоров и выдачи внутриминистерских заказов на проведение научно-исследовательских, опытно-конструкторских и технологических работ.

5. ПРОЧИЕ УСЛОВИЯ

5.1. Настоящий Договор составлен в двух подлинных экземплярах по одному для каждой из сторон.

5.2. В случаях, не предусмотренных Настоящим Договором, стороны руководствуются действующим гражданским законодательством.

5.3. После подписания Настоящего Договора все предварительные переговоры по нему, переписка, предварительные соглашения и протоколы о намерениях по вопросам, так или иначе касающимся Настоящего Договора, теряют юридическую силу.

5.4. Все исправления по тексту Настоящего Договора имеют юридическую силу только при взаимном их удостоверении представителями сторон в каждом отдельном случае.

6. СРОК ДЕЙСТВИЯ ДОГОВОРА И ЮРИДИЧЕСКИЕ АДРЕСА СТОРОН

6.1. Срок действия Настоящего Договора устанавливается с _____ по _____ .

ПРИЛОЖЕНИЯ К НАСТОЯЩЕМУ ДОГОВОРУ:

1. Календарный план работы.
2. Смета выполняемой работы.
3. Иные документы, если это предусмотрено договором.

Юридические адреса, банковские реквизиты и подписи сторон

Раздел 9
ПРОЧИЕ ДОГОВОРНЫЕ ОТНОШЕНИЯ

ДОГОВОР
о совместной деятельности

г. _____ «___» _____ 199__ г.

СТОРОНА-1: _____,
в лице _____,
действующего на основании Устава,

СТОРОНА-2: _____,
в лице _____,
действующего на основании Устава, именуемые вместе по тексту Настоящего Договора «СТОРОНЫ»,

заключили Настоящий Договор о нижеследующем:

1. ПРЕДМЕТ И ЦЕЛЬ ДОГОВОРА

СТОРОНЫ по Настоящему Договору обязуются путем объединения имущества и усилий совместно действовать в сфере _____ для достижения следующих общих хозяйственных целей:
_____
_____
_____

2. ВЗАИМНЫЕ ОБЯЗАННОСТИ СТОРОН

2.1. Для скорейшего достижения целей по Настоящему Договору СТОРОНЫ обязуются:

— обмениваться имеющейся в их распоряжении информацией по аспектам взаимного интереса;

— в срок _____ проводить совместные консультации и семинары по согласованной тематике для обсуждения вопросов совместной деятельности;

— в случае необходимости осуществлять взаимное кредитование и финансирование на беспроцентной и безвозмездной основе в соответствии с заключаемыми соглашениями;

— выполнять совместные заказы и заказы друг друга по предмету совместной деятельности на приоритетной и льготной основе.

2.2. Совместная деятельность СТОРОН будет осуществляться в соответствии с прилагаемой к Настоящему Договору «Программой работ» (Приложение № 1), в которой СТОРОНЫ определяют порядок, сроки, этапы и иные условия совместной деятельности.

2.3. В Программу работ могут вноситься изменения дополнения и уточнения в порядке, определяемом Настоящим Договором.

3. ОБЯЗАННОСТИ СТОРОНЫ-1

СТОРОНА-1 обязуется:

— в срок в течение _____ с момента подписания Настоящего Договора перечислить СТОРОНЕ-2 платежным поручением денежный взнос в размере _____ руб.;

— осуществлять в случае необходимости дополнительное внесение взносов на совместную деятельность путем перечисления денег на расчетный счет СТОРОНЫ-2 или путем оплаты его расходов по совместной деятельности;

_____
(другие обязательства СТОРОНЫ-1)
_____

4. ОБЯЗАННОСТИ СТОРОНЫ-2

СТОРОНА-2 по Настоящему Договору обязуется:

— после подписания Настоящего Договора немедленно приступить к осуществлению коммерческих проектов, профинансированных СТОРОНОЙ-1;

— принять меры по найму соответствующего персонала для выполнения работ по Настоящему Договору;

— предоставлять в срок _____ СТОРОНЕ-1 информацию о ходе исполнения совместных проектов;

— предоставлять еженедельно финансовые отчеты о порядке использования средств СТОРОНЫ-1;

(другие обязательства СТОРОНЫ-2)
---

5. ВЕДЕНИЕ ОБЩИХ ДЕЛ

5.1. Ведение общих дел по Настоящему Договору осуществляется СТОРОНАМИ по их общему согласию.

5.2. Решения принимаются на собрании представителей СТОРОН, либо путем опроса письменно, по телеграфу или факсу.

5.3. Руководство совместной деятельностью по Настоящему Договору, а также ведение общих дел поручается СТОРОНЕ-2.

5.4. СТОРОНА-2 действует на основании доверенности, которую СТОРОНА-1 обязуется выдать в течение _____ с момента подписания Настоящего Договора.

5.5. СТОРОНА-2 является полномочным представителем СТОРОНЫ-1, руководит всей совместной деятельностью и совершает все необходимые юридические действия и акты для достижения поставленной по договору цели.

5.6. Все финансовые операции по совместной деятельности сторон осуществляются через расчетный счет СТОРОНЫ-2.

5.7. СТОРОНА-1 имеет право осуществлять контроль за деятельностью СТОРОНЫ-2 в рамках Настоящего Договора посредством проверки бухгалтерских и иных документов последнего.

5.8. СТОРОНА-2 имеет право привлекать для выполнения своих обязательств по Настоящему Договору третьих лиц, принимая на себя ответственность перед СТОРОНОЙ-1 за их действия.

6. ВЗНОСЫ И ДОЛИ СТОРОН

6.1. Взнос СТОРОНЫ-1 — денежные средства, предоставленные СТОРОНЕ-2 в период действия Настоящего Договора на цели совместной деятельности, а также следующее:

(указывается какое имущество

и какая деятельность СТОРОНЫ-1 считается взносом)

Порядок и сроки внесения взносов:
_____
_____

Доля СТОРОНЫ-1 составляет _____%.

6.2. Взнос СТОРОНЫ-2 — личное трудовое участие, а также следующее:
_____
(указывается какое имущество
_____
и какая деятельность СТОРОНЫ-2 считается взносом)
_____

Порядок и сроки внесения и осуществления взносов:
_____
_____

Доля СТОРОНЫ-2 составляет _____%.

6.3. При изменении объемов выполняемых работ СТОРОНЫ вносят соответствующие изменения и дополнения в Настоящий Договор, в том числе уточняя свое долевое участие в совместной деятельности.

7. ОБЩЕЕ ИМУЩЕСТВО СТОРОН ПО НАСТОЯЩЕМУ ДОГОВОРУ

7.1. Денежные и имущественные взносы СТОРОН, а также имущество, созданное или приобретенное СТОРОНАМИ в результате совместной деятельности, составляет их общую долевую собственность.

7.2. Общее имущество СТОРОН учитывается на отдельном балансе СТОРОНЫ-2, который ведется в порядке, согласованном со СТОРОНОЙ-1.

8. РАСПРЕДЕЛЕНИЕ РЕЗУЛЬТАТОВ СОВМЕСТНОЙ ДЕЯТЕЛЬНОСТИ

8.1. Продукция, являющаяся результатом совместной деятельности, будет реализовываться в следующем порядке:
_____
_____

8.2. Все получаемые по Настоящему Договору доходы в результате совместной деятельности используются в первую очередь на возмещение материальных затрат.

8.3. Прибыль, получаемая СТОРОНАМИ от совместной деятельности, подлежит распределению пропорционально долям, определенным в п. 6 Настоящего Договора.

8.4. Подведение итогов совместной деятельности и распределение прибыли между СТОРОНАМИ осуществляется в срок _____ на основании отдельного баланса, который составляет СТОРОНА-2.

Баланс должен быть представлен СТОРОНЕ-1 не позднее _____-го числа каждого _____.

8.5. Каждая из СТОРОН не вправе распоряжаться своей долей в общем имуществе без согласия остальных участников Настоящего Договора до утверждения баланса, составленного СТОРОНОЙ-2, за исключением той части продукции и доходов от совместной деятельности, которая поступает в распоряжение каждого из участников после фактического распределения.

8.6. Фактическое распределение прибыли осуществляется путем перечисления соответствующей доли прибыли СТОРОНЕ-1 и удержания соответствующей доли прибыли СТОРОНОЙ-2.

Порядок и сроки распределения совместной продукции осуществляется СТОРОНАМИ в соответствии с отдельными соглашениями.

8.7. Налогообложение прибыли от совместной деятельности осуществляется СТОРОНАМИ в порядке, предусмотренном действующим законодательством.

9. РАСХОДЫ И УБЫТКИ СТОРОН ПО НАСТОЯЩЕМУ ДОГОВОРУ

9.1. Общие расходы и убытки сторон покрываются за счет общего имущества СТОРОН, полученного в результате совместной деятельности.

9.2. В случае недостаточности общего имущества для покрытия расходов и убытков, возникших в результате совместной деятельности, данное покрытие осуществляется между СТОРОНАМИ пропорционально их полям.

9.3. Затраты на содержание общего имущества (в том числе и имущественные налоги) учитываются при определении долей участия СТОРОН в совместной деятельности.

9.4. Фактический объем совместной деятельности с его распределением по видам затрат между СТОРОНАМИ определяется в балансе, составляемом СТОРОНОЙ-2.

10. СРОК ДЕЙСТВИЯ НАСТОЯЩЕГО ДОГОВОРА

10.1. Срок действия договора составляет с момента подписания до «____» _____ 199__ г.

10.2. Настоящий Договор может быть пролонгирован (продлен) СТОРОНАМИ по взаимному согласию на определенный или неопределенный срок.

10.3. СТОРОНЫ отдают себе отчет в том, что их совместная деятельность осуществляется в сложных условиях нестабильного рынка, что повышает степень риска их бизнеса. Отсюда СТОРОНЫ оставляют за собой право на досрочное расторжение Настоящего Договора по мотивам изменения экономической ситуации в стране, бесперспективности и нецелесообразности ведения совместного хозяйствования, а также в случае невозможности осуществления своей деятельности на принципах самоокупаемости и самофинансирования.

В этом случае каждая из СТОРОН обязана уведомить другую СТОРОНУ за _____. Взаимоотношения СТОРОН прекращаются путем составления отдельного соглашения или акта о расторжении договора.

10.4. В случае прекращения действия Настоящего Договора, после возмещения СТОРОНАМИ в установленном порядке долгов, оставшиеся средства и имущество распределяются между СТОРОНАМИ пропорционально их долям в общем имуществе.

11. ОТВЕТСТВЕННОСТЬ СТОРОН

11.1. СТОРОНЫ по Настоящему Договору несут следующую ответственность:

СТОРОНА-1: _____

_____.

СТОРОНА-2: _____

_____.

11.2. Настоящий Договор может быть расторгнут по заявлению одной из СТОРОН в случае невыполнения другой СТОРОНОЙ своих обязательств. В этом случае все невыгодные последствия расторжения возлагаются на виновную СТОРОНУ.

11.3. За нарушение условий Настоящего Договора виновная СТОРОНА возмещает причиненные этим убытки, в том числе упущенную выгоду, в порядке, предусмотренном действующим законодательством.

12. ПОРЯДОК РАЗРЕШЕНИЯ СПОРОВ
(арбитражная оговорка)

12.1. Все споры между СТОРОНАМИ, по которым не было достигнуто соглашение, разрешаются в соответствии с законодательством Российской Федерации в Арбитражном суде (третейском суде с указанием какого конкретного третейского суда или указать порядок формирования этого третейского суда).

12.2. Стороны устанавливают, что все возможные претензии по Настоящему Договору должны быть рассмотрены СТОРОНАМИ в течение _____ дней с момента получения претензии.

13. ИЗМЕНЕНИЕ УСЛОВИЙ НАСТОЯЩЕГО ДОГОВОРА

13.1. Условия Настоящего Договора имеют одинаковую обязательную силу для СТОРОН и могут быть изменены по взаимному согласию с обязательным составлением письменного документа.

13.2. Ни одна из СТОРОН не вправе передавать свои права по Настоящему Договору третьей стороне без письменного согласия другой СТОРОНЫ.

14. УСЛОВИЯ СОГЛАСОВАНИЯ СВЯЗИ МЕЖДУ СТОРОНАМИ

Полномочными представителями сторон по Настоящему Договору являются:

СТОРОНА-1: _____ телефон _____.

СТОРОНА-2: _____ телефон _____.

15. ОСОБЫЕ УСЛОВИЯ НАСТОЯЩЕГО ДОГОВОРА

_____
_____
_____

16. ПРОЧИЕ УСЛОВИЯ

16.1. Настоящий Договор составлен в двух подлинных экземплярах, по одному для каждой из СТОРОН.

16.2. В случаях, не предусмотренных Настоящим Договором, СТОРОНЫ руководствуются действующим гражданским законодательством.

16.3. После подписания Настоящего Договора все предварительные переговоры по нему: переписка, предварительные соглашения и протоколы о намерениях по вопросам, так или иначе касающимся Настоящего Договора, теряют юридическую силу.

16.4. СТОРОНЫ обязуются при исполнении Настоящего Договора не сводить сотрудничество к соблюдению только содержащихся в Настоящем Договоре требований, поддерживать деловые контакты и принимать все необходимые меры для обеспечения эффективности и развития их коммерческих связей.

17. ПРИЛОЖЕНИЯ К НАСТОЯЩЕМУ ДОГОВОРУ

17.1. К Настоящему Договору прилагается:

Приложение № 1 «Программа работ» на _____ стр.

17.2. Приложение к Настоящему Договору составляют его неотъемлемую часть.

Юридические адреса, банковские реквизиты
и подписи сторон

ДОГОВОР
на участие в долевом строительстве

г. _____   «___» _____ 199 __ г.

СТОРОНА-1: _____,
в лице _____,
действующего на основании _____
с одной стороны, и

СТОРОНА-2: _____,
в лице _____,
действующего на основании _____
с другой стороны,

заключили Настоящий Договор о нижеследующем:

1. В соответствии с Настоящим Договором СТОРОНА-1 принимает СТОРОНУ-2 в долевое строительство на ____ (_____) ____ -комнатную квартиру в доме по адресу:

Плановое окончание строительства и сдача дома в эксплуатацию: _____ г.

2. По окончании строительства дома и сдачи его в эксплуатацию СТОРОНА-1 обязуется передать СТОРОНЕ-2 в собственность вышеуказанную квартиру в течение _____ дней, предоставить последней все необходимые документы на эту квартиру, а также содействовать последней в оформлении права собственности на нее.

3. Предварительная базисная стоимость квартиры составляет _____ рублей.

Окончательная цена строительства определяется после его окончания путем расчета фактической стоимости строительства с учетом коэффициента инфляции.

Коэффициент инфляции для расчетов по Настоящему Договору определяется СТОРОНАМИ в соответствии с данными, публикуемыми Госкомстатом об уровне цен.

Окончательная цена строительства должна быть определена на основании последней процентовки.

4. Этапы финансирования долевого строительства СТОРОНОЙ-2

1 этап: _____ рублей.
в течение _____ с момента подписания Настоящего Договора;

2. этап: _____ рублей
в срок _____.

5. В случае, если сумма средств, перечисленных СТОРОНОЙ-2 в счет долевого строительства, будет превышать фактическую стоимость строительства, то СТОРОНА-1 обязуется предоставить СТОРОНЕ-2 в собственность квартиры дополнительно общей площадью пропорционально переплаченному, если соглашением СТОРОН не будет предусмотрено иное.

6. Настоящий Договор вступает в силу с момента подписания его СТОРОНАМИ и действует до _____ г.

7. Ответственность сторон:

СТОРОНА-2 по Настоящему Договору несет следующую ответственность:

— за просрочку предварительного финансирования и оплаты строительства пеня за каждый день просрочки в размере _____ от суммы долга.

СТОРОНА-1 по Настоящему Договору несет следующую ответственность:

— за просрочку по передаче квартир в собственность СТОРОНЫ-2 пеня в размере _____ процента от суммы долга.

— в случае досрочного расторжения Настоящего Договора СТОРОНА-1 уплачивает штраф в размере _____ от суммы фактического финансирования, а также возмещает другой СТОРОНЕ понесенные убытки.

В случае систематического нарушения условий Настоящего Договора одной СТОРОНОЙ другая СТОРОНА имеет право расторгнуть Настоящий Договор досрочно с взысканием всех возникших убытков.

8. Прочие условия:

Договор составлен в 2-х экземплярах и хранится у СТОРОН.

СТОРОНЫ не вправе передавать свои права и обязанности по договору иным лицам без письменного согласия другой СТОРОНЫ.

В случаях, не предусмотренных Настоящим Договором стороны руководствуются действующим законодательством.

С момента вступления Настоящего Договора в силу все предыдущие переговоры по нему, соответствующая деловая переписка и соглашения теряют силу.

Юридические адреса, банковские реквизиты
и подписи сторон

ДОГОВОР

между городской администрацией
и предприятием на выполнение
социального заказа

г. _____   «____»_____ 199___ г.

МУНИЦИПАЛИТЕТ: _____,

в лице _____,
(наименование должности, Ф. И. О.)

действующего на основании _____

с одной стороны, и

ИСПОЛНИТЕЛЬ: _____,

в лице директора _____,

действующего на основании Устава, с другой стороны, именуемые далее по тексту Настоящего Договора — «СТОРОНЫ»,

заключили Настоящий Договор о нижеследующем:

1. ПРЕДМЕТ ДОГОВОРА

1. СТОРОНЫ по Настоящему Договору обязуются путем объединения финансов, имущества и усилий совместно действовать в сфере

выполнения территориального социального заказа по развитию муниципального жилищного строительства и в совместном долевом участии по строительству следующего объекта:

_____
(наименование дома)

_____
(количество квартир)

_____
(общая площадь)

_____
(иные необходимые характеристики строящегося объекта)

2. ВЗАИМНЫЕ ОБЯЗАННОСТИ СТОРОН

2.1. Для скорейшего достижения цели по Настоящему Договору СТОРОНЫ обязуются обмениваться имеющейся в их распоряжении информацией по аспектам взаимного интереса, проводить совместные совещания, встречи и консультации, содействовать друг другу в реализации Настоящего Договора всеми имеющимися в их распоряжении средствами и возможностями.

3. ОБЯЗАННОСТИ МУНИЦИПАЛИТЕТА

3.1. МУНИЦИПАЛИТЕТ по Настоящему Договору обязуется:

3.1.1. Предоставить обязательный заказ Муниципальному предприятию «_____» на строительство жилого дома в соответствии с п. 1 Настоящего Договора.

3.1.2. Делегировать ИСПОЛНИТЕЛЮ полномочия генерального заказчика по строительству вышеуказанного объекта.

3.1.3. Обеспечить предоставление ИСПОЛНИТЕЛЮ целевого льготного кредита на сумму _____ (_____) рублей для выполнения необходимого финансирования по Настоящему Договору под процентную ставку не свыше _____ (_____) процентов годовых.

3.1.4. Обеспечить контроль за своевременным привлечением средств ИСПОЛНИТЕЛЯ на долевое участие в строительстве по Настоящему Договору.

3.1.5. Обеспечить контроль за правильным освоением средств ИСПОЛНИТЕЛЯ на строительство дома Муниципальным предприятием «_____».

3.1.6. Координировать расчетные и подрядные взаимоотношения между ИСПОЛНИТЕЛЕМ, Муниципальным предприятием «_____» и иными предприятиями и организациями, так или иначе участвующими в реализации социального заказа по Настоящему Договору.

3.1.7. По окончании строительства и ввода объекта в эксплуатацию предоставить ИСПОЛНИТЕЛЮ _____ (_____) кв. м.

4. ОБЯЗАННОСТИ ИСПОЛНИТЕЛЯ

4.1. ИСПОЛНИТЕЛЬ по Настоящему Договору обязуется:

4.1.1. После подписания Настоящего Договора немедленно приступить к выполнению функций Генерального заказчика по строительству жилого дома по п. 1 Настоящего Договора.

4.1.2. Принять необходимые меры для заключения до «____» _____ 199__ г. договора подряда на капитальное строительство с Муниципальным предприятием «_____».

4.1.3. Принимать необходимые меры по привлечению субподрядчиков для выполнения необходимых строительных и коммуникационных работ, а также согласовывать и координировать все необходимые технические условия по строительству дома по п. 1 Настоящего Договора.

4.1.4. Предоставлять в срок МУНИЦИПАЛИТЕТУ информацию о ходе исполнения совместного проекта по строительству жилого дома.

4.1.5. Использовать денежные средства целевого льготного кредита, полученные по п. 3.1.3 Настоящего Договора только для строительства жилого дома по п. 1 Настоящего Договора.

4.1.6. Осуществлять соответствующее и своевременное финансирование строительно-подрядной деятельности Муниципального предприятия «_____» на условиях договора, заключенного с последним.

5. СРОК ДЕЙСТВИЯ НАСТОЯЩЕГО ДОГОВОРА

5.1. Срок действия договора составляет с момента подписания до «____» _____ 199__ г.

5.2. Настоящий Договор может быть пролонгирован (продлен) СТОРОНАМИ по взаимному согласию на определенный или неопределенный срок.

6. ОТВЕТСТВЕННОСТЬ СТОРОН

6.1. СТОРОНЫ по Настоящему Договору несут следующую ответственность:

МУНИЦИПАЛИТЕТ:
_____
_____
_____
_____

ИСПОЛНИТЕЛЬ:
_____
_____
_____
_____

6.2. Настоящий Договор может быть расторгнут по заявлению одной из СТОРОН в случае невыполнения другой СТОРОНОЙ своих обязательств. В этом случае все невыгодные последствия расторжения возлагаются на виновную СТОРОНУ.

6.3. За нарушение условий Настоящего Договора виновная СТОРОНА возмещает причиненные этим убытки, в том числе упущенную выгоду, в порядке, предусмотренном действующим законодательством.

7. ПОРЯДОК РАЗРЕШЕНИЯ СПОРОВ

7.1. Все споры между СТОРОНАМИ, по которым не было достигнуто соглашение, разрешаются в соответствии с законодательством Российской Федерации в Арбитражном суде.

7.2. СТОРОНЫ устанавливают, что все возможные претензии по Настоящему Договору должны быть рассмотрены СТОРОНАМИ в течение _____ дней с момента получения претензии.

8. ИЗМЕНЕНИЕ УСЛОВИЙ НАСТОЯЩЕГО ДОГОВОРА

8.1. Условия Настоящего Договора имеют одинаковую обязательную силу для СТОРОН и могут быть изменены по взаимному согласию с обязательным составлением письменного документа.

8.2. Ни одна из СТОРОН не вправе передавать свои права по Настоящему Договору третьей СТОРОНЕ без письменного согласия другой СТОРОНЫ.

9. УСЛОВИЯ СОГЛАСОВАНИЯ СВЯЗИ МЕЖДУ СТОРОНАМИ

Полномочными представителями СТОРОН по Настоящему Договору являются:

МУНИЦИПАЛИТЕТ: _____ телефон _____,
_____ телефон _____.
ИСПОЛНИТЕЛЬ: _____ телефон _____,
_____ телефон _____.

10. ОСОБЫЕ УСЛОВИЯ НАСТОЯЩЕГО ДОГОВОРА

_____
_____
_____

11. ПРОЧИЕ УСЛОВИЯ

11.1. Настоящий Договор составлен в двух подлинных экземплярах, по одному для каждой из СТОРОН.

11.2. В случаях, не предусмотренных Настоящим Договором, СТОРОНЫ руководствуются действующим гражданским законодательством.

11.3. После подписания Настоящего Договора все предварительные переговоры по нему, переписка, предварительные соглашения и протоколы о намерениях по вопросам, так или иначе касающимся Настоящего Договора, теряют юридическую силу.

11.4. СТОРОНЫ обязуются при исполнении Настоящего Договора не сводить сотрудничество к соблюдению только содержащихся в Настоящем Договоре требований, поддерживать деловые контакты и принимать все необходимые меры для обеспечения эффективности и развития их производственных связей.

**Юридические адреса, банковские реквизиты
и подписи сторон**

ДОГОВОР
о франшизинге

г. _____   «___» _____ 199__ г.

ЛИЦЕНЗИАР: _____,
в лице директора _____,
действующего на основании Устава, с одной стороны, и

ЛИЦЕНЗИАТ: _____,
в лице директора _____,
действующего на основании Устава, с другой стороны,

заключили Настоящий Договор о нижеследующем:

1. ПРЕДМЕТ ДОГОВОРА

1.1. Данный договор заключается с целью успешного сбыта товаров и услуг на рынке _____
(указать территорию)
и делового сотрудничества сторон в договоре ради достижения наилучших экономических результатов.

1.2. ЛИЦЕНЗИАТ, учитывая, что система производства и сбыта изделий, обозначенных торговым знаком ЛИЦЕНЗИАРА, подтвердила свое высокое качество, желает осуществлять производственное и деловое сотрудничество с ЛИЦЕНЗИАРОМ и тем самым войти в производство

_____,
(указать изделия с обозначениями)
и в этой деятельности применять способ и метод производства ЛИЦЕНЗИАРА и использовать техническую помощь ЛИЦЕНЗИАРА.

1.3. Стороны в договоре согласились с тем, что они имеют следующие деловые цели:

а) разделение труда и специализация производства;

б) повышение объемов производства и производственной программы;

в) обеспечение экономичности производства за счет снижения стоимости единицы продукции и закупочной цены на сырье и репродукционный материал;

г) увеличение гибкости производства и сбыта в соответствии с требованиями рынка;

д) быстрое освоение новых изделий, пользующихся спросом на рынке;

е) _____.

2. ПЛАНИРОВАНИЕ ПРОИЗВОДСТВА И РАЗВИТИЯ

2.1. Для достижения совместных целей, упомянутых в п. 1 данного договора, стороны условились о следующем:

а) их деловые отношения по договору основаны на взаимном сотрудничестве и оказании помощи в ежедневной деятельности;

б) для установления цен во взаимном обмене товарами и услугами применяются рыночные критерии;

в) ЛИЦЕНЗИАТ планирует производство и развитие по единой методологии с учетом предложений ЛИЦЕНЗИАРА;

г) стороны в договоре предпримут все усилия с тем, чтобы в области планирования хозяйственной деятельности была принята единая методология и обеспечена соответствующая координация как на производстве, так и в сбыте изделий, которые являются предметом сотрудничества по данному договору.

3. ПРЕДМЕТ ФРАНШИЗИНГА

3.1. Предметом данного договора является осуществление сотрудничества и объединение в производстве и сбыте средств и труда ЛИЦЕНЗИАРА и ЛИЦЕНЗИАТА в соответствии с положениями данной статьи.

3.2. Производственный франшизинг в рамках оказания помощи для развития производственных мощностей охватывает:

а) сотрудничество в обеспечении технических условий для получения разрешения в отношении места производства от компетентных органов;

б) разработку программы обучения персонала и организацию обучения;

в) обеспечение документацией для пуска и работы объекта;

г) разработку программы производства и плана работы;

д) регулирование вопроса о праве использования фирменного наименования и защитного знака;

е) обеспечение средствами труда для совместной деятельности.

3.3. Упомянутые мероприятия в п. 3.2 составляют «пакет услуг», которые предоставляет ЛИЦЕНЗИАР, а их стоимость по договоренности определяется в ─────────────────────────────────.

4. ОБЯЗАННОСТИ ЛИЦЕНЗИАТА

4.1. ЛИЦЕНЗИАТ обязан предоставить следующие средства для осуществления совместной деятельности в рамках франшизинга:

а) финансовые средства на сумму ─────────────────────;
б) производственные помещения и оборудование;
в) рабочую силу в соответствии с потребностями производства.

4.2. ЛИЦЕНЗИАТ обязуется:
— работать по производственной программе ЛИЦЕНЗИАРА;

— работать под фирменным наименованием ──────────── и защитным знаком ──────────── на предприятиях, работающих с предметом франшизинга;

— в процессе производства и сбыта обеспечивать особое внимание, которого требуют условия, предусмотренные в документации ЛИЦЕНЗИАРА;

— хранить как производственную тайну все данные, которые ЛИЦЕНЗИАР обозначит как секретные.

4.3. ЛИЦЕНЗИАТ обязуется за использование пакета услуг выплачивать ЛИЦЕНЗИАРУ вознаграждение в процентах от запланированного объема деятельности совместно организованного производства со сбытом изделий, являющихся предметом договора. Первоначальное вознаграждение покрывает расходы ЛИЦЕНЗИАРА по п. 3.2 данного договора и составляет _____%.

4.4. ЛИЦЕНЗИАТ обязан выплачивать ЛИЦЕНЗИАРУ и текущее вознаграждение (комиссионные), которое покрывает расходы на техническую помощь, услуги по сбыту готовых изделий и услуги в связи с организацией труда и производства, предусмотренные инвестиционной программой договора.

4.5. ЛИЦЕНЗИАТ возмещает экономически обоснованные, фактически затраченные расходы за обучение кадров.

5. ОБЯЗАННОСТИ ЛИЦЕНЗИАРА

5.1. ЛИЦЕНЗИАР обязуется предоставить ЛИЦЕНЗИАТУ пакет услуг для целей совместного сотрудничества и производства в соответствии с данным договором.

5.2. ЛИЦЕНЗИАТ разрабатывает инвестиционную программу производства и предоставляет ЛИЦЕНЗИАТУ всю необходимую техническую и организационную помощь для деятельности, предусмотренной Настоящим Договором.

5.3. ЛИЦЕНЗИАР оказывает комиссионные услуги для приобретения оборудования ЛИЦЕНЗИАТОМ и своевременно поставляет производственный материал в запланированном количестве и соответствующего качества по цене _____.

5.4. ЛИЦЕНЗИАР окажет необходимую помощь в разработке технологической документации для работы производственной единицы.

5.5. ЛИЦЕНЗИАР будет оказывать постоянную специальную помощь в организации производства и осуществлять надзор за качеством изделий, являющихся предметом Настоящего Договора.

5.6. ЛИЦЕНЗИАР будет давать рабочие задания для выполнения предусмотренного объема производства в соответствии с возможностями производственной единицы.

5.7. ЛИЦЕНЗИАР будет регулярно выплачивать ЛИЦЕНЗИАТУ стоимость изделий, которые регулярно поставляются и регистрируются в соответствии с положениями данного договора.

6. СОВМЕСТНЫЙ ОРГАН ХОЗЯЙСТВЕННОЙ ДЕЯТЕЛЬНОСТИ

6.1. С целью успешной хозяйственной деятельности стороны в договоре согласились создать совместный орган хозяйственной деятельности — _____, который является органом паритетного состава, а председатель назначается из числа лиц, которых называет ЛИЦЕНЗИАТ.

6.2. Компетенция, способ работы и принятия решений совместным органом будут урегулированы в специальном приложении к Настоящему Договору и рабочей инструкции, которую совместный орган принимает с согласия сторон в договоре.

6.3. Стороны в договоре согласны с тем, что все спорные вопросы они будут стараться предварительно решать дружественным путем на основе предложений совместного органа.

7. СРОК ДЕЙСТВИЯ, ПРОДЛЕНИЕ И ПРЕКРАЩЕНИЕ ДОГОВОРА, ОТКАЗ ОТ НЕГО

7.1. Настоящий Договор заключается на период _____ лет.

7.2. Договор автоматически продлевается на следующие _____ лет, если любой из партнеров не позже чем за 3 месяца до истечения срока договора не откажется от него в письменном виде.

7.3. Дополнительные автоматические продления осуществляются на тех же условиях, что и в п. 7.2.

7.4. Отказ от договора оформляется заказным письмом.

7.5. Наряду со случаями прекращения договора по смыслу пп. 7.1–7.4 любая из сторон может расторгнуть Настоящий Договор и по причинам, упомянутым в следующих пунктах.

7.6. Если по мнению стороны из-за несоблюдения договорных обязательств или в связи с наступлением обстоятельств по п. 8 Настоящего Договора в его исполнении возникли трудности, которые ведут к его расторжению, эта сторона обязана направить партнеру письменное извещение с указанием причин, которые влекут расторжение договора.

7.7. Сторона, получившая извещение по п. 7.6 Настоящего Договора, обязана в течение 30 дней письменно сообщить свою точку зрения и дать предложения по ликвидации возникших трудностей. Если из точек зрения сторон в договоре невозможно ожидать устранения причин возникших трудностей в разумные сроки, то каждая сторона имеет право расторгнуть договор в течение 30 дней со дня получения письменного извещения, из которого видно, что трудности преодолеть невозможно.

7.8. В случае расторжения договора по смыслу предыдущих пунктов стороны должны выполнить свои обязательства, возникшие до даты расторжения.

7.9. Если расторжение договора произошло по вине одной из сторон, вторая сторона имеет право на возмещение ущерба и упущенной выгоды по общим правилам обязательственного права.

8. ОСВОБОЖДЕНИЕ ОТ ОТВЕТСТВЕННОСТИ
(непреодолимая сила и другие случаи)

8.1. ЛИЦЕНЗИАР и ЛИЦЕНЗИАТ могут быть освобождены от ответственности в определенных случаях, которые наступили независимо от воли сторон в договоре.

8.2. Основанием для освобождения от ответственности признаются обстоятельства, вызванные событиями, которые независимы от воли сторон и которых не могла бы избежать и добросовестная сторона. Эти обстоятельства наступили после заключения договора и мешают его полному или частичному выполнению.

8.3. Случаями непреодолимой силы считаются: война и военные действия, восстание, мобилизация, забастовка, эпидемия, пожар, взрывы, дорожные происшествия и природные катастрофы, акты органов власти, влияющие на выполнение обязательств, и все другие события, которые комптентный арбитражный суд признает случаями непреодолимой силы.

9. РАЗРЕШЕНИЕ СПОРОВ

9.1. Все возможные споры, возникшие из Настоящего Договора или в связи с ним, стороны будут пытаться разрешать по договоренности.

9.2. Если сторонам не удастся достичь согласия по договоренности, для разрешения спора они обращаются в_____, который и разрешает спор.

9.3. Стороны обязуются выполнить решение _____ в срок, который указан в самом решении.

10. ЗАКЛЮЧИТЕЛЬНЫЕ ПОЛОЖЕНИЯ

10.1. Настоящий Договор вступает в силу после его подписания уполномоченными представителями ЛИЦЕНЗИАРА и ЛИЦЕНЗИАТА.

10.2. Изменения и дополнения к Настоящему Договору могут быть сделаны только в письменном виде.

10.3. Приложения и протоколы могут изменять или дополнять Настоящий Договор при условии, что они подписаны представителями обеих сторон.

10.4. Настоящий Договор составлен в двух подлинных экземплярах, по одному для каждой из сторон.

Юридические адреса, банковские реквизиты
и подписи сторон

Д О Г О В О Р
о защите коммерческой информации
(о конфиденциальности)

г. _____   «___» _____ 199 ___ г

    РАСКРЫВАЮЩАЯ СТОРОНА: _____,

в лице _____,

действующего на основании _____,
с одной стороны, и

    ПОЛУЧАЮЩАЯ СТОРОНА: _____,

в лице _____,

действующего на основании _____,
с другой стороны,

    заключили Настоящий Договор о нижеследующем:

1. ПРЕДМЕТ ДОГОВОРА

1.1. **РАСКРЫВАЮЩАЯ СТОРОНА** передает **ПОЛУЧАЮЩЕЙ СТОРОНЕ** определенную информацию, которую считает конфиденциальной или секретом фирмы, а именно касающуюся:

_____

_____

_____

ПОЛУЧАЮЩАЯ СТОРОНА может получить эту информацию для целей:

_____

_____

Передача информации обусловлена сотрудничеством сторон и ——

2. ОБЯЗАННОСТИ СТОРОН

Стороны подтверждают понимание важности вопроса и соглашаются принять на себя следующие обязательства:

2.1. В течение —————— лет с даты заключения Настоящего Договора ПОЛУЧАЮЩАЯ СТОРОНА не будет разглашать никакой информации, полученной ею от РАСКРЫВАЮЩЕЙ СТОРОНЫ, являющейся секретом фирмы или конфиденциальной, какому-либо другому лицу, предприятию, организации, фирме и не будет использовать эту информацию для своей собственной выгоды, за исключением цели, названной выше в явном виде.

2.2. ПОЛУЧАЮЩАЯ СТОРОНА будет соблюдать столь же высокую степень секретности во избежание разглашения или использования этой информации, какую ПОЛУЧАЮЩАЯ СТОРОНА соблюдала бы в разумной степени в отношении своей собственной конфиденциальной или являющейся секретом фирмы информации такой же степени важности.

3. ОСОБЫЕ УСЛОВИЯ

3.1. Любая информация, передача которой оформлена в письменном виде и отнесена обеими сторонами к договору, считается конфиденциальной или секретом фирмы (протокол о передаче информации, Приложение 1).

3.2. Информация не будет считаться конфиденциальной или секретом фирмы и ПОЛУЧАЮЩАЯ СТОРОНА не будет иметь никаких обязательств в отношении данной информации, если она удовлетворяет одному из следующих пунктов:

— уже известна ПОЛУЧАЮЩЕЙ СТОРОНЕ;
— является или становится публично известной в результате неправильного, небрежного или намеренного действия РАСКРЫВАЮЩЕЙ СТОРОНЫ;
— легально получена от третьей стороны без ограничения и без нарушения договора;
— представлена третьей стороне РАСКРЫВАЮЩЕЙ СТОРОНОЙ без аналогичного ограничения на права третьей стороны;
— независимо разработана ПОЛУЧАЮЩЕЙ СТОРОНОЙ, при условии, что лицо или лица, разработавшие ее, не имели доступа к конфиденциальной или являющейся секретом фирмы информации;

— разрешена к выпуску письменным разрешением РАСКРЫВАЮЩЕЙ СТОРОНЫ;

— раскрыта правительству по требованию правительственного органа и ПОЛУЧАЮЩАЯ СТОРОНА прилагает максимальные усилия, чтобы добиться обращения с этой информацией как с конфиденциальной или являющейся секретом фирмы, либо если раскрытия требует Закон.

4. ОТВЕТСТВЕННОСТЬ СТОРОН

4.1. ПОЛУЧАЮЩАЯ СТОРОНА будет ответственна за:

а) неумышленное разглашение или использование конфиденциальной информации, если она не соблюдает столь же высокой степени осторожности, какую бы она соблюдала в разумных пределах в отношении своей собственной конфиденциальной или являющейся секретом фирмы информации аналогичной важности и, после обнаружения неумышленного разглашения или использования этой информации, не пытается прекратить ее неумышленное разглашение или использование;

б) несанкционированное разглашение или использование конфиденциальной или являющейся секретом фирмы информации лицами, которые работают или работали на нее по найму, если ей не удается охранять эту информацию со столь же высокой степенью тщательности, какую бы она соблюдала в разумных пределах в отношении своей собственной конфиденциальной или являющейся секретом фирмы информации аналогичной важности.

4.2. ПОЛУЧАЮЩАЯ СТОРОНА назначает указанное ниже лицо своим Ответственным за секретность для получения по ее поручению всей конфиденциальной или являющейся секретом фирмы информации согласно договору. ПОЛУЧАЮЩАЯ СТОРОНА может сменить своего Ответственного за секретность путем письменного уведомления РАСКРЫВАЮЩЕЙ СТОРОНЫ об имени и адресе ее вновь назначенного Ответственного за секретность в _____-дневный срок после назначения.

4.3. Вся информация, выдаваемая РАСКРЫВАЮЩЕЙ СТОРОНОЙ ПОЛУЧАЮЩЕЙ СТОРОНЕ в какой-либо форме согласно договору, будет и останется исключительной собственностью РАСКРЫВАЮЩЕЙ СТОРОНЫ и данные и любые их копии должны немедленно возвращаться РАСКРЫВАЮЩЕЙ СТОРОНЕ по письменному требованию или уничтожаться по усмотрению РАСКРЫВАЮЩЕЙ СТОРОНЫ.

5. РАСКРЫТИЕ ИНФОРМАЦИИ

5.1. Ни одна из сторон не будет разглашать факт существования договора без предварительного согласия другой стороны.

5.2. Договор не может быть поручен или передан ПОЛУЧАЮЩЕЙ СТОРОНОЙ в силу Закона или смены руководства. Любая попытка ПОЛУЧАЮЩЕЙ СТОРОНЫ поручить договор без предварительного письменного соглашения РАСКРЫВАЮЩЕЙ СТОРОНЫ будет недействительной. Если третья сторона возбудит иск или другое юридическое действие на предмет раскрытия какой-либо конфиденциальной информации, ПОЛУЧАЮЩАЯ СТОРОНА немедленно уведомит РАСКРЫВАЮЩУЮ СТОРОНУ и обеспечит ей в разумных пределах такую помощь, какую РАСКРЫВАЮЩАЯ СТОРОНА потребует для предотвращения разглашения.

6. СПЕЦИАЛЬНЫЕ ПОЛОЖЕНИЯ

Настоящий Договор подлежит юрисдикции и толкованию в соответствии с законами _____.

6.1. Выигравшая сторона в любом иске или судебном разбирательстве между сторонами, вытекающим из Настоящего Договора или связанным с ним, будет иметь право на возмещение в разумных пределах гонораров ее адвокатам и издержек, понесенных в связи с любым таким иском или судебным разбирательством.

6.2. В случае установления вины ПОЛУЧАЮЩЕЙ СТОРОНЫ в разглашении конфиденциальной или являющейся секретом фирмы информации РАСКРЫВАЮЩАЯ СТОРОНА по своему усмотрению имеет право возместить убытки, понесенные в связи с разглашением или использованием этой информации либо получать от ПОЛУЧАЮЩЕЙ СТОРОНЫ штраф в размере, оговоренном письменным образом при передаче информации.

7. ПРОЧИЕ УСЛОВИЯ

7.1. Настоящий Договор составлен в 2-х подлинных экземплярах, по одному для каждой из сторон.

7.2. Все устные оговорки по Настоящему Договору не имеют силы. Договор может быть видоизменен или дополнен только в письменной форме, подписанной обеими сторонами.

7.3. Настоящий Договор заключен на срок с «____» _____ 199___ г. по «____» _____ 199___ г.

7.4. Ответственный за секретность _____
_____

**Юридические адреса, банковские реквизиты
и подписи сторон**

ДОГОВОР
на участие в коммерческой выставке

г. _____   «___» _____ 199__ г.

ОРГКОМИТЕТ: _____,
в лице директора _____,
действующего на основании Устава _____,
с одной стороны, и

УЧАСТНИК: _____,
в лице _____,
действующего на основании доверенности № от «___» _____ 199__ г.,
с другой стороны,

заключили Настоящий Договор о нижеследующем:

1. ПРЕДМЕТ ДОГОВОРА

УЧАСТНИК предоставляет для экспонирования на коммерческо-торговом мероприятии образцы своей продукции и товаров, а ОРГКОМИТЕТ организует выставление этих товаров и продукции, способствует заключению взаимовыгодных соглашений между УЧАСТНИКОМ и третьими лицами, а также оказывает УЧАСТНИКУ дополнительные услуги.

2. ОБЯЗАННОСТИ ОРГКОМИТЕТА

ОРГКОМИТЕТ по Настоящему Договору обязан:
— обеспечить условия для успешного функционирования мероприятия;
— предоставить УЧАСТНИКУ необходимые помещения — _____
_____;
(склад, хранилище, демонстрационная площадка,
служебное помещение с телефоном)

— обеспечить условия для наиболее эффективного экспонирования образцов продукции и товаров УЧАСТНИКА _____
(освещение, дизайн, доступ, _____; указатели и т. д.)

— включить сведения об УЧАСТНИКЕ и его продукции и товарах в каталоги и проспекты мероприятия;

— организовать соответствующее рекламное оформление демонстрационных площадок УЧАСТНИКА из своих материалов;

— предоставить использование телексной и телефаксной связью;

— гарантировать сохранность образцов продукции и товаров УЧАСТНИКА, а также иного имущества на территории ОРГКОМИТЕТА.

(В этой статье стороны могут сразу оговаривать условия экспонирования.)

3. ОБЯЗАННОСТИ УЧАСТНИКА

УЧАСТНИК обязуется:

— в срок _____ до начала функционирования мероприятия предоставить ОРГКОМИТЕТУ сведения, необходимые для его участия в мероприятии: размер требуемых демонстрационных площадок, условия экспонирования, хранения, а также иную информацию по требованию ОРГКОМИТЕТА;

— в срок до _____ представить в распоряжение ОРГКОМИТЕТА образцы продукции и товаров;

— обеспечить во время работы мероприятия сопровождение демонстрации экспонатов пояснениями своих специалистов.

4. ПОРЯДОК ОПЛАТЫ УСЛУГ ОРГКОМИТЕТА

УЧАСТНИК производит следующую оплату:

— взнос на право участия _____ руб.

— оплата за аренду помещения _____ руб.

— оплата за охрану и хранение образцов продукции и товаров _____ руб.

Итого . . . . (с учетом НДС)

УЧАСТНИК оплачивает ОРГКОМИТЕТУ _____ от суммы всех сделок, заключенных во время мероприятия.

5. ПОРЯДОК РАСЧЕТОВ

Срок оплаты: _____.

Форма расчетов: _____.

6. СРОКИ ПО НАСТОЯЩЕМУ ДОГОВОРУ

6.1. Настоящий Договор действует с момента его подписания до завершения мероприятий до «___»_____ 199__г.

6.2. Экспонаты должны быть вывезены с территории ОРГКОМИТЕТА в срок _____.

7. ОТВЕТСТВЕННОСТЬ СТОРОН

Стороны по Настоящему Договору несут следующую ответственность:

ОРГКОМИТЕТ _____.

УЧАСТНИК _____.

8. ПРОЧИЕ УСЛОВИЯ

8.1. Настоящий Договор вступает в силу с момента подписания его сторонами и действует до момента его окончательного исполнения, но в любом случае до «___»_____ 199__г.

8.2. Настоящий Договор составлен в двух подлинных экземплярах по одному для каждой из сторон.

8.3. В случаях, не предусмотренных Настоящим Договором, стороны руководствуются действующим гражданским законодательством.

8.4. После подписания Настоящего Договора все предварительные переговоры по нему, переписка, предварительные соглашения и протоколы о намерениях по вопросам так или иначе касающимся Настоящего Договора, теряют юридическую силу.

**Юридические адреса, банковские реквизиты
и подписи сторон**

ДОГОВОР
страхования имущества

г. _____ «___» _____ 199___ г.

СТРАХОВЩИК: _____,

в лице _____

действующего на основании _____,

с одной стороны, и

СТРАХОВАТЕЛЬ: _____,

в лице _____

действующего на основании _____,

с другой стороны,

заключили Настоящий Договор о нижеследующем:

1. СТРАХОВЩИК обязуется возместить СТРАХОВАТЕЛЮ в пределах страховой суммы понесенные им убытки от повреждения, уничтожения, утраты в результате пожара, кражи со взломом, грабежа, разбоя следующего имущества СТРАХОВАТЕЛЯ:

Перечень имущества СТРАХОВАТЕЛЯ	Страховая сумма	Страховой платеж	Страховое возмещение
Итого:			

2. СТРАХОВАТЕЛЬ обязуется:

а) уплатить СТРАХОВЩИКУ в _____ срок со дня подписания Настоящего Договора обусловленный страховой платеж;

б) сообщать СТРАХОВЩИКУ незамедлительно обо всех обстоятельствах, влияющих на степень риска наступления страхового случая (изменение в принадлежности имущества, то есть сдача в аренду, на хранение, в залог, переоборудование и т. п.);

в) соблюдать установленные правила эксплуатации имущества, обеспечивать его сохранность;

г) при повреждении, уничтожении или утрате имущества в результате страхового события:

незамедлительно (не позднее 3-х суток, считая со дня, когда он узнал или должен был узнать об указанных обстоятельствах) сообщить об этом СТРАХОВЩИКУ;

принимать все возможные меры к предотвращению и уменьшению ущерба, спасению имущества;

сообщать в компетентные органы (милицию, госпожнадзор, аварийные службы и т. д.) о страховых событиях, на случай наступления которых проводится страхование по Настоящему Договору;

сохранять пострадавшее имущество, если это не противоречит интересам безопасности, до осмотра его представителем СТРАХОВЩИКА в том виде, в котором оно оказалось после страхового события.

3. При невыполнении обязательств, указанных в подпунктах «а» — «в» пункта 2 Настоящего Договора, СТРАХОВЩИК вправе досрочно расторгнуть договор либо приостановить его действие, а если невыполнение обязательств обнаружится после наступления страхового события, и это повлияет на возникновение убытка или увеличение его размера — отказать СТРАХОВАТЕЛЮ в выплате страхового возмещения.

4. При невыполнении обязательств, указанных в подпункте «г» пункта 2 Настоящего Договора, СТРАХОВЩИК вправе отказать в выплате страхового возмещения, если станет невозможным установление факта, причин или иных обстоятельств наступления страхового события, размера убытка.

5. СТРАХОВЩИК обязуется выплатить СТРАХОВАТЕЛЮ страховое возмещение в соответствии с условиями Настоящего Договора.

6. Срок действия Настоящего Договора: с _____ по _____ .

Юридические адреса, банковские реквизиты и подписи сторон

ДОГОВОР

подряда с временным трудовым (творческим) коллективом

г. _____   «___» _____ 199__ г.

_____ ,
(наименование организации)

именуем_____ в дальнейшем «ЗАКАЗЧИК», в лице _____
_____
(Ф. И. О., должность)
действующего на основании _____
_____
(устава, положения)
с одной стороны, и временный трудовой (творческий) коллектив, именуемый в дальнейшем — «ВТК», в лице руководителя _____
_____
(Ф. И. О.)
действующего на основании решения общего собрания ВТК, с другой стороны,

заключили Настоящий Договор о нижеследующем:

1. ПРЕДМЕТ ДОГОВОРА

1.1. ЗАКАЗЧИК поручает, а ВТК берет на себя обязательство выполнить следующую работу:
_____
(характер и виды работ)
_____
_____

1.2. ВТК выполняет работу и сдает ЗАКАЗЧИКУ отдельные ее этапы в соответствии с техническим заданием и календарным планом, прилагаемыми к договору и являющимися его неотъемлемой частью.

1.3. Сроки выполнения работы.

Начало — _____

Окончание — _____
ВТК имеет право досрочного выполнения работы.

1.4. Результаты работы предоставляются в виде _____
_____
(форма предоставления работы)

Отдельные этапы работ оформляются: _____
(вид оформления)

1.5. Работа считается выполненной после подписания акта приемки-сдачи (технического акта внедрения) представителем ЗАКАЗЧИКА.

1.6. ЗАКАЗЧИК обязуется своевременно принять и оплатить выполненную работу.

2. УСЛОВИЯ ВЫПОЛНЕНИЯ РАБОТЫ

2.1. Для выполнения работ ЗАКАЗЧИК обеспечивает ВТК необходимыми помещениями, средствами, материалами, оборудованием и комплектующими изделиями согласно прилагаемой к договору описи.

2.2. Члены ВТК выполняют работу за свой риск в свободное от основной работы время.

2.3. Руководитель ВТК, избранный общим собранием его членов (что подтверждается их подписями в Настоящем Договоре), организует всю работу и несет персональную ответственность за ее результаты, своевременное и качественное выполнение работы.

2.4. ВТК самостоятельно определяет состав исполнителей, распределяет между ними обязанности и коллективное вознаграждение.

2.5. ВТК предоставляет ЗАКАЗЧИКУ отчеты о выполненных работах в сроки, установленные в договоре (календарном плане).

2.6. ВТК обязано своевременно и качественно выполнить и передать ЗАКАЗЧИКУ промежуточные и окончательные результаты работ.

2.7. По окончании работы ВТК представляет ЗАКАЗЧИКУ отчет об использовании материально-технических ресурсов и возвращает их остатки ЗАКАЗЧИКУ.

3. ОТВЕТСТВЕННОСТЬ СТОРОН

3.1. В случае неисполнения обязательств каждая из сторон вправе досрочно расторгнуть договор с уведомлением другой стороны за _____.
(дней, месяцев)

3.2. В случае несвоевременного начала исполнения работ либо их выполнения с существенными нарушениями сроков, предусмотренных договором (календарным планом), ЗАКАЗЧИК вправе досрочно расторгнуть договор с предъявлением требований о возмещении убытков.

3.3. а) В случае допущения ВТК отступлений от условий договора либо установления иных недостатков, ухудшивших работу, ЗАКАЗЧИК вправе обязать ВТК устранить их в _____ срок за свой счет.

б) ВТК возмещает ЗАКАЗЧИКУ расходы, понесенные им по исправлению допущенных ВТК нарушений и недостатков в работе.

в) При установлении указанных нарушений, недостатков, ухудшивших работу (результаты работы), вознаграждение ВТК уменьшается на _____ руб. (%).

3.4. При нарушениях, установленных Настоящим Договором (календарным планом) сроков, ВТК оплачивает штраф (неустойку) в размере _____ руб. (%) за каждый день просрочки.

3.5. При наличии существенных отступлений от договора либо иных существенных недостатков ЗАКАЗЧИК вправе расторгнуть договор с предъявлением требований о возмещении убытков.

3.6. При невыполнении п. 2.7 Настоящего Договора взыскивается штраф (неустойка) в размере _____ руб. (%).

3.7. Уплата штрафов, неустоек не освобождает стороны от выполнения обязательств.

4. СУММА ВОЗНАГРАЖДЕНИЯ И ПОРЯДОК РАСЧЕТОВ

4.1. За выполнение работы по Настоящему Договору ЗАКАЗЧИК выплачивает ВТК в виде вознаграждения сумму в размере _____ руб. Выплата осуществляется на основании протокола распределения вознаграждения.

4.2. Сумма вознаграждения подлежит выплате ВТК в течение _____ дней после окончания работ.

4.3. Другие условия _____

К договору прилагаются:

1) календарный план с указанием срока сдачи отдельных этапов работы;

2) выписка из протокола общего собрания об избрании руководителя ВТК.

Настоящий Договор составлен в двух экземплярах, один из которых хранится у ЗАКАЗЧИКА, а другой у руководителя ВТК.

От лица ЗАКАЗЧИКА _____

Руководитель ВТК _____

Фамилия, имя, отчество _____

_____ паспорт — серия _____ № _____
(подпись)

выдан «____» _____ 199__ г. кем _____

Члены ВТК

1. _____
2. _____
3. _____
4. _____
    (Ф. И. О.)   (подпись)

ПРОТОКОЛ

распределения вознаграждения между членами временного трудового (творческого) коллектива

по договору № ____ от _____

№ № п/п	Фамилия, имя, отчество	Паспорт (серия, номер)	Адрес	Сумма выплаты (руб.)	Подпись

Руководитель ВТК _____
(подпись)

Секретарь собрания _____
(подпись)

ТРУДОВОЕ СОГЛАШЕНИЕ

г. _____ «___» _____ 199 __ г.

_____
(наименование предприятия)

в лице _____, действующего на основа-
(Ф. И. О., должность)

нии _____,
(устава, положения)

именуем ____ в дальнейшем — «ЗАКАЗЧИК», с одной стороны, и гр.

_____,
(Ф. И. О., данные паспорта)

именуем ____ в дальнейшем — «ИСПОЛНИТЕЛЬ», с другой стороны,

заключили Настоящий Договор о нижеследующем.

1. ПРЕДМЕТ ДОГОВОРА

1.1. ЗАКАЗЧИК поручает, а ИСПОЛНИТЕЛЬ принимает на себя обязательство выполнить следующие работы _____

_____
(характер и вид работ)

в срок до _____.

1.2. Работа должна отвечать следующим требованиям:

_____.

1.3. ЗАКАЗЧИК обеспечивает ИСПОЛНИТЕЛЯ всем необходимым для выполнения работы, предусмотренной Настоящим Договором.

1.4. ЗАКАЗЧИК обязан своевременно принять и оплатить работу.

2. РАЗМЕР И ПОРЯДОК ОПЛАТЫ

2.1. За выполненную работу ЗАКАЗЧИК уплачивает ИСПОЛНИТЕЛЮ _____ руб.

2.2. Оплата производится не позднее _____ со дня принятия работы.

3. ОТВЕТСТВЕННОСТЬ СТОРОН

3.1. Стороны несут материальную ответственность за неисполнение или ненадлежащее исполнение возложенных на них обязательств в соответствии с действующим законодательством.

4. ДОСРОЧНОЕ РАСТОРЖЕНИЕ ДОГОВОРА

4.1. В случае нарушения одной из сторон обязательств по договору другая сторона вправе расторгнуть его в одностороннем порядке.

4.2. _____.

5. ПРОЧИЕ УСЛОВИЯ

5.1. Споры по Настоящему Договору рассматриваются судом.

5.2. _____.

Адреса сторон

ЗАКАЗЧИК _____.

ИСПОЛНИТЕЛЬ _____.

Подписи сторон

ЗАКАЗЧИК _____   ИСПОЛНИТЕЛЬ _____
          (подпись)   (подпись)

М. П.

ДОГОВОР
о полной индивидуальной материальной ответственности

г. _____ «___» _____ 199 __ г.

В целях обеспечения сохранности материальных ценностей, принадлежащих _____, руководитель
(название предприятия)

предприятия или его заместитель _____,
(Ф. И. О.)
именуемый в дальнейшем — «ПРЕДПРИЯТИЕ», с одной стороны, и
работник _____
(отдела, секции, склада)

_____,
(фамилия, имя, отчество)
именуемый в дальнейшем — «РАБОТНИК», с другой стороны, заключили настоящий договор о нижеследующем:

1. РАБОТНИК, занимающий должность _____
(наименование должности)

или выполняющий работу _____,
(наименование работы)

непосредственно связанную с _____,
(хранением, обработкой, продажей (отпуском),

перевозкой или применением в процессе производства переданных ему материальных ценностей)

принимает на себя полную материальную ответственность за необеспечение сохранности вверенных ему предприятием материальных ценностей, и в связи с изложенным обязуется:

    а) бережно относиться к переданным ему для хранения или других целей материальным ценностям предприятия и принимать меры к предотвращению ущерба;

    б) своевременно сообщать руководству предприятия о всех обстоятельствах, угрожающих обеспечению сохранности вверенных ему материальных ценностей;

    в) вести учет, составлять и представлять в установленном порядке товарно-денежные и другие отчеты о движении и остатках вверенных ему материальных ценностей;

    г) участвовать в инвентаризации вверенных ему материальных ценностей.

2. ПРЕДПРИЯТИЕ обязуется:

а) создавать работнику условия, необходимые для нормальной работы и обеспечения полной сохранности вверенных ему материальных ценностей;

б) знакомить работника с действующим законодательством о материальной ответственности рабочих и служащих за ущерб, причиненный предприятию, учреждению, организации, а также с действующими инструкциями, нормативами и правилами хранения, приемки, обработки, продажи (отпуска), перевозки или применения в процессе производства переданных ему материальных ценностей;

в) проводить в установленном порядке инвентаризацию материальных ценностей.

3. В случае необеспечения по вине РАБОТНИКА сохранности вверенных ему материальных ценностей определение размера ущерба, причиненного предприятию, и его возмещение производятся в соответствии с действующим законодательством.

4. РАБОТНИК не несет материальной ответственности, если ущерб причинен не по его вине.

5. Действие Настоящего Договора распространяется на все время работы с вверенными РАБОТНИКУ материальными ценностями ПРЕДПРИЯТИЯ.

6. Настоящий Договор составлен в двух экземплярах, из которых первый находится у руководителя ПРЕДПРИЯТИЯ, а второй у РАБОТНИКА.

Реквизиты сторон Договора	Подписи сторон Договора

ПРЕДПРИЯТИЕ _____

РАБОТНИК _____

М. П.

ДОГОВОР

о коллективной материальной ответственности

г. _____   «___» _____ 199 __ г.

В целях обеспечения сохранности материальных ценностей ПРЕДПРИЯТИЕ _____
(наименование предприятия)
в лице руководителя _____,
(фамилия, имя, отчество)
именуемого в дальнейшем — «ПРЕДПРИЯТИЕ», с одной стороны, и ЧЛЕНЫ КОЛЛЕКТИВА _____,
(наименование отдела, участка, секции, склада и т. п.)
именуемые в дальнейшем — «КОЛЛЕКТИВ», в лице руководителя коллектива _____
(фамилия, имя, отчество,

_____
занимаемая должность)

заключили Настоящий Договор о нижеследующем:

1. ОБЩИЕ ПОЛОЖЕНИЯ

1.1. КОЛЛЕКТИВ принимает на себя коллективную материальную ответственность за необеспечение сохранности имущества и других ценностей, переданных ему для _____
_____,
(наименование вида работ)
а руководство ПРЕДПРИЯТИЯ обязуется создать КОЛЛЕКТИВУ условия, необходимые для надлежащего исполнения принятых обязательств по договору.

1.2. При смене руководителя КОЛЛЕКТИВА или при выбытии из КОЛЛЕКТИВА более 50 процентов от его первоначального состава договор должен быть переоформлен.

1.3. Договор не переоформляется при выбытии из состава КОЛЛЕКТИВА отдельных работников или приеме в КОЛЛЕКТИВ новых работников. В этих случаях против подписи выбывшего члена КОЛЛЕКТИВА указывается дата его выбытия, а вновь принятый работник подписывает договор и указывает дату вступления в КОЛЛЕКТИВ.

2. ПРАВА И ОБЯЗАННОСТИ ЧЛЕНОВ КОЛЛЕКТИВА И РУКОВОДСТВА ПРЕДПРИЯТИЯ

2.1. Члены КОЛЛЕКТИВА имеют право:

а) участвовать в приемке ценностей и осуществлять взаимный контроль за работой по хранению, обработке, продаже (отпуску), перевозке или применению в процессе производства ценностей;

б) принимать участие в инвентаризации ценностей, переданных КОЛЛЕКТИВУ;

в) знакомиться с отчетами о движении и остатках переданных КОЛЛЕКТИВУ ценностей;

г) в необходимых случаях требовать от руководства ПРЕДПРИЯТИЯ проведения инвентаризации переданных КОЛЛЕКТИВУ ценностей;

д) заявлять руководству ПРЕДПРИЯТИЯ об отводе членов КОЛЛЕКТИВА, в том числе руководителя КОЛЛЕКТИВА, которые, по их мнению, не могут обеспечить сохранность ценностей.

2.2. Члены КОЛЛЕКТИВА обязаны:

а) бережно относиться к ценностям и принимать меры к предотвращению ущерба;

б) в установленном порядке вести учет, составлять и своевременно представлять отчеты о движении и остатках ценностей;

в) своевременно ставить в известность руководство ПРЕДПРИЯТИЯ о всех обстоятельствах, угрожающих сохранности ценностей.

2.3. Руководство ПРЕДПРИЯТИЯ обязано:

а) создавать КОЛЛЕКТИВУ условия, необходимые для обеспечения полной сохранности ценностей;

б) своевременно принимать меры к выявлению и устранению причин, препятствующих обеспечению КОЛЛЕКТИВОМ сохранности ценностей, выявлять конкретных лиц, виновных в причинении ущерба, и привлекать их к установленной законодательством ответственности;

в) знакомить КОЛЛЕКТИВ с действующим законодательством о материальной ответственности рабочих и служащих за ущерб, причиненный ПРЕДПРИЯТИЮ, а также с действующими инструкциями и правилами приемки, хранения, обработки, продажи (отпуска), перевозки или применения в процессе производства ценностей и их учета;

г) обеспечивать КОЛЛЕКТИВУ условия, необходимые для своевременного учета и отчетности о движении и остатках переданных ему ценностей;

д) рассматривать вопросы об обоснованности требования членов КОЛЛЕКТИВА о проведении инвентаризации ценностей;

е) рассматривать сообщения членов КОЛЛЕКТИВА об обстоятельствах, угрожающих сохранности ценностей, и принимать меры к устранению этих обстоятельств.

3. ПОРЯДОК ВЕДЕНИЯ УЧЕТА И ОТЧЕТНОСТИ

3.1. Приемка ценностей, ведение учета и представление отчетности о движении ценностей осуществляется в установленном порядке руководителем КОЛЛЕКТИВА.

3.2. Плановые инвентаризации ценностей, переданных КОЛЛЕКТИВУ, проводятся в сроки, установленные правилами внутреннего трудового распорядка.

Внеплановые инвентаризации проводятся при смене руководителя КОЛЛЕКТИВА, при выбытии из КОЛЛЕКТИВА более 50 процентов его членов, а также по требованию одного или нескольких членов КОЛЛЕКТИВА.

3.3. Отчеты о движении и остатках ценностей подписываются руководителем КОЛЛЕКТИВА и в порядке очередности одним из членов КОЛЛЕКТИВА.

Содержание отчета объявляется всем членам КОЛЛЕКТИВА.

4. ВОЗМЕЩЕНИЕ УЩЕРБА

4.1. Основанием для привлечения членов КОЛЛЕКТИВА к материальной ответственности является материальный ущерб, причиненный недостачей, подтвержденной инвентаризационной ведомостью.

4.2. Привлечение КОЛЛЕКТИВА к материальной ответственности производится руководством ПРЕДПРИЯТИЯ после проведения проверки причин образования ущерба, с учетом письменных объяснений, представленных членами КОЛЛЕКТИВА, а в необходимых случаях также заключений независимых экспертов.

4.3. Члены КОЛЛЕКТИВА освобождаются от возмещения ущерба:
а) если будет установлено, что ущерб причинен не по их вине;
б) если будут установлены конкретные виновники причиненного ущерба из числа членов данного КОЛЛЕКТИВА.

4.4. Определение размера ущерба, причиненного КОЛЛЕКТИВОМ ПРЕДПРИЯТИЮ, а также порядок его возмещения регулируются действующим законодательством.

4.5. Подлежащий возмещению ущерб, причиненный КОЛЛЕКТИВОМ ПРЕДПРИЯТИЮ, распределяется между членами данного КОЛЛЕКТИВА пропорционально месячному должностному окладу и фактически проработанному времени за период от последней инвентаризации до дня обнаружения ущерба.

Договор вступает в силу с _____ и действует на весь период работы **КОЛЛЕКТИВА** с переданными ему ценностями на данном **ПРЕДПРИЯТИИ**.

Договор составлен в двух экземплярах, из которых первый хранится у руководителя **ПРЕДПРИЯТИЯ**, а второй — у руководителя **КОЛЛЕКТИВА**.

Подписи:

ПРЕДПРИЯТИЕ: _____

РУКОВОДИТЕЛЬ КОЛЛЕКТИВА: _____

ЧЛЕНЫ КОЛЛЕКТИВА: _____

_____

_____

_____

_____

ОБРАЗЦЫ ДОКУМЕНТОВ ДЛЯ ОФОРМЛЕНИЯ ПРИЕМКИ ПРОДУКЦИИ (ТОВАРОВ) ПО КОЛИЧЕСТВУ И КАЧЕСТВУ

УТВЕРЖДАЮ

Наименование   Руководитель предприятия
получателя _____   _____

Адрес _____ «___» _____ 199__ г.

АКТ
вскрытия вагона (контейнера, автофургона)

«___» _____ 199__ г.

Место составления акта _____

_____

Комиссия в составе _____
произвела вскрытие вагона (контейнера, автофургона) _____
_____ поступившего по _____ накладной
_____ от «___» _____ 199__ г.

Грузополучатель _____
Грузоотправитель _____
Станция отправления _____
Станция назначения _____
Дата и время подачи вагона (контейнера, автофургона) под выгрузку
_____

Состояние вагона (контейнера, автофургона) _____
_____

Исправность пломб и подробное описание оттисков _____
_____

Наличие и состояние груза _____
_____
_____

Продукция (товары) выгружены из _____
_____ в _____
полностью обеспечивающий сохранность продукции (товаров), находящийся под охраной _____
_____ без смешивания с однородной продукцией.

Комиссия с правилами приемки продукции и товаров по количеству и качеству ознакомлена и несет ответственность за сведения, содержащиеся в акте.

Телеграмма о вызове представителя грузоотправителя будет дана.

Приемка продукции (товаров) по количеству назначена на «___» _____ 199___ г.

Подписи лиц, участвовавших в составлении акта:

_____   (_____)
                                              (Ф. И. О.)
_____   (_____)
                                              (Ф. И. О.)

	УТВЕРЖДАЮ
Наименование	Руководитель предприятия
получателя _____	_____
Адрес _____	«___» _____ 199___ г.

А К Т
приемки продукции (товаров) по количеству

«___» _____ 199___ г.

Место составления акта приемки продукции (товаров)
_____

Время начала приемки продукции (товаров) _____
_____

Время окончания приемки _____

Комиссия в составе: _____
_____

(должность, место работы, фамилия, имя, отчество)

с участием представителя поставщика, незаинтересованной организации, общественности _____

_____
(должность, наименование предприятия, имя, отчество, фамилия)

Дата и номер удостоверения представителя поставщика (незаинтересованной организации, общественности) _____.

Комиссия ознакомлена с Инструкцией о порядке приемки продукции производственно-технического назначения и товаров народного потребления по количеству.

Наименование поставщика _____

Наименование и адрес отправителя (изготовителя) _____
_____

Дата и номер телефонограммы или телеграммы о вызове представителя отправителя (изготовителя) _____

Дата и номер счета-фактуры _____

Дата и номер транспортной накладной _____

Станция отправления (пристань, порт) и дата отправления ____
_____

Станция назначения и время прибытия груза _____
_____

Время выдачи груза органом транспорта _____
Время вскрытия вагона, контейнера, автофургона и других опломбированных транспортных средств _____

Время доставки продукции (товаров) на склад получателя ____
Номер и дата коммерческого акта (акта, выданного органом автомобильного транспорта) _____

Условия хранения продукции на складе получателя до ее приемки
_____

Определение количества продукции (товаров) производилось на исправных весах или другими измерительными приборами, проверенными в установленном порядке _____

Состояние тары и упаковки в момент осмотра продукции, содержание наружной маркировки тары и другие данные, на основании которых определяется, в чьей упаковке предъявлена продукция – отправителя или изготовителя _____

Дата вскрытия тары _____
Порядок отбора продукции для выборочной проверки с указанием оснований выборочной проверки (стандарта, ТУ, условий договора и т. п.) _____
_____

За чьим весом или пломбами отгружена продукция _____
_____,состояние пломб _____
(отправителя, транспорта)   (исправные, неисправные)
Содержание оттисков пломб _____
                          (по документам и фактически)
Вес каждого места, в котором обнаружена недостача (фактический и по трафарету на таре (упаковке) _____
_____

Маркировка мест _____
                (по документам и фактически)
Наличие или отсутствие упаковочных ярлыков и пломб на отдельных местах _____

При проверке груза установлено:

Наименование продукции (товаров)	Един. изм.	Цена	По документам поставщика		Фактически поступило								
					количество	сумма	бой		излишки		недостача	
			количество	сумма			количество	сумма	количество	сумма	количество	сумма
1	2	3	4	5	6	7	8	9	10	11	12	13

Каким способом определено количество недостающей продукции
_____
(взвешиванием, счетом мест, обмером и т. п.)
Могла ли вместиться недостающая продукция в тарное место, вагон, контейнер и т. п. _____

Заключение о причинах и месте образования недостачи _____
_____

Лица, участвующие в приемке продукции (товаров), предупреждены об ответственности за подписание акта, содержащего данные, не соответствующие действительности.

Подписи членов комиссии:

1. _____   2. _____
3. _____   4. _____

**Представитель поставщика
(незаинтересованной организации,**

общественности): _____
(подпись)

УТВЕРЖДАЮ

Наименование   Руководитель предприятия

получателя _____ _____

Адрес _____ «___» _____ 199__ г.

АКТ

приемки продукции (товаров)
по количеству и качеству

«___» _____ 199__ г.

Место составления акта и приемки продукции (товаров) _____
_____

Время начала приемки продукции (товаров) _____

Время окончания приемки _____

Комиссия в составе: _____

_____

_____
(должность, место работы, фамилия, имя, отчество)

с участием представителя поставщика (незаинтересованной организации, общественности) _____

_____
(должность, наименование предприятия, имя, отчество, фамилия)

Дата и № удостоверения представителя поставщика (незаинтересованной организации, общественности) _____

Комиссия ознакомлена с инструкциями о порядке приемки продукции производственно-технического назначения и товаров народного потребления по количеству и качеству.

Наименование поставщика _____

Наименование и адрес отправителя (изготовителя) _____

Дата и № телеграммы или телефонограммы о вызове представителя изготовителя (поставщика) _____

Дата и № счета-фактуры _____

Дата и № транспортной накладной _____

Станция и дата отправления _____

Станция назначения и время прибытия груза _____

_____

Время выдачи груза органами транспорта _____

Время вскрытия вагона, контейнера, автофургона, тары ___

_____

Дата составления коммерческого акта _____

Состояние тары, упаковки, маркировки, пломбы _____

_____

_____

Наличие упаковочных ярлыков _____

По документам поставщика значилось:

Наименование продукции и количество мест тары	Единица измерения	По транспортной накладной		По счету, упаковочному листу	
		количество	сумма	количество	сумма
1	2	3	4	5	6

Фактически оказалось:

Наименование продукции	Единица измерения	Фактически поступило				Расхождение			
		количество	сумма	в том числе брак или бой		излишки		недостача	
				количество	сумма	количество	сумма	количество	сумма
1	2	3	4	5	6	7	8	9	10

Каким способом определено количество недостающей продукции
_____

Подробное описание выявленных дефектов и их характер _____
_____
_____

Номера ГОСТов, технические условия, чертежи, по которым производилась проверка качества продукции _____.
_____

Заключение комиссии о причинах недостачи, излишков, боя и брака продукции: _____
_____

Члены комиссии предупреждены об ответственности за подписание акта, содержащего данные, не соответствующие действительности.

Подписи членов комиссии:

1. _____ 2. _____
3. _____ 4. _____

Представитель поставщика (незаинтересованной организации, общественности): _____
          (подпись)

	УТВЕРЖДАЮ
Наименование получателя _____	Руководитель предприятия _____
Адрес: _____	«___» _____ 199__ г.

АКТ
приемки продукции (товаров) по качеству

«___» _____ 199__ г.

Место составления акта и приемки продукции (товаров) _____
_____

Время начала приемки продукции (товаров) _____
_____

Время окончания приемки _____

Комиссия в составе _____
_____
    (фамилия, имя, отчество, должность, место работы)
Дата и № удостоверения представителя поставщика (незаинтересованной организации, общественности) _____

Комиссия ознакомлена с Инструкцией о порядке приемки продукции производственно-технического назначения и товаров народного потребления по качеству.

Наименование поставщика _____

Наименование и адрес отправителя (изготовителя) _____
_____

Дата и номер телеграммы или телефонограммы о вызове представителя отправителя (изготовителя) _____

Номер и дата договора (наряда) на поставку продукции (товаров)
_____

Дата и номер счета-фактуры _____

Дата и номер транспортной накладной _____

Дата и номер документа, удостоверяющего качество продукции (товаров) _____

Станция и дата отправления _____
Станция (порт, пристань) назначения и дата прибытия продукции (товаров) _____

Время выдачи груза органом транспорта _____
Время вскрытия вагона, контейнера, автофургона и других опломбированных транспортных средств _____

Дата и номер коммерческого акта _____

Время доставки груза на склад получателя _____
Условия хранения груза на складе получателя до составления акта

Состояние тары и упаковки в момент осмотра продукции, содержание наружной маркировки тары, в чьей таре, упаковке предъявлена для осмотра продукция (изготовителя или отправителя) _____
_____
_____

Дата вскрытия тары и упаковки _____
Замечания по маркировке, таре, упаковке, а также количество продукции, к которому относится каждый из обнаруженных недостатков
_____

Если проводилась выборочная проверка продукции (на каком основании: ГОСТ, технические условия, другие обязательные правила, договор) — порядок отбора продукции _____
_____

За чьими пломбами (отправителя или органа транспорта) отгружена и поступила продукция, исправность пломб, оттиски на них ___
_____

Транспортная и отправительская маркировка мест (по документам и фактически) _____
Наличие или отсутствие упаковочных ярлыков, пломб на отдельных местах _____
Отметка о выдаче груза в порядке ст. Устава железных дорог
_____
(имеется, не имеется)
Количество (вес), полное наименование и перечисление предъявленной к проверке и фактически проверенной продукции.

№ № п/п	Наименование продукции	Единица измерения	Цена	По документам поставщика		Фактически поступило			
						всего		в том числе брак	
				количество	сумма	количество	сумма	количество	сумма
1	2	3	4	5	6	7	8	9	10

Указать продукцию, сорт которой не соответствует сорту, указанному в документе, удостоверяющем ее качество.

Подробное описание выявленных недостатков и их характер _____

Основания, по которым продукция переводится в более низкий сорт, со ссылкой на стандарт, технические условия, другие обязательные правила _____

Количество некомплектной продукции, перечень недостающих частей, узлов и деталей и их стоимость _____

Номера ГОСТов, технических условий, чертежей, образцов (эталонов), по которым производилась проверка качества продукции _____

Номер браковщика предприятия-изготовителя продукции, если на продукции такой номер имеется _____

Сделан ли отбор образцов (проб) и куда они направлены _____

Другие данные, которые, по мнению комиссии, необходимо указать в акте для подтверждения ненадлежащего качества _____

Заключение комиссии о характере выявленных дефектов в продукции и причинах их возникновения _____
_____
Члены комиссии предупреждены об ответственности за подписание акта, содержащего данные, не соответствующие действительности __
_____

Подписи членов комиссии:

1. _____ 2. _____
3. _____ 4. _____

**Представитель поставщика
(незаинтересованной организации,
общественности):** _____
(подпись)

АКТ
отбора образцов (проб)

Комиссия в составе: _____
(фамилия и должность)
_____
«____» _____ 199__ г. произвела отбор проб продукции, поступившей от _____ по счету-фактуре
(наименование поставщика)
№ _____ от _____ 199__ г.
Продукция поступила на склад получателя
«____» _____ 199__ г. в количестве _____ мест, весом
_____ кг.
Образцы (пробы) отбирались из мест: _____
_____
ГОСТ (номер, дата)
Образцы (пробы) отобраны следующим образом: _____
_____
(описать, как отбирались пробы)

Образцы (пробы) снабжены этикетками с указанием _____

(что указано на этикетках)

Образцы (пробы) опечатаны (опломбированы) _____

(чьей печатью или пломбой, оттиски на пломбах)

Другие данные об образцах: _____

Образцы (пробы) отобраны в количестве _____ шт.

Один образец передан на хранение получателю _____

(указать кому: фамилию, должность)

Второй образец направлен с актом изготовителю (отправителю)

Дополнительные образцы _____
(отбирались или нет)
Образцы сданы на анализ (испытание) _____

(указать куда)

Подписи членов комиссии:

ОБРАЗЦЫ ПРЕТЕНЗИЙ
(с комментариями)

Претензия — это требование о добровольном устранении нарушения законодательства.

Претензии направляются заказными или ценными письмами, могут быть вручены под расписку.

В претензии указываются:

наименование предприятий, учреждений, организаций, предъявивших претензию, а также наименование предприятия, организации, учреждения, к которым предъявляются претензии, их адреса, номер претензии, дата предъявления;

обстоятельства, послужившие основанием для предъявления претензии, доказательства, подтверждающие изложенные в претензии обстоятельства; сумма требований заявителя и расчет этих требований;

претензия должна содержать ссылки на нормативные акты, договор или иные правоустанавливающие документы, а также почтовые, платежные реквизиты заявителя претензии.

К претензии должны быть приложены все необходимые подлинные документы или надлежаще заверенные копии этих документов, о чем указывается в приложении.

Претензия должна быть подписана руководителем или заместителем руководителя предприятия, организации, учреждения.

К претензии, направляемой перевозчику груза, прилагаются только подлинные документы.

Ответ на претензию дается в письменной форме и подписывается руководителем или заместителем руководителя организации, гражданином-предпринимателем.

В ответе на претензию указываются: при полном или частичном удовлетворении претензии — признанная сумма, номер и дата платежного поручения на перечисление этой суммы или срок и способ удовлетворения претензии, если она не подлежит денежной оценке; при полном или частичном отказе в удовлетворении претензии — мотивы отказа со ссылкой на соответствующее законодательство и доказательства, обосновывающие отказ; перечень прилагаемых к ответу на претензию документов, других доказательств.

При удовлетворении претензии, подлежащей денежной оценке, к ответу на претензию прилагается поручение банку на перечисление денежных средств с отметкой об исполнении (принятии к исполнению).

При полном или частичном отказе в удовлетворении претензии заявителю должны быть возвращены подлинные документы, которые были приложены к претензии, а также направлены документы, обосновывающие отказ, если их нет у заявителя претензии.

Ответ на претензию отправляется заказным или ценным письмом, по телеграфу, телетайпу, а также с использованием иных средств связи, обеспечивающих фиксирование отправления ответа на претензию, либо вручается под расписку.

В случае полного или частичного отказа в удовлетворении претензии или неполучения в срок ответа на претензию заявитель вправе предъявить иск в Арбитражный суд.

Дата _____ Руководителю _____

№ _____ Адрес: _____

ПРЕТЕНЗИЯ

об уплате неустойки за недопоставку (просрочку поставки) продукции

Сумма _____ руб.

В соответствии с заключенным договором № _____ от «_____»_____ 199__г. Ваше предприятие обязано было поставить нам в _____ 199__г.
                        (квартал, месяц)

_____
               (наименование продукции, товара)

в количестве _____ на сумму _____ руб.

Фактически за указанный период поставлено _____
_____ в количестве _____
   (наименование продукции, товара)
на сумму _____ руб.

Таким образом, Вами недопоставлено в указанный в договоре срок
_____
               (наименование продукции, товара)
в количестве _____ на сумму _____ руб.

В соответствии с изложенным и руководствуясь _____
_____
_____, прошу произвести допоставку продукции и перечислить на наш расчетный счет № _____ в _____
(наименование банка)
г._____ неустойку в размере _____ процентов, что составляет _____ руб.

Приложение:
1. Копия договора № _____ от «____» _____ 199__г.
2. Расчет неустойки.
3. Реестр счетов на отгруженную продукцию (товар).

**Руководитель предприятия
или его заместитель:** _____
(подпись)

Дата _____ Кому: _____
№ _____ Адрес: _____

ПРЕТЕНЗИЯ

об уплате стоимости недостающей продукции (товаров)

Сумма _____ руб.

По _____ накладной № _____
(вид накладной)
от «____» _____ 199__г. в наш адрес поступила отгруженная Вами продукция (товар) _____, оплаченная нами по счету
(наименование)
№_____ от «____» _____ 199__ г.

Груз прибыл _____
(состояние вагона или

_____
контейнера, пломб, маркировки и т. д.)
и выдан железной дорогой без проверки в порядке ст. _____ Устава железных дорог, о чем свидетельствует отметка станции назначения на обороте железнодорожной накладной.

При приеме груза с участием представителя _____

_____
(общественности, другой организации)
была установлена недостача _____
(наименование продукции, товара)
в количестве _____ на сумму _____ руб.

Просим стоимость недостающей продукции в сумме _____ руб. с начислением _____ % годовых в сумме _____ руб. за пользование чужими средствами, а всего _____ руб. перечислить на наш расчетный счет № _____ в _____ г. _____.
(наименование банка)

Приложение:

1. Железнодорожная накладная № _____ от «____» _____ 199__ г.

2. Акт приемки № _____ от «____» _____ 199__ г.
3. Удостоверение на представителя общественности (другой организации) № _____ от «____» _____ 199__ г.
4. Расчет суммы претензии.
5. Телеграмма о вызове грузоотправителя.
6. Другие документы, обосновывающие претензию на _____ листах.

**Руководитель предприятия
или его заместитель:** _____
(подпись)

Дата _____   Управлению железной дороги:
№ _____   _____

                            Адрес: _____

ПРЕТЕНЗИЯ
о несвоевременной доставке груза
по железной дороге

Сумма _____ руб.

Согласно договору № _____ от «_____» _____ 199___ г. в наш адрес «_____» _____ 199___ г. была отгружена по ж.-д. накладной № _____ от «_____» _____ 199___ г. продукция _____. Груз согласно прилагаемому расчету доставлен с
(наименование)
просрочкой на _____ суток.

В соответствии с _____
Вам начисляется штраф в размере _____ процентов от провозной платы, что составляет в сумме _____ руб.

На основании изложенного и руководствуясь ст. _____
_____, прошу рассмотреть нашу претензию и перечислить на наш расчетный счет _____
в _____
              (наименование банка)
г. _____ сумму _____ руб. штрафа за несвоевременную доставку груза.

Приложение:

1. Копия договора.
2. Подлинная ж.-д. накладная № _____
от «_____» _____ 199___ г.
3. Расчет суммы претензии.
4. Ведомость подачи, уборки вагонов.

Руководитель предприятия
или его заместитель: _____
                                           (подпись)

Дата _____   Управлению железной дороги _____
                              _____

№ _____   Адрес: _____
                              Грузоотправителю _____
                              Адрес: _____

ПРЕТЕНЗИЯ
к Управлению железной дороги и поставщику в связи с недостачей (повреждением, порчей, утратой) груза

Сумма _____ руб.

В соответствии с договором № _____ от «____» _____ 199__ г. грузоотправителем _____ в наш адрес по ж.-д. накладной № _____ отгружена продукция (товары) _____, в вагоне (контейнере) _____ за пломбой _____ (отправителя, перевозчика).

При выдаче с проверкой груза, в связи с (неисправная перевозка, нарушение пломб, техническая неисправность транспортного средства) _____, установлена недостача (порча, повреждение, утрата груза) в количестве _____. Стоимость недостачи согласно прилагаемому расчету составила _____ руб. Недостача продукции (товара) подтверждена коммерческим актом № _____ от «____» _____ 199__ г. (в случае отказа станции от составления коммерческого акта — жалобой на имя начальника отделения дороги и актом приемки). Повреждение груза и уценка подтверждены актом экспертизы № _____ от «____» _____ 199__ г.

Счет поставщика № _____ от «____» _____ 199__ г. оплачен полностью.

На основании ст. _____ Устава железных дорог прошу перечислить стоимость недостающего (утраченного, поврежденного, испорченного груза) _____ руб. на наш расчетный счет № _____ в _____
(наименование банка)
г. _____, и _____ % годовых, начиная со дня предъявления претензии до дня перечисления денег на наш расчетный счет.

Приложение:
1. Ж.-д. накладная № _____ от «_____» _____ 199__г.
2. Коммерческий акт № _____ от «_____» _____ 199__г.
3. Акт экспертизы.
4. Счет поставщика № _____ от «_____» _____ 199__г.
5. Расчет суммы претензии.
6. Другие документы, обосновывающие претензию на _____ листах.

Руководитель предприятия
или его заместитель: _____
(подпись)

Дата _____   Руководителю _____
№ _____   Адрес: _____

ПРЕТЕНЗИЯ

к автотранспортному предприятию,

о недостаче груза

при централизованной доставке

Сумма _____ **руб.**

Вашим предприятием принята от _____ _____ для доставки в наш адрес централизованной доставкой по товарно-транспортной накладной № _____ от «_____» _____ 199__ продукция (товары) _____ в количестве _____ на сумму _____руб.
При приемке груза от водителя автомашины установлена недостача _____ в количестве _____ на сумму _____ руб., что удостоверяется записью в товарно-транспортной накладной, заверенной водителем автомашины и нашим представителем (в случае отказа водителя автомашины составляется акт и производится запись в накладной грузополучателем).
Стоимость недостающей продукции согласно прилагаемому расчету составляет _____ руб.

Счет поставщика № _____ от «_____» _____ 199__г. оплачен полностью.

Руководствуясь ст. _____ Устава автомобильного транспорта РФ, прошу перечислить стоимость недостающей продукции (товара) _____ руб., а также % годовых, начиная со дня предъявления претензии до дня перечисления средств, на наш расчетный счет № _____ в _____
(наименование банка)
г. _____ .

Приложение:

1. Товарно-транспортная накладная № _____ от «____» _____ 199__ г.
2. Счет поставщика.
3. Акт приемки продукции по количеству (в случае отказа водителя от удостоверения записи в накладной).
4. Расчет суммы претензии.
6. Другие документы, подтверждающие претензию на _____ листах.

Руководитель предприятия
или его заместитель: _____
(подпись)

Дата _____   Руководителю _____
№ _____   Адрес: _____

ПРЕТЕНЗИЯ

о взыскании штрафа и убытков
за поставку немаркированной продукции,
а также продукции (товара) без тары
либо в ненадлежащей таре (упаковке)

Сумма _____ руб.

По накладной № _____ от «____» _____ 199__ г. в наш адрес поступила отгруженная Вами продукция (товары) _____ в количестве _____ на сумму _____ руб.

Ваш счет № _____ от «____» _____ 199__ г. нами оплачен полностью.

Согласно договору № _____ от «____» _____ 199__ г., ГОСТа, ТУ, ОСТа _____ продукция должна отгружаться _____ _____.

При приемке по качеству установлено, что продукция (товары) не маркирована, поступила без тары (упаковки) или в ненадлежащей таре (упаковке) _____, что подтверждается актом № _____ от «____» _____ 199__ г., составленным с участием представителя _____), удостоверение № _____ от «____» _____ 199__ г.

Руководствуясь _____ _____, прошу уплатить штраф в сумме _____ руб., возместить убытки в сумме _____ руб., согласно калькуляции, а всего _____ руб., которые перечислить на наш расчетный счет № _____ в _____ г. _____
    (наименование банка)

Приложение:

1. Накладная № _____ от «____» _____ 199__ г.
2. Акт приемки № _____ от «____» _____ 199__ г.
3. Удостоверение представителя _____ № _____ от «____» _____ 199__ г.
4. Телеграмма о вызове представителя поставщика.
5. Расчет суммы претензии.
6. Выписка из договора, ГОСТ, ТУ.
7. Калькуляция.
8. Другие документы, обосновывающие претензию на _____ листах.

**Руководитель предприятия
или его заместитель:** _____
                                                           (подпись)

Дата _____   Руководителю _____
№ _____   Адрес: _____

ПРЕТЕНЗИЯ

об уплате штрафа
за просрочку возврата (невозврат) тары

Сумма _____ руб.

По накладной № _____ от «____» _____ 199__г. Вам была отгружена _____
(наименование продукции, товара)

в _____
(наименование тары)

Согласно договору (сертификату) № _____ от «____» _____ 199__г. _____ в количестве
(наименование тары)

_____ подлежали возврату в срок до _____ 199__г.

Фактически _____ Вами возвращены
(наименование тары)

_____ 199__г. в количестве _____, не возвращены

_____
(количество)

В соответствии с _____
_____ и договором № _____ от _____ 199__г. просим невозвращенные _____ в количестве _____
(наименование тары)

отгрузить в наш адрес немедленно и уплатить штраф в сумме _____ руб. согласно прилагаемому расчету. Указанную сумму просим перечислить на наш расчетный счет № _____ в _____ г. _____.
(наименование банка)

Приложение:

1. Копия счета об отгрузке продукции (товара) в таре.
2. Копия договора (сертификата).
3. Копия документов о фактических датах возврата тары.
4. Расчет суммы претензии.

**Руководитель предприятия
или его заместитель:**   _____
                                                            (подпись)

Дата _____   Руководителю _____
№ _____   Адрес: _____

ПРЕТЕНЗИЯ
о взыскании штрафа за поставку некомплектной продукции, ее стоимости

Сумма _____ руб.

Согласно договору № _____ от «____» _____ 199__ г. по накладной № _____ от «____» _____ 199__ г. в наш адрес Вами была поставлена продукция (товар) _____
(наименование)

в количестве _____ на сумму _____ руб.

Груз прибыл _____
(состояние пломб)

в вагоне (контейнере) за _____
(состояние пломб)

пломбами _____ в _____
    (отправителя, железной дороги)   (состояние упаковки)

упаковке.

Ваш счет № _____ от «____» _____ 199__ г. оплачен полностью.

При приемке _____
(наименование продукции, товара)

установлено _____,
(описание некомплектной продукции)

что подтверждается актом № _____ от _____ 199__ г., составленным с участием представителя _____
(общественности,

_____, действующего на основании удостоверения
  (другой организации)

№ _____ от _____ 199__ г.

Учитывая изложенное и в соответствии с _____ _____ предлагаю Вам доукомплектовать продукцию (товар), либо перечислить на наш расчетный счет № _____ в _____
(наименование банка)
г. _____ стоимость оплаченной некомплектной продукции _____ руб., штраф в размере _____ процентов, что составляет _____ руб., а всего _____ руб.

Приложение:

1. Копия договора.
2. Акт приемки продукции (товара) № _____ от _____ 199___г.
3. Удостоверение представителя _____ № _____ от «_____»_____ 199___г.
4. Телеграмма о вызове поставщика и доукомплектовании продукции.
5. Накладная № _____ .
6. Платежное поручение № _____ от «_____»_____ 199___г.
7. Расчет суммы претензии.
8. Другие документы, обосновывающие претензию на _____ листах.

**Руководитель предприятия
или его заместитель:** _____
(подпись)

Дата _____   Руководителю _____
№ _____   Адрес: _____

ПРЕТЕНЗИЯ

об уплате стоимости забракованной продукции (товаров), штрафа и убытков

Сумма _____ руб.

Согласно договору № _____ от «____» _____ 199__ г.
по накладной № _____ от «____» _____ 199__ г.
в наш адрес Вами была поставлена продукция (товар) _____
_____
                    (наименование)

в количестве _____ на сумму _____ руб.
Груз прибыл в _____
                    (состояние перевозочных средств)
вагоне (контейнере) за _____
                                (состояние пломб)
пломбами _____ в _____
          (отправителя, железной дороги)   (состояние упаковки)
упаковке.
Ваш счет № _____ от «____» _____ 199__ г. оплачен полностью.

При приемке _____
                (наименование продукции, товара)
по качеству установлено _____
_____
_____,
                (описание забракованной продукции)
что подтверждается актом № _____ от «____» _____ 199__ г.,
составленным с участием представителя _____
_____, (общественности,
_____, действующего на основании удостоверения
       другой организации)
ния № _____ от _____ 199__ г.

Учитывая, что в установленный (согласованный) срок дефекты продукции (товара) не устранены и руководствуясь: _____
_____
_____,
предлагаю Вам перечислить на наш расчетный счет № _____ в _____ г. _____ стоимость забра
(наименование банка)
кованной продукции (товара) _____ руб. (если счет оплачен), штраф в размере _____% , что составляет _____ руб., понесенные нами убытки в сумме _____ руб., согласно прилагаемому расчету, а всего _____ руб.

Принятой нами на хранение продукцией (товарами) просим распорядиться в _____ срок.

Приложение:

1. Копия договора.
2. Акт приемки продукции (товара) № _____ от _____ 199___ г.
3. Удостоверение представителя _____ № _____ от «___»_____ 199___ г.
4. Ж.-д. накладная № _____
5. Расчет суммы претензии, убытков.
6. Платежное поручение № _____ от «___»_____ 199___ г.
7. Телеграмма с требованием устранения дефектов поставщиком.
8. Выписки из ГОСТ, ТУ, ОСТ.
9. Другие документы, обосновывающие претензию на _____ листах.

**Руководитель предприятия
или его заместитель:** _____
(подпись)

ОБРАЗЦЫ
ИСКОВЫХ ЗАЯВЛЕНИЙ
(с комментариями)

Исковое заявление — это требование к компетентному органу о защите нарушенного права организации, предприятия, учреждения.

Исковое заявление подлежит оплате государственной пошлиной. Исковое заявление направляется в Арбитражный суд области, края, республики по месту нахождения ответчика (предприятия, организации, учреждения, которое нарушило права или законные интересы истца). Исковое заявление направляется заказной корреспонденцией в адрес Арбитражного суда или передается непосредственно в канцелярию суда.

Ниже приводятся образцы исковых заявлений.

В областной Арбитражный суд

Дата _____ _____.

№ _____ Адрес: _____.

Истец: _____
Адрес: _____
Банковские реквизиты _____
Ответчик: _____
Адрес: _____
Банковские реквизиты _____

ИСКОВОЕ ЗАЯВЛЕНИЕ
о взыскании неустойки за недопоставку (просрочку поставки) продукции (товаров)

Сумма _____ руб.

В соответствии с договором № _____
от «____» _____ 199__ г. ответчик должен был поставить нам
в _____ 199__ г. _____
                                    (наименование продукции, товаров)
в количестве _____.

Свои обязательства по договору ответчик не выполнил. Фактически за указанный период ответчик поставил _____

_____
(наименование продукции, товаров)
в количестве _____ на сумму _____ руб., недопоставив _____
(количество и наименование продукции, товаров)
на _____ руб.

За недопоставку продукции (товаров) согласно п. _____ _____ или п. _____ договора ответчик обязан уплатить неустойку в сумме _____ руб. (см. прилагаемый расчет).

Предъявленную нами претензию № _____ от «_____» _____ 199___ г. об уплате неустойки в сумме _____ руб. за недопоставку продукции (товаров) ответчик оставил без удовлетворения (ответа) по следующим мотивам: _____

Отказ ответчика от удовлетворения претензии считаем необоснованным _____
(указать причины)

Учитывая изложенное, просим Арбитражный суд за недопоставку продукции (товаров) взыскать с ответчика неустойку в сумме _____ руб. и в возврат расходов по госпошлине _____ руб.

Приложение:

1. Копия претензии и доказательство отсылки ее ответчику.
2. Копия ответа на претензию (если имеется).
3. Копии договора.
4. Выписка и спецификации.
4. Расчет неустойки.
5. Почтовая квитанция на отсылку копии искового заявления ответчику.
6. Поручение о перечислении госпошлины.

**Руководитель предприятия
или его заместитель:** _____
(подпись)

В областной Арбитражный суд

Дата _____.

№ _____ Адрес: _____.

Истец: _____.

Адрес: _____.

Банковские реквизиты _____.

Ответчик: _____.

Адрес: _____.

Банковские реквизиты _____.

ИСКОВОЕ ЗАЯВЛЕНИЕ

о взыскании стоимости недостающей продукции (товара)

Сумма _____ руб.

При приемке продукции (товаров), прибывшей в наш адрес по накладной № _____ от «_____» _____ 199___ г. в вагоне (контейнере, автофургоне) № _____, отправленной _____,
(наименование грузоотправителя)
установлена недостача _____ на сумму
(наименование продукции)
_____ руб., что подтверждено актом приемки № _____ от «_____» _____ 199__ г., составленным с участием представителя _____.
(общественной, другой организации)

Недостача произошла вследствие _____.
(указать причины)
Счет ответчика № _____ от «_____» _____ 199__ г., выставленный за поставленную продукцию (товар), нами оплачен полностью.

Заявленную нами претензию № _____ от «_____» _____ 199__ г., ответчик отклонил (оставил без ответа) по следующим мотивам: _____.

Считаем отказ ответчика от удовлетворения претензии необоснованным _____
                         (указать причины)

На основании изложенного и руководствуясь _____ , просим взыскать с ответчика в нашу пользу _____ руб., составляющие стоимость недостающей продукции, _____ % годовых за пользование чужими средствами в сумме _____ руб. и в возмещение расходов по госпошлине _____ руб., а всего _____ руб.

Приложение:

1. Копия претензии и доказательство ее отправки ответчику.
2. Ответ на претензию.
3. Акт приемки продукции № _____ от «___» _____ 199__ г.
4. Удостоверение представителя общественности (другой организации).
5. Расчет суммы претензии.
6. Поручение о перечислении госпошлины.
7. Доказательство отправки копии искового заявления ответчику.
8. Другие документы, обосновывающие исковые требования на _____ листах.

Руководитель предприятия
или его заместитель: _____
                                    (подпись)

                          В областной Арбитражный суд

Дата _____   _____.
№ _____   Адрес: _____.

Истец: _____.
Адрес: _____.
Банковские реквизиты _____.
Ответчик: _____.
Адрес: _____.
Банковские реквизиты _____.

ИСКОВОЕ ЗАЯВЛЕНИЕ
о взыскании стоимости недостачи груза при перевозке грузов автотранспортом

Сумма _____ руб.

При приемке продукции (товара), доставленной ответчиком на автомашине № _____ по товарно-транспортной накладной № _____ от «____» _____ 199__ г. в порядке централизованных перевозок грузов, установлена недостача _____ мест весом _____.

Факт недостачи удостоверен распиской приемщика груза и шофера на товарно-транспортной накладной, а также приемо-сдаточным актом, составленным с участием тех же лиц.

Заявленную нами претензию № _____ от «____» _____ 199__ г. об оплате стоимости недостающего груза ответчик отклонил (оставил без ответа) по следующим мотивам: _____.

Считаем отказ ответчика от удовлетворения претензии необоснованным _____.
(указать причины)

На основании изложенного и руководствуясь ст. _____ Устава автомобильного транспорта, просим взыскать с ответчика в пользу истца _____ руб., составляющие стоимость недостающего груза, _____ % годовых в сумме _____ руб. за пользование чужими средствами и в возмещение расходов по госпошлине _____ руб., а всего _____ руб.

Приложение:
1. Копия претензии и доказательство ее отсылки ответчику.
2. Ответ на претензию.
3. Товарно-транспортная накладная № _____ от «____» _____ 199__ г.
4. Приемо-сдаточный акт.
5. Копия счета.
6. Доказательство отправки копии искового заявления ответчику.
7. Поручение о перечислении госпошлины. Другие документы, обосновывающие исковые требования на _____ листах.

**Руководитель предприятия
или его заместитель:** _____
(подпись)

В областной Арбитражный суд

Дата _____
№ _____ Адрес: _____

Истец: _____
Адрес: _____
Банковские реквизиты _____
Ответчик: _____
Адрес: _____
Банковские реквизиты _____
Соответчик: _____
Адрес: _____
Банковские реквизиты _____

ИСКОВОЕ ЗАЯВЛЕНИЕ

к грузоотправителю и Управлению железной дороги о взыскании стоимости недостающего груза

Сумма _____ руб.

Согласно договору № _____ от «____» _____ 199 __ г. грузоотправителем _____ в наш адрес отгружена продукция (товары). При проверке и выдаче груза, поступившего по ж.-д. накладной № ____ от «____» _____ 199 __ г., в вагоне (контейнере) _____ установлена недостача продукции (товаров) _____ в количестве _____ мест, весом _____

Недостача груза подтверждена коммерческим актом № _____ от «____» _____ 199 __ г.

Стоимость недостачи груза согласно расчету составляет _____ руб.

Наша претензия № _____ от «_____» _____ 199__ г. о взыскании стоимости недостающего груза ответчиком отклонена (оставлена без ответа) по мотивам: _____.

Соответчиком отклонена (оставлена без ответа) по мотивам: _____.

Считаем отклонение претензии ответчиком и соответчиком необоснованным по следующим основаниям: _____

Руководствуясь ст. _____ Устава железных дорог прошу взыскать с виновной стороны в пользу истца стоимость недостающего груза в сумме _____ руб. и расходы по госпошлине _____ руб.

При удовлетворении иска с перевозчика просим взыскать также _____ % годовых, а при удовлетворении с грузоотправителя _____ % годовых за пользование чужими денежными средствами.

Приложение:

1. Копия претензии и квитанции, подтверждающие ее отсылку ответчику и соответчику.
2. Ответы на претензию.
3. Ж.-д. накладная № _____ от «_____» _____ 199__ г.
4. Счет _____.
5. Коммерческий акт № _____ от «_____» _____ 199__ г.
6. Расчет суммы иска.
7. Квитанции направления копии исковых заявлений ответчику и соответчику.
8. Поручение на оплату госпошлины.
9. Другие документы, обосновывающие исковые требования на _____ листах.

**Руководитель предприятия
или его заместитель:** _____

(подпись)

В областной Арбитражный суд

Дата _____.

№ _____ Адрес: _____.

Истец: _____.
Адрес: _____.
Банковские реквизиты _____
Ответчик: _____.
Адрес: _____.
Банковские реквизиты _____

ИСКОВОЕ ЗАЯВЛЕНИЕ
о взыскании штрафа и убытков за поставку недоброкачественной продукции (товаров)

Сумма _____ руб.

Согласно накладной № _____
от «____» _____ 199___ г., ответчик поставил нам в количестве _____
(наименование продукции, товаров)
_____ на сумму _____ руб.

Счет ответчика № _____ от «____» _____ 199___ г. оплачен нами полностью.

При приемке продукции (товаров) по качеству установлено _____,
(описание недоброкачественной продукции)
что подтверждается актом № _____ от «____» _____ 199___ г., составленным с участием представителя _____,
(общественности, другой организации)
действующего на основании удостоверения № _____
от «____» _____ 199___ г.

Заявленную нами претензию № _____ от «____» _____ 199__ г. ответчик отклонил (оставил без ответа) по следующим мотивам: _____.

Считаем отказ ответчика от удовлетворения претензии необоснованным _____.

(указать причины)

На основании изложенного и руководствуясь _____, просим взыскать с ответчика в нашу пользу штраф в сумме _____ руб., убытки в сумме _____, руб. а всего _____ руб. и в возмещение расходов по госпошлине _____ руб.

Приложение:

1. Копия претензии и доказательство ее отсылки ответчику.
2. Ответ на претензию.
3. Акт приемки № _____ от «____» _____ 199__ г.
4. Удостоверение представителя общественности (другой организации) № _____ от «____» _____ 199__ г.
5. Расчет штрафа.
6. Калькуляция размера убытков.
7. Поручение о перечислении госпошлины.
8. Доказательство отправки искового заявления ответчику.
9. Другие документы, обосновывающие исковые требования на _____ листах.

Руководитель предприятия
или его заместитель: _____

(подпись)

Дата _____ В областной Арбитражный суд

№ _____

Адрес: _____

Истец: _____

Адрес: _____

Банковские реквизиты _____

Ответчик: _____

Адрес: _____

Банковские реквизиты _____

ИСКОВОЕ ЗАЯВЛЕНИЕ
о взыскании штрафа
за просрочку возврата (невозврат) тары

Сумма _____ руб.

По счету № _____ от «_____» _____ 199___ г., в соответствии с договором № _____ от «_____» _____ 199___ г., ответчику была отгружена _____

(наименование продукции, товара)

в _____

(наименование тары)

Согласно указанному договору № _____

_____ в количестве _____

(наименование тары)

подлежали возврату не позднее «_____» _____ 199___ г.

Фактически тара возвращена «_____» _____ 199___ г.

в количестве _____, с просрочкой _____

дней, не возвращено _____

(количество)

Заявленную нами претензию № _____
от «____» _____ 199__ г. об уплате штрафа за просрочку возврата (невозврат) тары ответчик отклонил (оставил без ответа) по следующим мотивам: _____
_____

Считаем отказ ответчика от удовлетворения претензии необоснованным _____
(указать причины)
_____

На основании изложенного и руководствуясь _____
_____
и Инструкцией о порядке возврата тары из-под _____
(наименование
_____, просим взыскать с ответчика в пользу
продукции)
истца штраф в сумме _____ руб.

Приложение:

1. Копия претензии и доказательство ее отправки.
2. Ответ на претензию.
3. Копия договора № _____ от «____» _____ 199__ г.
4. Копия счета № _____ от «____» _____ 199__ г.
5. Доказательство отправки копии искового заявления ответчику.
6. Поручение о перечислении госпошлины.
7. Другие документы, обосновывающие исковые требования на _____ листах.

Руководитель предприятия
или его заместитель: _____
(подпись)

**Коммерческий договор:
от заключения до исполнения**

Составители: *Л. П. Дашков, А. В. Брызгалин*

Редактор *В. А. Калашников*

Художник *М. А. Хавторин*

Технический редактор *Н. И. Костюнина*

Корректор *Н. И. Шаркова*

ЛР № 060015 от 04.07.91
Подписано в печать 02.10.95
Бум. офсетная   Формат 60×84 1/16   Гарн. литерат. Печать плоская
Усл. печ. л. 18,89   Уч.-изд. л. 16,52
Тираж 10 000 (4-ый завод)   Заказ 4556
129347, Москва, п/отд. И-347 ИВЦ "Маркетинг".
Тел.: (095) 182-01-58, 188-52-62, 581-24-30
583-22-84

Производственно-издательский комбинат ВИНИТИ
140010, г. Люберцы, Московской обл., Октябрьский пр-кт, 403